能源、经济与环境

Energy, Economy and Environment

高新伟　王芳芳　编著

科 学 出 版 社

北　京

内 容 简 介

本书涵盖了在我国当前经济和环境政策条件下必须掌握的一些基本概念和理论，包括能源、经济与环境的关系，能源的定义、分类方式和相关的经济指标概念，世界能源形势与中国能源格局、能源安全、全球气候变化与国际合作等国际局势分析，新能源政策、低碳经济发展政策、合同能源管理模式和能源环境相关的管理实践。本书可以使学生掌握能源和环境的基本理论知识，使其学会分析能源、经济和环境报告与数据的方法，以及在分析能源和环境热点问题时具备全局观和国际视野。

本书适合用作大学本科生的通识教育人文素养课如“能源、经济与环境”“能源经济学”“环境经济学”“能源环境政策”课程的教材。

图书在版编目(CIP)数据

能源、经济与环境=Energy, Economy and Environment / 高新伟，王芳芳编著. —北京：科学出版社，2023.6

ISBN 978-7-03-070435-1

Ⅰ. ①能… Ⅱ. ①高… ②王… Ⅲ. ①能源经济学 ②环境经济学 Ⅳ. ①F407.2 ②X196

中国版本图书馆CIP数据核字(2021)第219172号

责任编辑：万群霞 崔元春 / 责任校对：王萌萌
责任印制：吴兆东 / 封面设计：无极书装

科学出版社出版
北京东黄城根北街16号
邮政编码：100717
http://www.sciencep.com
北京中科印刷有限公司印刷
科学出版社发行 各地新华书店经销
*
2023年6月第 一 版 开本：720×1000 1/16
2023年6月第一次印刷 印张：14 1/2
字数：292 000

定价：98.00元

（如有印装质量问题，我社负责调换）

前　　言

全球日益严峻的能源和环境问题，不仅影响人类的生活质量，还潜在地威胁人类的生存和发展。能源、经济、环境三者之间长期处于一种彼此依存、彼此促进和相互牵制的动态关系中，三者的协调发展不但是可持续发展理论的内在要求，也是实现国民经济持续、稳步、快速发展的有效途径。如何协调好三者之间的关系，深入探究其变化规律，已成为政府和学术界亟待解决的重大课题。

2021 年 8 月，联合国政府间气候变化专门委员会发布了最新的科学报告——《气候变化 2021：自然科学基础》(*Climate Change 2021: The Physical Science Basis*)，报告预测全球气温很可能在 21 世纪末上升 3℃，对人类社会发出红色警报。我国提出二氧化碳排放力争于 2030 年前达到峰值，努力争取 2060 年前实现碳中和的目标，各国也纷纷制定了各自的碳减排目标，能源与气候问题成为全民关注的热点。碳排放主要来源于化石能源的消费，其在能源结构中占比近 90%，在此背景下，既要保障经济运行的能源消费，又要应对环境污染、生态破坏和气候变化，还要保障可持续发展，这就要求全社会都行动起来，不仅政府层面要调整发展模式和产业结构，促进新能源发展和低碳经济发展，公众也需具备全球气候责任意识，实施环境友好行为。

为了普及可持续发展的绿色行为理念，培养全球视野和家国情怀，中国石油大学(华东)开设了一系列人文素养课程，目的是引导学生了解国际与国内的发展趋势，培养有社会责任感的人才。同时，中国石油大学(华东)作为中国能源行业特色大学，能源经济与环境方面的人文素养教育必不可少，基于此，我们在 2015 年开设了能源经济与环境人文素养课程，经过 6 年多的课程积累，我们将讲义修改为教材，形成本书。

本书分为 8 章，其中第 1 章、第 2 章、第 3 章、第 8 章由高新伟负责编写，第 4 章、第 5 章、第 6 章、第 7 章由王芳芳负责编写。第 1 章为能源、经济和环境概述，主要介绍能源的相关概念，环境保护理论和实践，以及能源、环境与经济三者间的关系；第 2 章为可持续发展理论，主要介绍可持续发展理论的产生、内涵与原则，经济增长与可持续发展，以及可持续发展的评价和指标体系；第 3 章为世界能源形势与中国能源格局，主要介绍世界能源现状及未来发展趋势，以及中国能源的总体情况、面临的挑战及能源安全问题；第 4 章为可再生能源发展政策，主要介绍可再生能源的发展现状、促进可再生能源发展的政策框架及分布式发电和新能源汽车等可再生能源领域未来的发展趋势；第 5 章为环境问题与环境政策，主要对环境问题进行经济学分析，并介绍环境管理的政策和模式及体制和制度；第 6 章为全球气候变化与国际合作，主要介绍全球气候变化议题的发展历程，气候变化的国际谈判和合作，以及我国应对气候变化面临的挑战和采取的措施；第 7 章为低碳经济发展政策，主要介绍低碳经济和低碳产业，碳减排的政策设计及低碳社会建设；第 8 章为自然灾害应对与能源安全，主要介绍环境数据融合分析及环境预警管理。笔者从各自的能源经济学、环境经济学和低碳经济学的学科专长出发进行合作，使本书能较全面地反映能源、经济、环境三者的理论和实践关系。

感谢中国石油大学(华东)硕士研究生化玉洁、杨傲、安瑞超、李瑶、江珍珍、杨雨桐和赵扬扬等，他们的资料收集和整理工作为本书的编写提供了大力支持。如前所述，当前我们面对的能源、经济与环境挑战是严峻的，本书在某些领域的论述也有做得不够的地方，我们诚恳地欢迎读者对本书提出宝贵的意见和建议。

高新伟　王芳芳

2022 年 9 月

目　　录

第1章　能源、经济和环境概述

1.1　能源概述

1.1.1　能源的定义

能源的定义有很多种。例如,《不列颠百科全书》[1]将能源定义为“一个包括所有燃料、流水、阳光和风的术语，人类用适当的转换手段便可让它为自己提供所需的能量”；我国的《能源百科全书》[2]将能源定义为“可以直接或经转换提供人类所需的光、热、动力等任一形式能量的载能体资源”；也有学者认为“能源是可从其获得热、光和动力之类能量的资源”。可见，能源是一种呈多种形式的，且可以相互转换的能量的源泉。确切地说，能源是自然界中能为人类提供某种形式能量的物质资源。能源亦称能量资源或能源资源，是指可产生各种能量(如热量、电能、光能和机械能等)或可做功的物质的统称;是指能够直接取得或者通过加工、转换而取得有用能的各种资源，包括原煤、原油(下面简称煤炭石油)、天然气、煤层气、水能、核能、风能、太阳能、地热能、生物质能等一次能源和电能、热能、成品油等二次能源，以及其他新能源和可再生能源。

1.1.2　能源的分类方式

按照不同的分类标准，可将能源分为不同的类型。

1. 按地球上的能量来源划分

按地球上的能量来源可将能源分为地球本身蕴藏的能源、来自地外天体的能源、地球和其他天体引力相互作用而形成的能源三种类型。

(1) 地球本身蕴藏的能源。一类是地球内部蕴藏的地热能，如地下热水、地下蒸汽、干热岩体和火山爆发喷出的岩浆等。另一类是来自地壳中储存的铀、钚等发生裂变反应时的核裂变能，以及海洋中储藏的氘、氚、锂等发生聚变反应时的核聚变能，这些物质在发生原子核反应时释放出能量，目前核能最大的用途是发电。

(2) 来自地外天体的能源。一类是直接来自地外天体的能源，如太阳光热辐射能、宇宙射线辐射能等；另一类是间接来自地外天体的能源，如煤炭、石油、天然气、油页岩等可燃矿物及薪柴等生物质能、水能和风能等，通过利用太阳或其他天体形成。

(3) 地球和其他天体引力相互作用而形成的能源。主要是指月球和太阳等天体对地球的引力产生的能源，如潮汐能就是由于月球对地球中海洋潮汐的影响而形成的。

2. 按被利用的程度分为常规能源和新能源

(1) 常规能源。也叫传统能源，是在现有的经济和技术条件下，能大规模生产和广泛利用的能源，如煤炭、石油、天然气、水能、核裂变能等，在当前能源结构中占主导地位。

(2) 新能源。又称为替代能源，是在新技术的基础上可以系统开发利用的能源，如太阳能、风能、海洋能、地热能等。与常规能源相比，新能源生产规模较小，使用范围较窄。

常规能源与新能源的划分是相对的，以核裂变能为例，20 世纪 50 年代初开始利用其生产电力和将其作为动力使用时，认为其是一种新能源，到 80 年代世界上不少国家已将其列为常规能源。太阳能和风能被利用的历史比核裂变能要早很多，由于还需要通过系统研究和开发才能提高其利用效率及扩大其使用范围，目前还是把它们归为新能源。

3. 按获得的方法分为一次能源和二次能源

(1) 一次能源。也称天然能源，是指从自然界取得未经改变或转变而直接利用的能源，如煤炭、石油、天然气、水能、风能、太阳能、海洋能、潮汐能、地热能、天然铀矿等。

(2) 二次能源。是指由一次能源经过加工直接或转换得到的能源，主要有电能、焦炭、煤气、沼气、蒸汽、热水和汽油、煤油、柴油、重油等石油制品。二次能源亦可解释为一次能源中再被使用的能源，如将煤燃烧产生蒸汽能推动发电机工作所产生的电能即可称为二次能源，或者电能被利用后，经由电风扇再转化成风能，这时风能亦可称为二次能源。在生产过程中排出的余能，如高温烟气、高温物料热、排放的可燃气和有压流体等，亦属于二次能源。一次能源无论经过几次转换，所得到的另一种能源统称为二次能源。例如，电能是由煤炭、石油、天然气、水能等一次能源转换来的，这些一次能源在火电厂作为燃料燃烧之后先变成蒸汽，蒸汽再去推动汽轮机变成机械能，汽轮机又带动发电机转换成电能，虽然一共转换了三次，但仍叫二次能源。

4. 按能否再生分为不可再生能源和可再生能源

(1) 不可再生能源。是指人类开发利用后，在相当长的时间内，不可能再生的能源，主要是指煤炭、石油、天然气等化石能源。这类能源是在地球长期演化历史过程中，在一定阶段、一定地区、一定条件下，经历漫长的地质时期形成的。与人类社会的发展相比，其形成非常缓慢，与其他资源相比，再生速度很慢，或者几乎不能再生。人类对不可再生能源的开发和利用，只会消耗其储量，而不可能保持其原有储量。

(2) 可再生能源。是指在现阶段自然界的特定时空条件下，通过天然作用或人工活动能保持或扩大其储量，而为人类反复利用的能源，如水能、风能等。

5. 按能源本身的性质分为含能体能源和过程性能源

(1) 含能体能源。凡是包含有能量的物质都是含能体能源，如煤炭、石油、油页岩、秸秆、树木等，可以直接储存和输送。

(2) 过程性能源。是指物质在运动过程中可以产生能量的能源，无法直接储存和输送，如风、流水、海流、波浪、潮汐等，当其发生移动、流动运动时产生能量，人类可利用这些能量发电、做功。例如，风可以吹动风车，风车可以用来提水、磨面、碾米，流水能带动机器工作，从而转变为机械能，再转化为电能。

6. 按能否作为燃料分为燃料能源和非燃料能源

(1) 燃料能源。是指作为燃烧使用，并主要以热能形式提供能量的能源。燃料能源可按来源分为矿物燃料(如煤炭、石油、天然气等)、生物质燃料(如藻类、木料、沼气、各种有机废物等)以及核燃料(如铀、钚等)，也可按形态分为固体燃料(如煤炭、木料、铀等)、液体燃料(主要是石油及其产品，常用的还有甲醇、水煤浆和煤炭液化燃料等)及气体燃料(天然气、氢气及煤炭气化制得的煤气等)。燃料能源是人类目前和今后相当长时期内的基本能源。

(2) 非燃料能源。是指不作为燃料使用，直接产生能量供人类使用的能源，如水能、风能、潮汐能、波浪能、激光能等，其中多数包含机械能，有的也包含热能、光能、电能等。

7. 按清洁程度分为清洁能源和非清洁能源

(1) 清洁能源。清洁能源主要包括两类，一类是可再生能源，即消耗后可得到恢复补充，不产生或极少产生污染物的能源，如太阳能、风能、生物质能、水能、地热能、氢能等；另一类是清洁的非可再生能源，也就是在生产及消费过程中产生较少污染物的能源或技术，包括使用低污染的化石能源(如天然气等)和利用清洁能源技术处理过的化石能源，如洁净煤、洁净油等。

(2) 非清洁能源。是指能源在使用中对环境污染较大的能源，如各种固体能源、裂变核燃料、石油等。煤炭对环境会产生十分严重的污染，石油对环境产生的污染比煤炭小，但使用时也产生硫氧化物、氮氧化物等有害物质，对环境也会产生严重的污染。

主要的能源分类如表 1-1 所示。

表 1-1　主要的能源分类

能源种类	化石能源	传统能源	新能源	可再生能源	清洁能源
煤炭	√	√			
石油	√	√			
天然气	√	√			√
核裂变能		√			√
核聚变能			√		√
太阳能			√	√	√
风能			√	√	√
生物质能			√	√	√
水能		√		√	√
地热能			√	√	√

1.1.3　能源利用的历史和趋势

人类利用能源的历史，也就是人类认识和征服自然的历史。迄今为止，人类社会经历了薪柴、煤炭和石油三个能源时期，回顾人类利用能源的历史，可以明显看出能源和人类社会发展间的密切关系。

1. 薪柴时期

薪柴时期是以薪柴等生物质燃料为主要能源的时代，生产和生活水平极低，社会发展缓慢。

2. 煤炭时期

18 世纪，煤炭取代薪柴作为主要能源，蒸汽机成为生产的主要动力，工业迅速发展，劳动生产力增长很快。19 世纪，电力成为工矿企业的主要动力，也成为生产和生活照明的主要来源。但该时期的电力工业依然以煤炭作为主要燃料。

3. 石油时期

石油资源的开发开始了能源利用的新时期。石油作为工业的血液，经过一系列的加工和提炼，可以得到石油燃料、石油溶剂与化工原料、润滑剂、石蜡、石油沥青、石油焦等产品。近 30 年来，世界上许多国家依靠石油和天然气，创造了人类历史上空前丰富的物质文明。

人类在探索的过程中不断地发现新的能源种类和新的能源利用方式，这都为解决不可再生能源耗竭和环境污染带来的问题提供了新的思路。展望未来，我们可以发现能源领域有以下几个较为明显的发展趋势。

(1) 石油利用加快转向非燃烧领域。石油的非燃烧利用成为未来需求增长的主要来源，包括作为化工产品原料，制成润滑剂、沥青等。国际能源署(IEA)预测，到 2030 年石化产业将占石油新增需求的 1/3 以上，到 2050 年该数字将达到近 50%，超过卡车、航空和航运的总和。与此同时，在燃油经济性改善、公共交通普及、替代燃料和电气化的共同作用下，石油在交通领域的应用比例将会逐步降低，向更高附加值的非燃烧领域转换。

(2) 天然气消费重心正在转移。IEA 指出，过去十年，电力部门贡献了天然气需求增长的一半，未来十年，工业部门将超越电力部门，成为天然气需求的主要驱动力，占天然气消费增量的 4 成左右。这主要是天然气的低成本供给和液化天然气(LNG)贸易使天然气可获得性大大提升，亚洲地区越来越将天然气作为能源以及原料进行加工。在北美洲和中东地区，化工领域的发展也促进了天然气的需求增长。

(3) 可再生能源将成为未来增长最快的能源。英国石油公司(BP)指出，到 2035 年，核电、水电和其他可再生能源等非化石能源在一次能源中的占比将升至 23%，贡献全部新增能源供给的一半，其中太阳能增长将超过 8 倍，风能增长将超过 4 倍；到 2040 年，可再生能源增长将超过 400%，占全球发电量增长的 50%以上。IEA 预测可再生能源按照当前年均 2.3%的增长速度，到 2040 年将在一次能源中占比 18%。除电力行业之外，交通和供暖行业未来也将成为促进可再生能源发展的重要领域。

1.1.4　能源经济指标

在现代社会，能源不仅作为生产要素参与经济生产，而且作为其他生产要素的燃料、动力参与产品生产，整个经济运转的规模和程度均受到能源供应的制约。无论是薪柴时期、煤炭时期还是石油时期，每一次能源发展的飞跃都推动了社会生产力的发展，引起了生产技术的变革。能源与经济既相辅相成，又相互制约。一方面，经济发展需要一定量的能源投入，从而带动能源消费；另一方面，经济发展又为能源开发利用提供了技术和物质条件。

因此，我们需要多方面、多层次地了解能源系统流程各个领域中的投入与产出情况及能源合理有效利用程度等能源经济指标。

1. 能源需求

能源需求是指消费者在各种可能的价格下，愿意并且能够购买的能源数量。

人们对社会产品和服务的需求是一种绝对需求。能源需求在很大程度上是一种派生需求，是由人们对社会产品和服务的需求派生出来的。能源需求从本质上来说，是类似于劳动和资本的生产要素，因为能源可以转换为现代化生产过程中所必需的燃料和动力，或者直接作为最基本的生产原料，它们与劳动、资本等生产要素相结合，就能为市场提供产品和服务。由于能源需求的派生性质，在其他条件不变时，能源需求水平会随着市场产品需求的变动而变动。

能源种类繁多，不同能源种类的经济特性不同，因此研究能源需求运动规律，首先需要了解能源需求总量与能源需求结构两个基本概念。

1) 能源需求总量

能源需求总量是指所研究的一定范围内各种能源需求量之和，如一次能源需求量、化石能源需求量等，通常能源需求总量指的是一次能源需求量。一国能源需求总量由终端能源需求量、能源加工转换损失量和能源损失量三部分构成，如式(1-1)所示：

$$\text{一国能源需求总量}=\text{终端能源需求量}+\text{能源加工转换损失量}+\text{能源损失量} \tag{1-1}$$

按照经济合作与发展组织/国际能源署(OECD/IEA)的定义，终端能源需求量是终端用能设备入口得到的能源量。因此，终端能源需求量等于一次能源消费量减去能源加工、转换和储运这三个中间环节的损失及能源工业所用能源后的能源量。

能源加工转换损失量是指一定时期内全国投入加工、转换的各种能源数量之和与产出各种能源产品之和的差额，是观察能源在加工、转换过程中损失量变化的指标。

能源损失量是指一定时期内能源在输送、分配、储存过程中发生的损失量和由客观原因产生的各种损失量，不包括各种气体能源放空、放散量。

2) 能源需求结构

能源需求结构是指能源需求总量中各能源所占比例。目前世界一次能源需求以煤炭、石油和天然气等化石能源为主，不同国家或地区因资源禀赋及其他因素不同有所差别。主要发达国家一次能源需求结构已实现从以煤为主向以油气为主的转换。世界能源需求结构中，煤炭的占比已经从 20 世纪 50 年代超过 60%降低到 2021 年的 26%左右；石油在能源需求结构中的比重虽稳定下降，但依然是当前的主导能源，2021 年占比约 32%；天然气具有高效、安全、清洁的优点，在能源需求结构中的占比持续上升，2021 年约占 27%。

3) 能源需求弹性

能源需求弹性包括能源需求价格弹性、能源需求交叉价格弹性、能源需求收入弹性三个指标。能源需求价格弹性是指在其他条件不变时，能源价格的相对变动所引起的能源需求量的相对变化比率，即能源需求量的变化率与能源价格变化率之比；能源需求交叉价格弹性是指一种能源产品价格的相对变动所引起的有关能源品种需求量的相对变动；能源需求收入弹性是指在其他条件不变时，能源消费者收入的相对变动所引起的能源需求量的相对变动。

按上述能源需求弹性定义计算各类弹性，从严格意义上来说，应该清楚需求量随价格或收入变化的具体数量关系。显然，由于能源产品的基础性和复杂性，现实中很难获得相关变量确切的数量关系，所以有关能源需求各类弹性的计算多数是通过建模方法近似获取的。

在能源需求的影响因素这一问题上，我们认为能源需求的变动受多种复杂因素的影响，较为主要的因素包括经济增长、社会发展、产业结构及部门能源强度(energy intensity)、能源价格、能源技术与管理等。

2. 能源供给

能源供给是指在一定时期内，能源生产部门在各种可能的价格下，愿意并能够提供的能源数量。如果由于价格太低，厂商不愿意出售，则即使有产品也不能在市场上形成有效供给。当今世界供应的主要能源为煤炭、石油、天然气等化石能源，这些能源是典型的自然资源，具有有限性和区域性的显著特点。有限性指能源总量是有限的，这种有限是绝对的，不是相对人类无限需求欲望而言的有限，这种绝对有限性与人类社会不断增长的需求构成了供需结构上的矛盾，当然受认识世界能力的限制，人类对各类能源资源(即储量)的探明是一个逐步发现的过程，但无论是人类已经探明的还是未探明的，这些能源资源的总量(即资源禀赋)都是有限的。区域性指能源资源分布上的不均衡性，能源在数量或质量上存在显著的地域差异，并有其特殊的分布规律。从已探明的石油资源储量来看，约 2/3 集中在东半球，储量排名前 10 位的国家其石油资源储量占全球 86%的份额。

1) 能源供给总量

能源供给总量是指一定范围内所研究的各种能源供给量之和，如一次能源供给量为煤炭、石油、天然气、水电、核电等供给量之和，化石能源供给量则为煤炭、石油、天然气等供给量之和。

2) 能源供给结构

能源供给结构是指能源供给总量中各类能源所占比例。例如，我国一次能源主要由煤炭、石油、天然气、水电、核电构成，其中煤炭占绝对主导地位，约占一次能源供给总量的 70%。

3）能源供给弹性

通常我们用能源供给价格弹性和能源生产弹性系数来表征能源供给弹性。能源供给价格弹性是指在其他条件不变时，能源价格的相对变动所引起的能源供给量的相对变动，即能源供给量变化率与能源价格变化率之比。能源生产弹性系数是指能源产量增长速度相对于国民经济增长速度的比值，当能源生产弹性系数小于 1 时，能源产量增长速度落后于国民经济增长速度；当能源生产弹性系数大于 1 时，能源产量增长速度快于国民经济增长速度；当能源生产弹性系数等于 1 时，能源产量增长速度与国民经济增长速度同步。

3. 能源效率

能源效率问题不仅是科学技术问题，而且是经济、社会、环境和发展问题，是具有高度复杂性、综合性和系统性的能源经济问题。

效率通常是指产出量与投入量的比值。世界能源理事会（WEC）认为，能源效率是能源服务产出量与能源使用量（或投入量）的比值。在实际工作中，有时采用相对效率的概念，对评价对象进行横向比较，或者将评价对象自身与其历史进行比较；有时也采用目标能源消费量与实际能源消费量的比值表示，该比值越接近 1，则表明效率越大。改善能源效率就是要以尽可能少的能源投入来获得尽可能多的服务产出量。

能源效率通常用能源服务产出量与能源投入量的比值来度量，但是如何确定或核算能源投入量、能源服务产出量，不同的应用领域有不同的方法，因此会有不同的能源效率测度指标。目前较常见的能源效率测度指标包括能源强度、能源实物效率（energy physical efficiency）、能源物理效率（通常是指能源的热动力学效率，energy thermodynamics efficiency）、能源价值效率（energy value efficiency）等。

（1）能源强度是指一段时间内，某经济体单位产值消耗的能源量，通常以单位国内生产总值（GDP）能耗来表示，单位一般为吨（或千克）油当量（或煤当量）/美元（或其他货币单位）。单位 GDP 能耗越高，能源强度就越高。能源强度一方面反映了经济对能源的依赖程度，另一方面反映了经济体的能源利用效率状况。能源强度的高低与发展阶段、经济结构、技术水平、能源价格、社会文化、地理位置、气候条件、资源禀赋等多种因素有关。过去 200 年来，英国、美国等发达国家在工业化进程中的单位 GDP 能耗出现了一个上升过程，直到达到一个峰值后再下降；越晚进入工业化进程的国家，其单位 GDP 能耗峰值越低甚至不存在，这主要得益于技术进步和后发优势。

（2）能源实物效率是指所采用的单位产品能耗、工序能耗，如吨钢综合能耗、吨钢可比能耗、发电能耗、吨水泥能耗等。能源实物效率比较适合用于具有相同生产结构的企业的比较，以反映微观经济组织的技术装备和管理水平。目前我国很多企业或行业协会推广的标杆能源效率法即以单位产品能耗为基础。

(3)能源物理效率是指能源的热效率，其计算的理论基础是热力学定律。根据能源流的不同环节，通常可以将其分解为能源开采效率、加工转换效率、储运效率和终端利用效率。能源物理效率还可以划分为热力学第一定律效率、热力学第二定律效率。依据热力学第一定律(能量守恒和转换定律)，过去20多年来我国的能源物理效率有了显著提高。2018年，我国能源加工转换效率为73.69%，发电及电站供热效率为45.07%，炼焦效率为92.83%，炼油效率为97.60%。

(4)能源价值效率：由于各类能源的异质性或品质差异，即使是相同热当量的能源，其功效也会不同，在有的地区或企业，虽然能量消耗较低，但消耗的大多为优质能源(如天然气、净调入的电力)，其能源成本并不低。为了对各类能源进行加总，除了可以采用热当量系数作为权重，还可以采用价格作为权重，由此可以计算能源价值效率。如果能源服务产出量也用价值量测度，那么把能源价值效率与其他效率指标(如能源宏观效率、能源实物效率)结合起来进行国际比较，可以发现各国能源宏观效率或能源实物效率存在差异的部分原因(如能源价格偏低、能源结构不同等)。在计算不同国家或地区的能源价值效率时，需要统一价格口径(如是否含增值税销项税额、运输成本等)。在对能源价值效率进行纵向比较时，由于能源价格的变化，有时效率值变化会很大。因此，能源价值效率更适用于横向比较。能源价值效率的优势还在于其国际比较不受各国汇率或公共私营合作制(PPP)的影响。

从动态性来看，能源价值效率有时也可以定义为设备全生命周期内的服务产出与能源成本的比值。例如，在购置节能灯时，虽然在短期内需要一次性支付较多成本，但在灯泡的长期使用中节约了更多能源，实际上提高了能源价值效率(相当于部分能源价值效率是通过资本对能源的替代来实现的)。

1.1.5 能源的储量和禀赋

能源禀赋指的是一国或地区的各种能源资源的储备量。能源的自然禀赋对一个国家的能源供给总量和能源供给结构会产生深刻影响，在研究能源供给能力时，能源禀赋是最主要的影响因素。虽然地球上的能源禀赋是一定的，但受技术、资金、人力、地质等因素的制约，地球上的能源储量是一个逐步发现的过程，另外有些储量虽然已被发现，但受一定因素制约，暂不具备开采的条件或开采的价值，因此，储量又分探明储量和探明可采储量，通常探明可采储量具有更实际的意义，能在比较明确的条件下形成实际的供给。

1. 世界范围内主要能源资源探明可采储量及分布

1) 世界石油资源探明可采储量及分布

BP 2018 年的数据表明，在过去的 20 年间，世界石油资源探明可采储量呈上升趋势。1997 年世界石油资源探明可采储量约为 11621 亿桶[①]，2007 年增加到 14271 亿桶，2017 年达到了 16966 亿桶，20 年间增加了 5345 亿桶，增长了 46.0%。其中，1997～2007 年世界石油资源探明可采储量增长速度较快，增长了 22.8%，主要集中在北美洲，10 年间北美洲的石油资源探明可采储量从 1267 亿桶增加到 2212 亿桶。2007～2017 年，世界石油资源探明可采储量增长速度相对缓慢，增长了 18.9%，主要集中在中南美洲等地区。

2017 年底，中东地区的石油资源探明可采储量约为 8076 亿桶，约占世界石油资源探明可采储量的 47.6%，是名副其实的“世界油库”；世界第二大“油库”是中南美洲，其石油资源探明可采储量约为 3308 亿桶，约占世界石油资源探明可采储量的 19.5%；北美洲、独立国家联合体（简称独联体，主要是俄罗斯）和非洲紧随其后，石油资源探明可采储量分别为 2256 亿桶、1442 亿桶和 1272 亿桶，分别占世界石油资源探明可采储量的 13.3%、8.5%和 7.5%；亚太地区和欧洲的石油资源最少，石油资源探明可采储量分别为 475 亿桶和 136 亿桶，分别仅占世界石油资源探明可采储量的 2.8%和 0.8%。由此可见，世界石油资源分布极具地域性和不均衡性的特点。其中，石油输出国组织（Organization of the Petroleum Exporting Countries，OPEC）拥有约 1/2 的石油储量，其行为及政策变化会对国际石油市场供给产生一定影响。

2) 世界天然气资源探明可采储量及分布

天然气作为一种清洁高效的能源，具有转换效率高、环境代价低、投资少和建设周期短等优势，积极开发利用天然气资源已成为世界能源工业发展的一个重要潮流。20 世纪 90 年代以来，世界天然气资源探明可采储量增长迅速，从 1997 年的 128.1 万亿立方米，增加到 2007 年的 163.5 万亿立方米，截至 2017 年底，世界天然气资源探明可采储量约为 193.5 万亿立方米，20 年间天然气资源探明可采储量增加了 65.4 万亿立方米，增长了 51.1%。

近 10 年世界天然气资源探明可采储量的增长速度略有下降，但是独联体国家的天然气资源探明可采储量增长速度依然较快。独联体国家的天然气资源探明可采储量由 2007 年的 4.2 万亿立方米，增加到 2017 年的 59.2 万亿立方米，占世界天然气资源探明可采储量的 30.6%。虽然世界天然气资源不像石油资源那样过度集中在中东地区，但仍具有分布很不均衡的特点。除了中东地区和独联体国家之外，其

① 1 石油桶=1.58987×10^2 立方分米。

他地区的天然气资源探明可采储量相当有限，截至 2017 年底仅为 55.0 万亿立方米，占世界天然气资源探明可采储量的 28.4%。

3) 世界煤炭资源探明可采储量及分布

煤炭是地球上蕴藏量最丰富、分布地域最广的化石能源，被誉为“工业的粮食”，至今煤炭资源仍然是钢铁、电力等工业部门的重要原料和燃料。煤炭资源分布于世界上近 80 个国家和地区，其中有 60 多个国家进行了有规模的开采。根据 BP 的数据，2018 年底世界煤炭资源探明可采储量为 1.055 万亿吨。世界煤炭资源分布也不均衡，主要集中在亚太地区、欧洲和北美洲地区。美国、俄罗斯、中国、印度和澳大利亚的煤炭资源探明可采储量较大，五个国家的煤炭资源探明可采储量之和占世界煤炭资源探明可采储量的 75.7%。中国的煤炭资源探明可采储量相当丰富，而且煤质较好，但是人均储量仍然低于世界平均水平。根据 2018 年全球储产比，全球煤炭还可以以现有的生产水平生产 132 年，其中北美洲(342 年)和独联体国家(329 年)为储产比最高的地区。

2. 资源诅咒

资源诅咒指的是自然资源丰裕的区域往往伴随着经济低增长甚至负增长的现象。最先开始探究这种资源对经济的负效应的人是英国学者 Auty，他在研究玻利维亚是矿产资源出口导向型国家时，首次提出“资源诅咒”这一概念。他认为，丰裕的资源对一些国家的经济增长并不是充分的有利条件[3]。Auty 提出的资源诅咒理论，引起了国内外学者的广泛关注，相关的研究主要围绕三个方面开展：第一，通过实证或者案例研究，判断某个国家或地区是否存在资源诅咒现象；第二，研究资源诅咒现象产生的原因及其传导机制；第三，从国际层面、国家层面、地区层面等不同层面研究资源诅咒现象。

关于资源诅咒现象有两种观点：第一，大多数学者认为资源诅咒现象存在，许多资源丰裕的国家存在资源诅咒现象，如邵帅和齐中英[4]基于 1991～2006 年的省级面板数据，验证了我国西部地区能源开发与经济增长存在显著的负相关性。第二，资源诅咒不存在说。目前国内外仍有一部分学者认为不存在资源诅咒现象，如田志华[5]的研究认为资源诅咒假说在我国城市层面上不成立，他认为资源价格的不断攀升给资源城市带来的资源红利远远大于自然资源通过传导机制给经济增长带来的阻碍作用；Greasley 和 Madsen[6]将资源诅咒的研究扩展到了经济增长效率的视角，他用全要素生产率(TFP)代替了 GDP 增长速度展开研究，结果表明对矿产资源的依赖或消费不仅没有阻碍 TFP 的增长，反而会产生资源型经济的集聚效应，从而显著促进知识创新，进而提高劳动生产率和 TFP 水平，促进经济增长。

除了资源诅咒存在性问题，许多学者更侧重研究资源诅咒的传导机制问题。

大量的文献认为，资源诅咒的传导机制主要包括经济学传导机制和政治学传导机制两大类。其中，较主要的传导机制包括贸易条件长期恶化、收入波动、荷兰病、制度质量、政府决策失误等。

尽管对于资源禀赋是否会抑制经济增长及存在多大程度的抑制作用还存在争议，但多数经验研究认为资源禀赋对于本地经济增长的负面冲击不容忽视，以至于出现了“富饶的贫穷”。不过，作为大自然的馈赠，即便存在资源诅咒现象，那也并不意味着丰富的资源对于经济增长没有正向作用。我们可以将自然资源禀赋对于经济增长的作用细分为直接效应、间接效应和总效应三种形式，实证结果显示，自然资源禀赋对于中国经济增长既存在正面的直接效应，也存在负面的间接效应，且间接效应大于直接效应，但这一情况在不同地区存在较大的差异。

1.1.6　能源价格与经济

能源价格是通过市场机制调节能源资源配置最核心的风向标，但由于受能源资源的特殊性和能源市场结构、能源与金融一体化发展等问题的影响，能源价格的影响因素非常复杂，尤其是在短期内，能源价格受到大量来自非市场因素的严重影响，由此形成的能源价格有时甚至完全脱离了能源市场供需的基本面，这也使能源价格对能源市场的调节作用大大减弱。能源价格除了作为能源市场的调节机制发挥作用外，能源作为基本生产要素，其价格变动还可能通过产业链产生成本推动型通货膨胀，进而对宏观经济和群众生活产生影响。

能源的重要性和特殊性，以及能源的金融化属性使能源价格尤其是石油、电力等能源产品的价格与一般实物产品的价格有很大不同，价格波动剧烈频繁，表现出金融时间序列的很多特点，如波动聚积、记忆性等，而较少表现为完全无记忆的随机游走序列。国际石油价格有其特有的现货与期货相联系的定价方式，同时具有金融和期货市场时间序列的特点。能源价格行为的相关研究对我们认识能源价格的形成机制和交易主体的交易行为有重要作用。

在能源价格波动特征方面，我们发现在能源市场上，参与市场交易的各方主体根据获取的市场信息，并结合对未来市场的预期、判断，来做出实际交易行为。这些实际交易行为将对最终价格的形成产生一定影响，并反映在最终价格中。能源市场中参与市场交易的主体大致包括生产方、需求方和由于能源金融化发展而加入进来的投机方。由于信息不完全和信息获取是有成本的，各方只能根据自己所获取的决定能源价格的信息来决定自己的交易策略，各方交易策略的实施最终决定能源市场价格。因此，通过分析能源价格波动特征，可以大致了解各方交易主体的交易行为特征及对能源价格形成的影响。

能源价格变动的影响一般体现在两个方面：能源价格对一般价格水平（通货膨胀水平）的影响及能源价格对经济系统的影响。

1. 能源价格对一般价格水平的影响

能源价格对一般价格水平的影响主要体现在两方面：一方面，能源价格作为能源市场的调节机制，能够发挥能源资源配置作用；另一方面，能源作为一种基本生产要素，能源价格的变动意味着企业原材料成本的变动，尤其是当能源价格大幅上涨时，追逐利润最大化的企业就会尽可能将产品成本上涨的压力通过产品价格或其他方式向其下游使用者转移，如果这种转移比较顺畅，最终将发生大面积的产品价格上涨现象，即一般价格水平的上涨。

2. 能源价格对经济系统的影响

经济系统中各部门之间具有密切联系，构成了一个复杂系统。如果将国际能源价格作为一国经济系统的一个外生变量，那么该外生变量的变化将对一国经济系统产生冲击，这个冲击首先影响与能源密切相关的部门的生产，其次通过产业链影响能源产业下游产品部门的生产，最后对经济系统的各项宏观经济指标产生影响。这种综合影响可以利用可计算一般均衡(CGE)模型进行分析。CGE 模型不仅可以在总量水平上模拟能源价格不同程度的冲击对一国各项经济指标的影响，而且可以模拟分析产业层次进出口、增加值变化和相关部门生产技术进步对一国抵抗能源价格风险的作用。

总的来说，能源价格对通货膨胀及宏观经济的影响机制非常复杂，对于不同时期、不同国家，其影响是不一样的。一般来说，发展中国家经济增长以能源大量投入的粗放式增长为主，比较容易受到能源价格波动的影响，抵抗能源价格波动风险的能力相对较弱；而发达国家抵抗能源价格波动风险的能力相对较强。因此，研究能源价格波动对通货膨胀及其他宏观经济指标的影响对我国的发展具有重要意义。

能源价格对能源市场运作效率及宏观经济两方面具有重要作用，因此必须规范能源价格形成机制，使能源价格更加充分地反映能源资源价值，更好地调节能源供需，减少能源价格的不合理波动，避免能源价格频繁剧烈波动对经济增长和居民生活产生的不利影响。

1.1.7　影响能源供需的因素

综合来看，经济社会发展、能源资源禀赋、能源环境约束、能源技术进步和能源政策调控是影响能源供需最主要的五大因素。其中，经济和人口增长、工业化、城镇化等经济社会发展情况决定了能源需求总量的增长趋势和地区布局；能源资源的储量和分布等能源资源禀赋决定了能源的供应潜力、结构和布局；能源环境约束限制了人类利用能源资源满足需求的总量规模、结构和方式，且随着地球生态环境日益恶化，其在能源消费、供应结构、布局调整等方面的影响力日益凸显；能源技术进步和能源政策调控则反映了科学技术和政府调控对经济、能源和环境的综合影响，前者在很大程度上直接决定了能源生产、消费的效率及环境排放，后者则对经济社会发展、能源资源供应、能源消费行为等起到引导和调控作用。

1. 经济社会发展

能源需求是经济发展的晴雨表。展望未来，发展仍是不变的主题，世界能源需求还将持续增长。发展中国家(地区)人口的快速增长和经济加快发展，将带来能源需求追赶式增长，地区能源消费差距将缩小，而人口增长差异化显现，对能源需求影响增大。同时，在全球共同发展和可持续发展的基本发展观的推动下，各国为建立全球化、多极化和互相协调的国际经济新秩序而努力，全球经济政策向全球化、均衡化和低碳化发展。

2. 能源资源禀赋

从全球能源资源供应来看，化石能源经过长期开发利用，已经对人类能源需求的大幅增长形成了硬约束，而可再生能源则显示出取之不尽、用之不竭的巨大开发潜力。能源资源的开发利用，一方面受地区资源禀赋的限制，另一方面受技术经济性的影响。同时，能源资源分布不均衡，需要全球统筹能源资源配置。未来全球以电为中心的清洁能源发展，将带动全球电力贸易和电力市场的形成，并对电力全球化配置提出新的要求。

3. 能源环境约束

随着人类能源消费量的大幅增长，能源开发利用带来的环境问题日益突出并且受到关注。全球能源环境问题主要体现在化石能源燃烧带来的温室气体排放、环境污染及生态系统破坏等方面。当前过度依赖化石能源的能源开发利用模式是一种不可持续的模式，需要尽快实现转型，减少破坏性开发，增加清洁开发。

4. 能源技术进步

能源技术进步，从需求侧可以提高能源利用效率，实现能源供应的减量化；从供给侧可以提高能源供应能力，降低能源供应成本。同时，能源技术进步可以推动终端能源消费和一次能源消费中电力的比重提升，优化能源需求结构，进而减少能源开发利用给环境带来的影响，缓解能源环境约束。

5. 能源政策调控

能源政策调控是能源发展的调节器、控制阀，是社会和公共管理部门调节能源系统与经济社会系统和环境系统关系的宏观引导及微观管理工具。能源政策通过技术进步、市场调节、制度引导等措施，一方面大力促进能源资源开发，保障更加充足的能源供应；另一方面鼓励能源节约和高效利用，控制能源需求的快速增长。同时，能源政策促进能源环境改善。一些国家提出能源政策日益把解决能源环境问题放在突出重要的位置。例如，建立能源利用的相关环境标准，包括火电厂煤耗和污染物排放标准、环境标准与能源效率标准、汽车排放标准与燃料经济性标准等；大力促进能源清洁利用等技术的推广应用。

知识拓展：石油发展史

1) 国际石油体系发展史

世界石油史与世界历史密切相关，对石油的追求直接影响了世界各国的政治、经济、外交和军事政策。国际石油市场中各行为体的相互关系和行为准则构成了国际石油体系。国际石油体系发端于 20 世纪初，相对于世界政治、经济体系的发展有一定的滞后性，并在不断成形和完善的过程中经历了从由英国主导到由美国主导，再到由 OPEC 主导直至美国主导下多方协调平衡的转变。

第一次世界大战加深了人们对石油的认识，石油完成了从普通商品到战略资源的转变。1928 年，美、英石油公司签订《阿奇纳卡里‘按现状’协议》，划分了市场份额，美、英、法、荷四国政府和石油公司签署了《红线协定》，划分了开采领地，它们共同组成了世界石油工业的卡特尔。这些由英国石油公司(BP)制定的规则加强了由英国主导的国际石油秩序，在此秩序下国际石油体系逐渐成形。

第二次世界大战是美国对外石油政策的转折点，作为在第二次世界大战后崛起的超级大国——美国，其战略利益开始扩展到全球，构筑包括石油秩序在内的国际新秩序。依靠相互持股的跨国石油公司，美国逐步实现了对中东石油的开发和控制，并推动了盟国的经济复兴。此时，国际石油体系确立，主导权也从英国转移至美国。

到 20 世纪 70 年代，美国主导的国际石油体系受到了严峻的挑战和冲击。从 20 世纪 60 年代中期开始，美国的剩余石油产能迅速下降，动摇了其在世界石油体系中的主导地位。1966 年，中东主要石油出口国的石油产量首次超过美国。此后，中东和非洲石油生产国不断挑战国际石油秩序。

20 世纪 70 年代中期到 80 年代中期，由第四次中东战争引发的石油禁运导致 OPEC 成为世界石油市场的主导力量，其所主张的高油价政策使国际石油市场经历了 10 多年的高油价时期。1978 年，纽约商品交易所首次发放第一个与能源有关的期货合同，即第二号燃料油（粗柴油）合同交易，这标志着国际石油期货市场的开端；1981 年，纽约商品交易所进一步开办了汽油期货合同交易；1981 年，伦敦商品交易所下属的国际石油交易所开始交易粗柴油期货合同；1983 年，纽约商品交易所进一步引进了原油期货交易。此后，市场机制开始发挥作用，OPEC 对于国际石油秩序的控制力开始下降。

2000 年至今，尽管国际石油市场也经常出现波动，但是国际石油体系出现了合作与规范的特征。尽管国际石油体系屡遭冲击，但美国始终是国际石油体系的重要力量，对推动这一体系的形成和维护发挥了重要的作用。

尽管国际石油体系面临较多的冲击，但在较长的时期内，国际石油体系仍将继续存在并发挥重要的作用。从石油的重要地位来看，其地位在短期内不会动摇；鉴于石油的重要战略意义和美国的综合优势，美国仍将主导并通过多种形式的合作协调国际石油体系。

2）*石油输出国组织*

石油输出国组织是 1960 年 9 月 14 日于伊拉克巴格达成立的一个政府间国际组织。截至 2021 年，其 13 个成员国拥有全球约 80%的已探明石油储量资源，年原油产量约占全球原油产量的 35.3%①。这也使 OPEC 对全球石油价格波动有着巨大的影响。

从 OPEC 成员国组成可以看出，其作为一个主要由发展中国家组成的组织，代表的主要是第三世界产油国的利益。第二次世界大战后，由于内燃机的出现和机械化军事实力的彰显，石油成为世界上最重要的能源之一，而战后初期石油的勘探、开采和销售基本上被西方国家垄断，第三世界产油国的利益遭受严重损害，此时 OPEC 应运而生，其为第三世界产油国在被西方石油公司占领的石油产业中争取利益。

在第二次世界大战后的数次石油危机中，OPEC 扮演了重要的角色。1973 年，第四次中东战争中，OPEC 为了打击以色列及其主要由西方国家组成的支持者，宣布了石油禁运，暂停了石油的出口，造成了石油价格疯狂上涨，到 1974 年 3 月禁运结束时，石油价格从每桶不到 3 美元涨至接近 12 美元②。1979 年，伊朗伊斯兰革命爆发，此后，两伊战争在伊朗和伊拉克之间爆发，原油产量急剧下降，导致石油资源在全球范围内出现紧缺，石油价格从 14～15 美元/桶涨到 39 美元/桶，

① 数据来源：BP. bp Statistical Review of World Energy2022[R]. 2022. BP p.l.c. 1 St James's Square, London SW1Y 4PD, UK.

② 数据来源：BP. bp Statistical Review of World Energy 2020[R]. 2020. BP p.l.c. 1 St James's Square, London SW1Y 4PD, UK.

再次引起西方国家的经济衰退。

许多人都在讨论利用石油替代品的可能性，但在可预见的未来，石油仍然会是地球上最为重要的能源之一。不管是减产触发石油危机，还是扩产降价打价格战，OPEC 都广泛影响着全球的石油生产，乃至整体经济政治局势。

3) 国际能源署

国际能源署是经济合作与发展组织的辅助机构之一。现有 31 个成员国，它的宗旨：协调各成员国的能源政策，减少对进口石油的依赖，在石油供应短缺时建立分摊石油消费制度，促进石油生产国与石油消费国之间的对话与合作。

国际能源署的成立背景：1973 年 10 月的石油禁运对发达国家的经济造成了严重的冲击，而发动石油战争的阿拉伯国家却因此增强了经济实力。为了应付可能出现的新的石油危机，在 1974 年 2 月召开的石油消费国会议上决定成立能源协调小组以指导和协调与会国的能源工作，同年 11 月，16 国举行首次工作会议，签署了《国际能源机构协议》，国际能源署于 1974 年 11 月成立。

国际能源署的成立在一定程度上可以促进全球制定合理的能源政策，建立一个稳定的国际石油市场信息系统，改进全球的能源供需结构并协调成员国的环境和能源政策。

4) 全球石油危机

第一次危机(1973 年)：1973 年 10 月第四次中东战争爆发，为打击以色列及其支持者，石油输出国组织的阿拉伯成员国当年 12 月宣布收回石油标价权，并趁机将原油价格从每桶 3.011 美元提高到每桶 10.651 美元。持续三年的石油危机对发达国家的经济造成了严重的冲击。在这场危机中，美国的工业生产下降了 14%，日本的工业生产下降了 20%以上，所有工业化国家的经济增长都明显放慢。

第二次危机(1978 年)：1978 年底，世界第二大石油出口国伊朗的政局发生剧烈变化，伊朗亲美的温和派国王巴列维下台，引发第二次石油危机。此时又爆发了两伊战争，全球石油产量受到影响。随着石油产量的骤减，油价在 1979 年开始暴涨，从每桶 13 美元猛增至 1980 年的每桶 34 美元。此次危机是 20 世纪 70 年代末西方经济全面衰退的一个主要原因。

第三次危机(1990 年)：1990 年 8 月初伊拉克攻占科威特以后，伊拉克遭受国际经济制裁，使伊拉克的原油供应中断，国际油价因而剧增至每桶 42 美元的高点。美国、英国经济加速陷入衰退，全球 GDP 增长率在 1991 年跌破 2%。国际能源机构启动了紧急计划，每天将 250 万桶的储备原油投放市场，以沙特阿拉伯为首的 OPEC 国家也迅速增加石油产量，很快稳定了世界石油价格。

分析石油危机产生的原因，我们可以发现石油资源的供求分布不平衡是问题的症结所在，也正是这种不平衡，从根本上导致了国际上各种因石油问题而产生的纠纷甚至是战争。

石油危机带来的不仅仅是消极影响，回顾过去发生过的石油危机，也曾带来积极的一面。一方面，石油危机引发了世界能源市场长远的结构性变化，迫使主要石油进口国积极寻找替代能源，开发节能技术；另一方面，刺激了非 OPEC 国家石油产量的增长，提高了石油生产率。

5）全球石油行业发展趋势

2019 年 4 月 23 日，IEA 与《国际石油经济》月刊和上海国际能源交易中心联合发布《石油市场报告 2019》，对未来五年国际石油市场进行了分析与预测。

到 2024 年，美国石油产量将增长 400 万桶/天，占全球增量的 70%。2021 年美国将成为石油净出口国，到 2024 年美国石油出口量将超过俄罗斯，接近沙特阿拉伯。其他非 OPEC 产油国的石油产量也将出现显著增长，包括巴西、加拿大、挪威和圭亚那。到 2024 年，中国和印度的石油消费增量将占全球 710 万桶/日增量的 44%。石油需求增长持续从发达经济体和交通运输燃料转向亚洲和石化产品。

经济结构调整和环保政策导致中国石油需求增长放缓。中国国民收入水平大幅提高，导致石油消费重心从重工业部门转向民用部门。印度的人均国内生产总值虽然仅为中国的 1/5，但其增长势头强劲。到 2024 年，印度石油需求增量将与中国相当。

石油产业还需要更多投资。从全球长远来看，石油供应的安全取决于上游对常规石油勘探项目的投资。主要国际石油公司的初步投资计划显示，到 2019 年，石油产业上游投资连续三年增长。但自 2020 年起，受能源低碳化转型等因素影响，油气企业开始控制资本支出，对上游投资更加审慎，投资总额急剧下跌。目前，油气上游投资复苏缓慢。在下游行业，随着国际海事组织（IMO）规则的实施，石油市场即将迎来有史以来规模最大的调整。该规则规定，从 2020 年起，船用燃料的最高允许硫含量将有所降低。尽管航运和炼油行业已提前数年接到通知，但市场在新规则执行初期仍会收紧。随着海运业需求的增加，柴油价格最初可能会上涨，但疲弱的内陆柴油需求将限制柴油价格上涨。

炼油企业面临双重挑战：产能扩张大潮及原油和油品的质量变化。2024 年前，炼油行业面临着一大波新增产能，炼油能力将净增长 900 万桶/天左右。中国将超过美国成为全球炼油能力最大的国家。鉴于这些新增产能远远超过了石油需求的增长，部分炼油厂可能需要关闭以重新平衡市场，但这一情况发生在何时何地依然未知。

1.2　环境保护理论和实践

1.2.1　环境基本知识

1. 环境的基本概念

环境是指以人类社会为主体的外部世界的总体，包括自然环境和社会环境。

《中华人民共和国环境保护法》第二条关于环境的定义：影响人类生存和发展的各种天然的和经过人工改造的自然因素的总体，包括大气、水、海洋、土地、矿藏、森林、草原、湿地、野生生物、自然遗迹、人文遗迹、自然保护区、风景名胜区、城市和乡村等。

2. 环境的自然属性

1) 整体性与区域性

环境的整体性又称环境的系统性，是指各环境要素或环境各组成部分之间通过特定的相互作用构成的具有特定结构和功能的系统。整体性是环境最基本的特征。

环境的区域性指的是环境特性的区域差异。在各个不同层次、不同空间或地域，其结构方式、组成程序、能量物质流动规模和途径、稳定程度等都具有相对的特殊性，从而显示出区域性特征。环境的区域性不仅体现了环境在地理位置上的不同，还反映了区域社会、经济、文化、历史等的多样性。

2) 变动性与稳定性

环境的变动性是指在自然的、人类社会行为的或两者共同作用下，环境的内部结构和外在状态始终处于不断变化之中。

环境的稳定性是指环境系统具有一定的自我调节功能。自然环境是高度复杂的系统，当自然或人类的作用引起的环境结构与状态改变不超过一定限度时，环境系统的调节功能可以使这些改变逐渐消失，使其结构和功能恢复原貌。

环境的变动性与稳定性是相辅相成的。变动是绝对的，稳定是相对的。环境组成越复杂，环境承受干扰的“限度”越大，环境的稳定性越高。

3) 资源性与价值性

环境具有资源性，也可以说环境就是资源。环境资源包括物质性和非物质性两方面，物质性是指以生物资源、矿产资源、淡水资源、海洋资源、土地资源、森林资源等物质为载体的能量，非物质性是指环境状态，环境状态决定人类利用环境的方式。

价值性是指环境对于人类生存和发展具有不可估量的价值。环境的经济价值是环境价值的一种形式。在环境影响评价中，环境的经济价值常常被用作环境的损益分析。

3. 环境的社会属性

环境没有特定的归属者，人人均可使用，具有公共产品的非竞争性和非排他性特征。

1) 非竞争性

非竞争性有两方面的特征，即边际使用成本为零和边际拥挤成本为零。

环境的边际使用成本为零。这里所述的边际使用成本是指增加一个消费者使用对供给者带来的边际成本，如增加一个电视观众并不会导致发射成本增加。

环境的边际拥挤成本为零。每个消费者的消费都不影响其他消费者的消费数量和质量。环保部门所提供的公共产品不会因该时期增加或减少了一些人口享受而变化，它在消费上没有竞争性，属于利益共享的产品。

2) 非排他性

非排他性是指某些产品投入消费领域，任何人都不能独占专用，而且要想将其他人排斥在该产品的消费之外、不允许其他人享受该产品的利益是不可能的。在环境保护中，清除空气、噪声等污染可以为人们带来新鲜的空气和安静的环境，如果要排斥这一区域的某人享受新鲜的空气和安静的环境是不可能的，因此环境从技术上讲具有非排他性。

1.2.2 环境保护相关理论

1. 可持续发展理论

可持续发展是一种能够促进社会资源、经济与环境平衡发展的经济增长模式，侧重于未来的长期发展，其宗旨是发展在保障当今社会需求的同时又不会影响到后代。可持续发展的概念最早是在 1972 年提出的，世界自然保护联盟（International Union for Conservation of Nature，IUCN）于 1980 年发表了《世界自然保护大纲》，在纲要中阐述了可持续发展的基本内涵。1987 年，世界环境与发展委员会发布了名为《我们共同的未来》的报告，在报告中明确说明了经济发展会给社会生态造成巨大损害，应该实现经济、社会和环境平衡可持续发展。1992 年在巴西召开的联合国环境与发展大会上，发表了有关环境保护和社会发展的议程和宣言，倡导全球应该走可持续发展之路。此后可持续发展越来越受到世界各国的关注。

在我国政府治理国家的进程中，全面协调可持续发展被认为是科学发展观的基本要求，并明确说明我国社会的进步需要这一发展理念作为指导。我国在 2015 年提出的“创新、协调、绿色、开放、共享”的发展理念更是将绿色发展作为长远发展的导向，这些都说明了不管是从社会整体发展的战略决策角度，还是从生产消费行为、经济发展方式等角度，可持续发展模式在我国一直是稳步推进的。

2. 低碳经济理论

由于全球变暖给人类生存发展造成了严重的危害，低碳经济理论随即被提出。随着全球经济与人口规模的逐渐扩大，人们对能源消费造成的环境问题的认知不断加深，不但酸雨和光化学烟雾对环境的破坏引起了人们的关注，而且大气中二氧化碳浓度升高造成的全球气候变化也得到了研究者的证明。低碳经济的概念首次提出是在英国 2003 年发布的能源白皮书——《我们能源的未来：创建低碳经济》（*Our Energy Future-Creating a Low Carbon Economy*）中，提出英国要走低碳经济的发展道路，把减少碳排放作为长期坚持的原则，并为此配套系统的宏、微观经济政策，从根本上使英国在 2050 年转变为低碳经济国家。英国政府提出的低碳经济理论指出了各国共同应对气候和环境问题的方向。这种理念化解了经济发展和环境保护两者之间的矛盾，世界各国都表达了对该经济发展模式的认可和支持，一时间激起了全球低碳发展的热情。

人们普遍认为，低碳经济是指在可持续发展理论指导下的经济发展模式。这种发展模式可以通过多种途径如技术研发、制度进步、产业升级和新能源开发，来降低煤炭和石油等高碳能源的消费，从而实现经济发展与环境保护双赢发展的目标。低碳经济本质上是有效利用能源、开发清洁能源及追求绿色 GDP，低碳技术创新、产业结构优化和人类观念的根本转变是低碳经济的核心。

3. 能源环境效应理论

自 20 世纪 90 年代以来，国际社会积极参与了有关能源和环境主题的研究与讨论，以实现可持续发展。而在该阶段能源环境效应理论受到了广泛关注，该理论逐渐发展为 20 世纪后期能源研究的基本理论。

能源环境效应理论重点关注能源的生产和消费对环境造成的影响，常常通过环境损失加以说明。环境损失主要度量了各种能源在生产和消费过程中对环境、生态及人类社会发展产生的不良影响。根据具体的标准，能源环境效应理论能够划分不同程度的环境损失，从而可以深入探讨能源的开发和利用对环境产生的总伤害及该伤害对人类发展产生的反向影响。对环境损失的大量研究表明不同损失形成的原因及引起的后果十分复杂。能源环境效应理论是一门跨学科理论，涵盖了大量学科的基本理论，如资源工程、生态学和能源转换工程学等。现在这一理论体系虽然已经构建起来，但仍然需要不断发展和完善。

1.2.3　重要的环境经济指标

环境经济指标体系是由若干相互联系、相互补充的环境经济指标组成的系列，是对经济、社会、环境三个系统的各种指标信息进行系统分析，经过统一计量、综合平衡之后所确定的，是反映环境经济情况的项目与数字。它用一系列可比数字(绝对量或相对量)形成的指标来表示环境保护的具体内容和要求，体现环境保护参与国民经济综合平衡的结果。通过环境经济指标体系，可以科学地描述环境保护与经济社会发展的定量关系，为国民经济的决策管理服务。

关于环境经济指标的选择，目前没有形成统一的观点，常根据研究目的的不同选择不同的指标。本书以董小林等[7]构建的区域环境经济指标体系为例，介绍较为常见的环境经济指标，包含环境经济规模、环境经济结构、环境经济效益、环境经济发展四个一级指标，以及绿色 GDP、环境退化成本、环境治理成本等 13 个二级指标，指标体系如表 1-2 所示。

表 1-2　环境经济指标体系

一级指标	二级指标
环境经济规模	绿色 GDP
	环境退化成本
	环境治理成本
	环境保护投资
环境经济结构	环境保护投资指数
	环境治理成本指数
	环境损失强度
环境经济效益	环境影响代价
	环境扣减指数
	环境投资-损失指数
环境经济发展	环境退化成本变化率
	虚拟治理成本变化率
	环境保护投资变化率

1. 环境经济规模

该指标表明一定时间内区域环境经济的宏观状况，反映区域环境经济的总量和水平。

1) 绿色 GDP

绿色 GDP 为考虑了环境因素的 GDP，是指从 GDP 中扣除了自然资源消耗成本与环境退化成本后的价值。绿色 GDP 占 GDP 的比重越高，表明国民经济增长的负效应越低，反映了可持续发展的要求。绿色 GDP 的平均指标为人均绿色 GDP，表示一定区域内的 GDP 扣除了该区域自然资源消耗成本与环境退化成本后的人均价值占有量。

2) 环境退化成本

环境退化成本包括环境污染损失成本和环境生态破坏成本。环境污染损失成本是指在目前的治理水平下，生产和消费过程中所排放的污染物对环境功能、人体健康和农作物产量等造成的各种损害的货币值。环境生态破坏成本是指根据生态学的基本规律与市场价值法则，将人类活动造成的各种生态破坏，通过一定的方法折算的货币值。

环境退化成本作为环境经济负效应值指标，能表征区域环境遭到破坏的类型、形式与受到损害的程度，为宏观决策提供依据。实际工作中，可使用人均环境退化成本进行不同区域间的横向比较。

3) 环境治理成本

环境治理成本是治理环境污染的运行成本，包括治理过程中的固定资产折旧、维修费、人工费、电费及各种材料消耗等费用，可以从 GDP 中扣除。

环境治理成本分为虚拟治理成本与实际治理成本。虚拟治理成本是指按照现行的治理技术和水平治理目前排放到环境中的污染物所需要的全部支出，可以定量描述治理环境所需资金，确定环境保护投资规模。实际治理成本是指目前已经发生的治理成本。

4) 环境保护投资

环境保护投资是社会各有关投资主体从社会积累资金、各种补偿资金和生产经营资金中，支付用于污染防治、保护和改善生态环境的资金。环境保护投资包括环境污染治理投资、环境管理与污染防治科技投资、生态建设与防护投资和自身建设投资。

环境保护投资是表征一个国家或地区环境保护力度的重要指标，它的一种平均指标是人均环境保护投资，是分析比较区域环境保护投资水平的重要指标。中国目前统计的环境保护投资主要是环境污染治理投资，包括污染源治理投资和城市环境综合治理投资两类，具体使用在工业污染治理项目投资、“三同时”项目环保工程投资、城市环境基础设施投资三个方面。环境污染治理投资的大小与国家、地区对污染治理的重视程度密切相关。

2. 环境经济结构

1) 环境保护投资指数

环境保护投资指数反映的是环境保护投资占 GDP 的比例，定量描述了国家或地区的环境保护力度，是评价政府工作、地区文明程度的标准之一。例如，“十一五”期间，国家环境保护模范城市考核指标中要求环境保护投资指数为 1.5%～2.5%，认为环境保护投资基本上起到了控制污染的作用。

2) 环境治理成本指数

环境治理成本指数是指目前的实际治理投入与恢复环境所需的成本的关系。环境治理成本指数越大，说明环境治理水平越高；环境治理成本指数越小，说明环境治理水平越低，距离环境保护的目标越远。

3) 环境损失强度

环境损失强度是指一段时间内环境中某一项退化成本占总环境退化成本的比例，该指标的确定为分析环境保护工作的不足、确定环境保护重点提供了依据。

3. 环境经济效益

1) 环境影响代价

环境影响代价是指每万元 GDP 所产生的环境退化成本，是评价社会经济发展目标的重要指标，也是政府调整产业结构、制定发展规划的依据。

2) 环境扣减指数

环境扣减指数是虚拟治理成本占 GDP 的比例，反映了社会经济发展的质量，诠释了需要付出多少治理成本，才能将排放到环境中的污染物质去除。环境扣减指数越高，说明为经济发展牺牲的环境价值越高，社会经济发展模式越不协调。

3) 环境投资-损失指数

环境投资-损失指数定量描述了环境污染治理投资与环境污染造成的经济损失的比例关系，是分析、评价环境污染治理投资效果的指标，诠释了环境污染治理投资产生的环境效益，可以衡量区域环境污染治理投资效果的优劣。

一般来说，环境投资-损失指数越大，说明该区域环境污染治理投资的环保效果越好，如果环境污染治理投资基本不变，而环境投资-损失指数增大，则说明环境污染治理投资的环保效果明显。增加环境污染治理投资、提高环境治理能力是实现社会经济可持续发展的关键。

4. 环境经济发展

1) 环境退化成本变化率

环境退化成本变化率是当年环境退化成本与上年环境退化成本的比率，指一定时间内区域环境退化成本的变化速度，可以反映区域环境质量变化的发展状况。环境退化成本变化率变大，说明环境质量比上一年差，环境质量呈现下降趋势。

2) 虚拟治理成本变化率

虚拟治理成本变化率是当年虚拟治理成本与上年虚拟治理成本的比率，表明一定时间区域内虚拟治理成本的变化情况。该指标越大，说明环境质量越差，经济发展累积欠环境的账越多。

3) 环境保护投资变化率

环境保护投资变化率是当年环境保护投资与上年环境保护投资的比率，表明国家或地区环境保护投资状况的变化，同时也体现了政府对环境保护工作的重视程度，可纳入政府官员的考核标准中。

1.2.4　环境保护悲观派和乐观派之争

20 世纪以来，随着人类工业文明进程的加速，资源耗竭、大气污染、人口膨胀等环境问题日益严峻，不少有识之士开始关注人类的未来，由此形成了两大派别——环境悲观主义与环境乐观主义，也叫作悲观派与乐观派。

1. 环境悲观主义的基本观点和流派发展

环境悲观主义是指在环境哲学、环境保护和环境教学研究领域中存在的一种对解决全球性环境问题的悲观失望及由此引起的对人类未来悲观绝望的观点、情绪和态度。环境悲观主义的主要论据有自然资源正在枯竭、物种正在大量灭绝、各种污染已无法控制、人口爆炸、食物减少，结论是人类正在走向毁灭[6]。

环境悲观主义发展主要有以下三个阶段。

1) 环境启蒙思想家确立了环境悲观主义

第二次世界大战后，环境问题已成了发达资本主义国家的一个重大的社会问题，但整个世界还没有意识到这一问题的严重性。这时一批伟大的环境启蒙思想家发表了揭示环境问题的醒世恒言，唤醒了沉浸在经济高速发展的欢乐中的人们，这一时期的一些代表作包括《寂静的春天》《人口爆炸》《增长的极限》。

1962 年蕾切尔·卡逊的《寂静的春天》一书在美国出版，拉开了全世界对环境问题反思的序幕。该书列举了大量污染事实，轰动了美国乃至整个英语国家。书中指出：人类一方面在创造高度文明；另一方面又在毁灭自己的文明，环境问题如果不解决，人类将生活在幸福的坟墓之中。

1968 年美国保罗·艾里奇和安妮·艾里奇所著的《人口爆炸》一书出版，其利用人口统计和人口预测数字，认为当今世界面临着“人口爆炸”的危机，并认为“人口爆炸”的危机必将导致“资源危机”“粮食危机”“生态危机”，现代世界人口增长已超过了土地和自然资源的负载力。其据此警告说，这种状况如果不迅速得到控制，人类将面临犹如原子弹、氢弹爆炸那样可怕的毁灭性灾难。

1972年3月德内拉·梅多斯、乔根·兰德斯、丹尼斯·梅多斯所著的《增长的极限》一书出版，书中指出：照现在这个趋势发展下去，人口和工业这两个子系统的指数增长，最终会与不可再生的资源、环境污染和生产粮食的土地面积这三个有限度的子系统发生冲突，生态灾难有可能在100年内发生，人口和工业双方也会发生突然的不可遏止的衰退。该书还指出2001年开始时，人类就可能完全失去对各种事件的控制，其结果是导致不可避免的灾难。

这些启蒙思想家敲响了环境危机的警钟，有力地促进和推动了全球环境运动的发展，同时也为以后的环境保护理论和实践确立了环境悲观主义的地位。

2) 环境保护者扩大了环境悲观主义

环境保护者需要大众传媒的关注，同时为了保持资金来源，他们有时会言过其实，夸大环境破坏的影响。例如，美国在1997年和1998年曾遭遇厄尔尼诺海流，这种气候现象受到了新闻传媒工作者对其破坏旅游、引起过敏反应、融化滑雪山坡和造成俄亥俄州22人因雪崩死亡的指责。然而，学术界更权威的分析认为虽然这次厄尔尼诺海流所造成的损害约为40亿美元，但其带来的利益高达190亿美元。但是这些利益没有像损失那样得到广泛报道。环境保护者和新闻传媒工作者共同将环境悲观情绪扩展到了一般公众中。

3) 环境研究者泛化了环境悲观主义

环境科学研究者和环境理论宣传者的努力工作产生了两方面的效应：一方面是有力地推动了环境保护事业和环境知识的普及，另一方面也在泛化环境悲观主义。环境科学研究者为了争取更多的科研经费，就必须把环境问题的严重性讲足，甚至言过其实。同时在科学研究领域，科研资金主要拨给存在许多问题的领域，这种政策也会使人们认为这些领域可能存在的问题比事实上还多。

日本东京大学竹启内教授曾对“对待21世纪人类未来的态度”问题做过调查研究[9]。其统计结果是，大学里的哲学、经济学教授普遍对人类的未来持担忧态度，原因有二：一是大学教授对环境污染和环境破坏的现实缺少实际的接触，尤其是对今天的环境科学与环境技术的进展状况缺乏深刻的了解；二是大学教授多依据二手资料对所研究的内容做思辨性的推测，很难有充足的理由对人类的未来持乐观态度。

2. 环境乐观主义的主要观点

当环境悲观主义出现时，在经济学、企业和科技领域还存在着一种环境乐观主义，针对环境悲观主义，环境乐观主义给予了积极的回应。环境乐观主义的支持者认为目前的人类社会正处在从工业文明向生态文明的转型时期，通过这个痛苦的转型，人类社会将进入一个以人与自然友好为主题的新型的生态文明时代。

1）自然资源并没有枯竭

环境乐观主义认为，悲观派认为现代工业所依赖的矿物资源将耗尽的观点是立足于传统工业模式得出的结论，如果从产业革命的历史来看，在生态经济和知识经济时代，资源和能源概念的内涵会变得更加丰富，其内涵不仅仅是矿物燃料和金属矿石，还包括很多正在开发和利用的新能源。自然资源并没有枯竭，应该怎样发现、开发和利用新的资源，这是在调整经济结构过程中首先要解决的问题。

事实上现有自然资源的数量要远远高于许多环境保护主义者所说的程度。目前已知的矿物燃料总储量及大多数在商业上具有重要性的金属储量高于《增长的极限》出版时的已知储量。以石油为例，以目前的消耗速度计算，在合理的竞争价格下可采储量能使世界经济运行大约150年。另外，太阳能的价格在过去30年里每隔10年就下降一半，这种下降趋势有可能在未来持续下去。因此无论对经济来说，还是对环境来说，能源短缺都不会造成严重威胁。非燃料资源的开发情况也一样，水泥、铝、铁、铜、黄金和锌的消耗量占全球原材料消耗量的75%以上。尽管在过去50年里，这些材料的消耗量增长了2～10倍，但其可利用储量的年限实际上是增长的。

2）物种灭绝的威胁被夸大了

大多数环境保护者对物种灭绝的估计利用的是简单的孤岛模型，把栖息地丧失与生物多样性丧失连在一起。一种粗略的估算认为，90%森林的丧失意味着50%物种的消失。由于雨林正以惊人的速度被砍伐，有关每年消失2万～10万种物种的估计不胜枚举。然而，数据资料没有证实这些预测。在美国东部，在两个世纪里，森林大面积减少，林区总面积仅是其最初面积的1%～2%，但这只造成一种森林飞鸟灭绝。在波多黎各，在过去400年里，原始森林面积已减少99%，但在60种飞鸟中，只有7种灭绝。巴西大西洋沿岸88%的雨林在19世纪消失，如果按照上述那种粗略估算，巴西大西洋沿岸雨林全部物种的一半应该已经灭绝。然而，世界自然保护联盟和巴西动物学会对所有291种已知大西洋沿岸森林动物的分析表明，没有一种动物能被宣告灭绝。因此，物种比人们所预料的更具适应能力。而且，与许多环境悲观主义者所声称的不同，热带森林并没有以每年2%～4%的速度消失，联合国的最新统计数据表明，热带森林的消失速度每年不到0.5%。

3）人口增长总趋势是减缓的

保罗·艾里奇和安妮·艾里奇在《人口爆炸》中的预测与170年前托马斯·罗伯特·马尔萨斯的断言一致，但这种情景没有发生。世界人口增长在1950～2050年呈逐渐放缓趋势，到2050年，发达国家、发展中国家和不发达国家平均每位妇女生育子女数将达到很接近的水平。人口增长已证明具有内在抑制因素：随着人们变得更富裕和更健康，他们的家庭人口减少了。事实上，人口增长率在20世纪70年代初已达到最高峰，每年超过2%，此后人口增长率不断下降，有望到2050年降至0.46%。

此外，保罗·艾里奇和安妮·艾里奇及托马斯·罗伯特·马尔萨斯也没有考虑到农业技术的发展。农业技术的发展已促使单位土地生产出越来越多的食品，完全可以满足人们对粮食的需求。同时，农业技术的发展也减少了耕作新土地的需要，从而缓解了对生物多样性的压力。

3. 环境乐观主义与环境悲观主义在中国的发展

1998年，胡义成列举了未来学中悲观主义的种种表现及乐观主义著作对其的反对观点，得出“当代发展学和可持续发展战略正是乐观主义与悲观主义在论战中形成互补格局的产物”的结论[10]。

党的十七大报告明确提出“建设生态文明”，十七届五中全会做出了“加快建设资源节约型环境友好型社会、提高生态文明水平”的战略部署。这表明我国正在向着生态文明的方向前进。环境乐观主义与环境悲观主义的争论，为我们建设生态文明提供了启示：我们既不能陶醉在对自然的胜利中盲目乐观，也不能陷入悲观、失望的泥沼里不能自拔。我们既要谨慎地反思自己的错误行为，又要积极地寻找解决问题的路径，协调人与自然之间的关系，全面实现经济、环境与社会的和谐发展。在未来发展中，可以从以下四个方面努力。

1）转变价值观念

环境乐观主义与环境悲观主义之争让我们认识到，解决环境问题，最重要的是转变价值观念，从传统的工业文明价值观转变为生态文明价值观。树立生态文明价值观，要在继承和发扬中华优秀传统文化的基础上，吸收和借鉴他国文化的精华，并超越和创新。我们要在学习他人的同时，立足于本土，用民众熟悉的方式去言说，让中华优秀传统文化成为生态文明建设的源头活水。

2）转变生活方式

生态文明反对工业文明时代的过度消费，反对向自然索取更多的物质财富，要求人们过绿色生活、俭朴生活、低碳生活。在消费过程中，人们应自觉抵制对环境有害的物质产品和消费行为，购买对环境友好及对健康无害的绿色产品。同时要发明创造绿色高新技术、壮大绿色企业、开发绿色市场、生产绿色产品，通过制度设计、宣传教育，让绿色消费成为时尚。

3）转变经济增长模式

环境悲观主义认为传统的经济增长模式是不可持续的，生态文明要发展生态经济，要使经济活动遵循生态规律和经济规律，注重经济系统与生态系统协调统一。而经济增长模式的转变，主要依赖于生态技术创新。

4)建立公正、合理的社会制度

工业文明的主要特征是“资本专制主义”，它以资本增值为主要动力，追求经济的无限增长；生态文明反对经济至上主义，以生态学为主导，始终贯彻“生态优先”的原则，让资本市场和资本从属于生态规律，服务于生态文明建设。生态文明的制度设计不仅要考虑当代人之间的公平、当代人与后代人之间的公平，更要注重人与自然之间的公平。

1.3　能源、环境与经济三者间的关系

1.3.1　3E 理论

能源是社会发展的物质基础，环境既是能源的载体也是各类生物赖以生存的空间。然而，随着工业化进程的不断加快和经济的迅猛发展，人类不合理地开发和使用自然资源，任意排放污染物，使世界面临资源枯竭和退化、生态环境恶化与社会经济发展失衡的严峻挑战。

1. 3E 系统的含义

3E 系统是指能源(energy)-经济(economy)-环境(environment)系统。国内外的历史经验表明，能源、经济、环境三者之间长期处于一种彼此依存、彼此促进和相互牵制的动态的耦合关联之中，任意一个子系统的变动都会引起另外两个子系统的变动。寻求三者之间的协调发展不但是可持续发展理论的本质要求，也是实现国民经济持续、稳步、快速发展的有效途径。如何协调好三者之间的关系，深入探究其变化规律，已成为政府和学术界亟待解决的重大课题。

2. 3E 系统研究历史沿革

经济增长是人类社会进步与发展最基本的事实。产业革命后很长一段时期内，人们单纯地追求物质财富的增长，把获取“经济利益”作为首要目标，并以国内生产总值作为衡量发展的首要标准。当时能源的稀缺性还未充分表现出来，因而其对经济增长的作用也没有引起学者的关注。大多数新古典经济学家在分析能源对经济增长的影响时，一般将能源视为资本、劳动、土地等主要生产要素所产生的一个中间变量，并以柯布-道格拉斯(Cobb-Douglas)的资本和劳动力的双变量生产函数为其表现形式。

20 世纪 70 年代爆发的“石油危机”使能源的稀缺性因机械工业的迅速发展

日渐显露。随着世界范围内能源需求的不断增加，化石能源生产与消费引发的生态破坏和环境污染对人类生存构成了严重的威胁。《增长的极限》一书的出版，引发了人们对以往发展模式的思考，能源和环境在经济增长中的重要作用才开始被经济学家充分重视起来。

最初，各国研究人员利用经济学理论方法分别研究能源、环境问题，逐渐形成了以能源-经济、环境-经济二元系统为对象的研究体系，并形成了两门交叉学科——能源经济学和环境经济学。能源经济学认为能源和经济是不可分的，能源-经济二元系统中两者任何一个变化都会影响另一个；环境经济学同样认为环境和经济是不可分的，环境-经济二元系统中两者任何一个变化都会影响另一个。

随着能源-经济和环境-经济二元系统研究的不断深入，人们发现：进一步深入探讨相关问题时，如果不把环境作为一个重要因素引入能源-经济二元体系研究中，或者不把能源作为一个重要因素引入环境-经济二元体系研究中，都很难开展更加全面、深入、系统的研究工作。尤其是当大气污染逐渐成为首要的环境问题时，这种要求就更加迫切。于是，20 世纪 80 年代后，国际上许多能源机构和环保机构开始展开合作构建能源-经济-环境三元系统的研究框架，来分析三者之间的发展规律与内在联系，展开对 3E 系统综合平衡和协调发展问题的研究。

3. 3E 理论研究在我国的进展

我国最初从苏联引入能源经济学的理论，对能源经济问题和综合能源平衡问题利用的成本效益进行分析研究。随着西方能源经济学的引入，又在研究内容中加入了能源和经济关系问题的研究。改革开放后，经济高速发展，能源供应为适应经济的高速发展大大增加，成为经济发展的有力支撑，我国借鉴西方经济学的研究理论和方法，在能源系统领域开展了许多国家级、地区级或部门级的能源模型研究工作，在理论方法和实际应用上都取得了很大的进步。国务院经济技术社会发展研究中心（简称国务院发展研究中心）提出的能源供应系统规划与决策模型等都在建立能源模型系统方面进行了可喜的尝试。

在环境问题已经受到全球各国广泛关注的大背景下，20 世纪 80 年代以后，我国开始在环境经济问题的研究方面投入更多的人力、物力。我国首次大规模组织科技人员研究“能源-经济-环境”（3E）协调发展问题，提出 3E 协调发展的思路，是在“广义能源效率战略”的项目中。1984～1989 年，全国近 70 名专家和学者，历时五年完成了中国“广义能源效率战略”的研究。项目研究认为，中国既不可能走过去发展的老路，也不可能走发达国家所要求的新路。如果走老路，能源供应不足会严重制约经济增长，而且环境污染会更加严重；如果走发达国家所要求的新路，对环境投入资金太大，国家财政短期内无法承受，经济同样无法搞上去。因此，必须寻找一种新的战略——既不制约经济发展，又有利于环境保护，能源供应还要能够保证，这几点是中国的国情所要求的。

进入 20 世纪 90 年代，我国越来越多的研究者开始在研究能源-经济二元系统的基础上引入环境因素，将中国国情与国内外 3E 系统的研究方法和手段相结合，从资源、人口、安全、能源效率和环境等不同角度对能源问题进行了研究。1999 年 9 月，清华大学和日本庆应义塾大学联合建立成立了 3E 研究院，研究项目涉及中国市场经济下的环境问题进展及绿色能源的普及条件、3E 基础数据库、中国能源发展与节能、北京市居民采暖清洁发展机制(clean development mechanism，CDM)、绿色校园先进交通系统等，另外能源领域中软件方面的合作也得以稳步发展。经过五年的合作研究与人员交往，取得了预期成果，双方分别在中国和日本举行了中日 3E 学术研讨会，对所取得的研究成果进行进一步的交流总结，这些研究的开展为能源环境战略和政策的科学制定提供了方法借鉴与理论准备。

4. 3E 系统中的辩证关系

1) 能源与环境

能源能够为社会经济发展提供物质基础，但能源的不合理利用也会引发环境的不断恶化。能源产生的环境污染影响一般分为两类：一类是地区性影响，首先是大气污染，一般为氮氧化物、二氧化硫、二氧化碳等排放物，其次是水污染及固体废弃物污染，而危害最大的是大气污染。另一类是全球性影响，如温室效应、臭氧层破坏等，这些都与能源大气污染密切相关。

能源的消费会对环境造成一定的影响，不同类型的能源在消费过程中对环境的影响具有较大差异。一般来说，天然气、风能、太阳能和生物质能等清洁能源的消费对环境的影响最小，石油消费对环境的影响程度大于电力消费，而煤炭消费对环境的影响最大，主要原因是煤炭的燃烧会造成大量的二氧化碳、二氧化硫和有害烟尘排放。大量的二氧化碳排放也是产生温室效应的主要原因，已成为各国需要面对的巨大挑战之一。

2) 能源与经济

能源和经济增长是相互影响、相互依赖的。从经济学领域来看，能源消费与经济增长的关系主要有以下两点。

一是经济增长依赖于能源，能源是经济发展中的重要生产要素之一，可以为经济增长提供动力，能源的满足水平决定经济增长的实现水平，影响世界经济增速。

二是经济增长是能源的发展条件，为能源提供市场需求和发展空间，促进新能源从开发到普及的根本动力就是经济增长无限性和化石能源有限性两者之间的矛盾。同时经济发展为能源的开发和利用提供了必要的人力与物力支持，能源的开发和利用程度会对能源系统的发展产生直接作用。例如，在恶劣的环境中，开采诸如深海油井和戈壁海滩等化石能源常常需要先进的技术和设备，这时必须要有经济实力作为依托。

简而言之，能源和经济彼此依赖、共同发展。能源是经济发展的血液和基础，而经济发展扩大了人类社会对能源的需求，也为能源活动的顺利进行提供了前提条件如技术、资金和劳动力。

3) 经济与环境

作为人类社会生存和发展的自然基础，环境不仅能够推动经济发展，反过来也会阻碍经济发展。环境不只是生物发展的场所，也是各种资源存在的载体。环境承载力对于经济生产和人类生活而言是有力的支撑，在生产加工过程和居民生活中会有很多污染物排放到环境中，这时环境能够对它们进行净化处理。但是如果经济发展过快增长，所排放污染物的类型及数量就会相应增加以致高于环境承载力，环境质量会随之大大下降，资源的存量、质量水平也会因此下降，最终造成资源短缺、环境变差，乃至生态系统崩溃。环境恶化还将造成生产效率下降、人类健康受到危害、社会经济发展受到制约。

但同时经济发展也为环境和经济的协调发展提供了有力保障。在经济与环境二者的关系中，虽然更多的是经济对资源的需求和对环境的污染，但经济也会用其物质再生产功能提供环境改善和可持续发展的物质及资金的支持。只有当经济发展到一定程度时，政府才可以在环境保护上投入更多资金，增强对环境保护技术的研发，从而使得环境质量得到提高。

能源、经济、环境三者之间长期处于一种彼此依存、彼此促进和相互牵制的动态的耦合关联之中，任意一个子系统的变动都会引起另外两个子系统的变动。作为可持续发展的重要组成部分及本质要求，实现 3E 系统的协调发展已经上升到了前所未有的重要位置，在经济发展的过程中既要合理、高效地利用自然资源，又要最大限度减少对生态环境和自然资源的浪费和破坏，进而实现系统整体效益的最大化已成为 3E 系统协调发展的最终目标。

1.3.2 经济增长的能源约束

当今世界，人类所使用的能源主要是商品性能源。在现实生活中，能源既是一种难以完全取代的生产要素，又是一种难以完全取代的生活资料或消费品。

1. 能源对经济发展的作用

1) 能源是经济发展的重要物质基础

能源是经济发展中的重要生产要素之一，为各行各业的生产提供动力，推动着经济的发展，并对经济发展的规模和速度起到举足轻重的作用。

在现代化生产中，各个行业的发展都与能源密不可分，短期内发挥维持经济发展、创造就业、保证税收的作用。同时工业中各种产品的制造需要以能源为基础，农业生产的机械化、水利化、化学化和电气化也和能源消费联系在一起，交通运输、商业和服务业更离不开能源。任何社会生产都需要投入一定的能源生产要素，没有能源就不可能形成现实的生产力。

2) 能源是推动技术进步的主要因素

能源对于人类技术进步起到了“火车头”的作用，人类历史上三次能源技术应用的转变——蒸汽、电力、原子能，都引起了生产技术的重大变革。

早期的人类社会主要靠人力生产，即使加上一些畜力、水力等辅助生产力，整个社会生产力的发展速度也相当缓慢。18 世纪，瓦特发明的蒸汽机极大地解放了生产力；19 世纪中叶，石油资源的发现开拓了能源利用的新时代；19 世纪末，电力进入社会的各个领域，电动机代替了蒸汽机，电灯代替了油灯和蜡烛，电力成为工矿企业的基本动力及生产和生活的主要能源。由此可见，能源是社会生产力的核心和动力源泉，是人类社会可持续发展和技术进步的物质基础，能源与社会经济发展一直紧密联系在一起。

煤炭、石油、天然气及新能源、可再生能源使用范围的逐渐扩大，不但促进了能源行业的技术进步，而且极大地推动了整个社会的经济发展和技术革新。第二次工业革命使人们清楚地认识到，机械化程度的提高归功于电力的使用，从而降低了劳动成本，促进了劳动生产率的提高。因此，能源促进劳动生产率的提高是能源促进技术进步的必然结果。

3) 能源是促进新产业发展的原动力

能源不仅是经济发展不可缺少的燃料和动力，而且主要能源结构的改变也会影响产业结构的调整。20 世纪 70 年代中期，全球石油价格的上涨对西方能源缺乏的工业国家造成了极大冲击。以日本为例，1973 年、1979 年发生的两次石油危机对日本经济的冲击很大，促使日本经济结构、产业政策进行新的调整变化。产业结构从发展严重依赖石油进口、能耗大、资本密集程度高的初级重化学工业，调整为发展能耗小、技术和知识密集型的中高级重化学工业。出台综合能源对策，确保石油供给稳定、节能政策、开发石油替代能源等综合能源政策。控制公害，实施污染物排出限制、排放源对策和总量控制。

随着石油危机后经济发展战略的转变，以及产业政策及时从耗能高的初级重化学工业调整为耗能少的知识密集型产业，使日本充分利用 20 世纪 70 年代末至 80 年代初世界范围内兴起的新技术革命的浪潮，取得了显著的效果。经济仍旧保持适度增长，贸易收支仍然保持顺差，出口商品结构进一步改善，劳动生产率进一步提高[①]。

2. 新形势下经济发展对能源的需求

1973 年爆发的“石油危机”，是人们关注能源与经济增长关系研究的直接动因。人类文明发展的历史经历了原始文明、农业文明和工业文明，目前正在从工业文明向生态文明转变，可以说，人类的每一次进步都与能源息息相关。在新的发展形势下，我国经济发展对能源系统提出了新的要求，主要表现在能源需求总量、能源结构、能源效率三个方面。

经济增长对能源的需求首先或者最终体现为对能源需求总量的增长。多数情况下，经济增长和能源需求总量之间存在一定的同步关系。“新能源经济”是指在保证经济高速增长的同时，能保持较低能耗的一种经济类型。

经济增长在对能源需求总量增长的同时，也日益扩展其对能源产品品种或结构的需求。首先，按一次能源中占主体地位的品种来划分，经济增长对一次能源的需求经历了从薪柴到煤炭，又从煤炭到石油的发展，而且品种数量日益扩大。目前，各国政府不约而同地寻找替代石油的能源，也反映了经济增长对能源品种的需求。其次，即使对同一能源产品，也有不同的品种需求，品种需求在某些方面也包含着质量需求。在优化结构、提高效益、降低能耗、保护环境的前提下，我国的经济发展对能源结构提出了更高的要求，主要表现在能源品种的需求方面。虽然在短期内无法改变我国以煤为主的能源消费结构，但是煤炭消费比重将会有降低的趋势，而石油、天然气的消费比重则会相应提高，同时风能、太阳能等可再生能源的开发和使用力度也会不断加大，整个社会正在迈进清洁型、环境友好型的能源发展之路。

面对资源的不断消耗和经济的高速发展，提高能源效率成为必然选择。新时期能源效率的提高最终是由能源产品的质量决定的。受自然因素的影响，各种能源产品的质量存在显著的差异，优质高效的能源是提高能源效率的根本保证。特别是在当前节能减排的背景下，能源产品质量的不断提高已经成为能源发展的重要内容之一。在大力推进工业化的进程中，如何合理开发和使用能源，以保障社会的可持续发展已成为全社会必须面对的问题：一是如何确保为经济发展提供可持续的能源供应，并极大地提高能源使用效率；二是解决和能源有关的环境问题。这种单纯由市场推动的能源效率的提高相对来说是有限的，能源效率的提高不能单纯依靠市场机制，必须将长期坚持节能优先作为我国可持续发展能源战略的一个重要基本点。

---

① 资料来源：祁京梅. 日本产业政策及对中国的启示.（2018-01-26）[2023-01-18]. http://www.sic.gov.cn/News/456/8818.htm.

1.3.3　经济增长的环境约束

在很长一段时期内，经济学家关注的焦点都是经济增长如何促进社会进步的问题，如经济发展如何提高人均收入、人口预期寿命等。然而随着工业化的不断发展，片面追求经济发展速度所导致的负面效应不断凸显。尤其是自 20 世纪中叶以来，环境污染所引发的一系列问题逐渐引起了学者的关注。

1. 经济与环境的关系——环境库兹涅茨曲线

关于环境治理有一句老话："不走先污染后治理的道路"。这意味着"先污染后治理"是不对的。但许多人，包括相当多的学者和官员，相信"先污染后治理"有其必然性。也就是说，他们认为经济发展前期环境质量下降是不可避免的，而当经济发展至较高阶段后，社会治理环境的能力大为增强，能够大规模投入环境保护，于是，环境质量停止恶化，乃至趋于好转。

环境库兹涅茨曲线(environmental Kuznets curve，EKC)是借鉴 1955 年库兹涅茨界定的人均收入与收入不均等之间的关系，展现环境污染程度与人均收入之间倒 U 形关系的经验曲线(图 1-1)。EKC 表明，当一个国家经济发展水平较低的时候，环境污染程度较轻，但是随着人均收入的增加，环境污染程度由低趋高，环境恶化程度随经济的增长而加剧；当经济发展达到一定水平后，也就是说，到达某个临界点或称"拐点"以后，随着人均收入的进一步增加，环境污染程度又由高趋低，其环境污染程度逐渐减缓，环境质量逐渐得到改善。

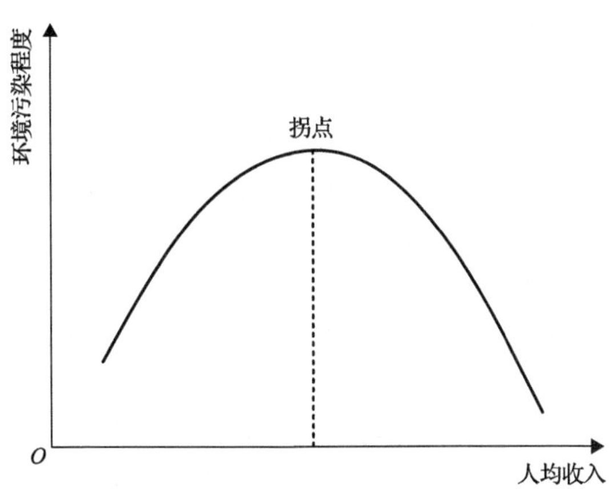

图 1-1　环境库兹涅茨曲线

EKC 具有重要的经济学含义。如果在经济增长过程中环境污染程度呈现上升趋势，则说明经济增长对环境质量是有害的，为了保护环境质量，应将经济增长限制在某一水平之下；如果在经济增长过程中环境污染程度单调下降，则说明经济增长对环境质量是有利的，可以通过经济增长改善环境质量；如果在经济增长过程中环境污染程度呈现先上升后下降的趋势，则表明经济增长过程中环境污染是必要的代价，人们应加快越过 EKC 的拐点。

为什么环境质量，尤其是污染态势会出现这样的趋势线？对此，学界有各种各样的解释。从公众环境意识角度来看，发展初期，公众更为注重收入和物质生活水平的提高，但到了发展水平较高的阶段，公众越来越关注环境质量，并因此形成日益强大的社会压力，迫使企业转型，也引导政府更为积极地推动环境保护，从而使环境形势缓解乃至好转。从企业技术和管理水平来看，发展初期，企业技术和管理水平较低，经营较为粗放，同时与环境保护相关的技术研发也难以受到重视，因此随着经济高速发展，环境恶化在所难免，但这些问题随着经济的进步会得到修正。工艺会不断升级，新企业的装备水平也会比淘汰的老企业更为节能减排，从而使所有行业的单位产品能耗和排放不断下降，环境负荷逐步减轻。从法律制度的完善程度来看，在经济发展的过程中，与环境保护相关的法律法规体系、环境管理制度、环境监管及其技术体系都有一个逐步成熟的过程，在制度力量未足够强大阶段，各种滥用环境的行为难以得到有效遏制。发展过程中，上述因素中不利于环境保护的因素逐步减弱，而有利于环境保护的因素逐步增加，最终使环境改善。

2. EKC 理论的完善

自 20 世纪 90 年代初 EKC 提出以来，环境质量与人均收入之间关系的理论探讨不断深入，丰富了对 EKC 的理论解释。

1) 规模效应、技术效应和结构效应

经济增长主要通过规模效应、技术效应与结构效应三种途径影响环境质量。

规模效应方面，经济增长从两方面对环境质量产生负面影响：一方面经济增长要增加投入，进而增加资源的使用；另一方面更多产出也带来污染排放的增加。技术效应方面，高收入水平与更好的环保技术、高效率技术有密切联系。在一国经济增长过程中，研发支出上升，推动技术进步，会产生两方面的影响：一是其他因素不变时，技术进步可以提高生产率，改善资源的使用效率，降低单位产出的要素投入，进而削弱生产对自然与环境的影响；二是清洁技术不断开发有利于有效地循环利用资源，降低单位产出的污染排放。结构效应方面，随着收入水平的提高，产出结构和投入结构发生变化，在早期阶段，经济结构从农业向能源密集型重工业转变，增加了污染排放，随后经济转向低污染的服务业和知识密集型产业，投入结构变化，单位产出的排放水平下降，环境质量改善。

三种效应中，规模效应恶化环境，而技术效应和结构效应改善环境。在经济起飞阶段，资源的使用超过了资源的再生，有害废物大量产生，规模效应超过了技术效应和结构效应，环境恶化；当经济发展到新阶段，技术效应和结构效应胜出，环境恶化减缓。

2) 环境质量需求

收入水平低的社会群体很少关注环境质量，而且贫穷会加剧环境恶化，产生恶性循环；收入水平提高后，人们更关注现实和未来的生活环境，产生了对高环境质量的需求，不仅愿意购买环境友好型产品，而且不断强化保护环境的意愿，愿意接受严格的环境规制，并带动经济发生结构性变化，减缓环境恶化。

3) 环境规制

伴随收入上升的环境改善，产生了较多来自环境规制的变革。没有环境规制的强化，环境污染程度不会下降。随着经济增长，环境规制程度在加强，有关污染者、污染损害、地方环境质量、排污减废等方面的信息不断健全，促进政府提升环境质量管理能力。严格的环境规制能够进一步引起经济结构向低污染转变。

4) 市场机制

收入水平提高的过程中，市场机制不断完善，自我调节的市场机制会减缓环境恶化。在早期发展阶段，自然资源投入较多，并且逐步降低了自然资源的存量；当经济发展到一定阶段后，自然资源的价格由于反映其稀缺性而上升，社会降低了对自然资源的需求，并不断提高自然资源的使用效率，同时促进低资源密集的技术发展，环境质量得以改善。同时，经济发展到一定阶段后，市场参与者日益重视环境质量，对施加环保压力起到了重要作用，如银行对环保不力的企业拒绝贷款。

这些理论研究表明，在收入提高过程中，随着产业结构向信息化和服务业的演变、清洁技术的应用、环保需求的加强、环境规制的实施及市场机制的作用等，环境质量先下降然后逐步改善，呈倒 U 形曲线。

3. EKC 理论的局限

随着对 EKC 的不断研究，也有学者提出了其应用的局限性。

其一，倒 U 形的 EKC 仅是一般化环境-收入关系的一种，不足以说明环境质量与收入水平间的全部关系。EKC 更多地反映地区性和短期性的环境影响，而非全球性的长期影响。

其二，EKC 的概念不能适用于所有的环境指标，如土地使用的变化、生物多样性的丧失等。这主要是基于环境退化分为污染与自然资源(土地、森林、草地及矿产资源等)的减少两类，而且一些环境损害很难衡量，特别是土地腐蚀、沙漠化、地下水层的污染与耗竭、生物多样性的损失、酸雨、动植物物种的灭绝、大气变化、核电站风险等。即使一部分环境指标存在 EKC，这部分 EKC 的存在并不能确保延续到将来，即将来收入提高过程中环境并不一定会改善。

其三，环境退化是多种因素导致的，不同阶段的环境退化与经济增长有着不同的关系，发展中国家的环境退化与人口压力、自然资源的过度开发、非密集生产方式、低生产率等有关，发达国家的环境退化更多地与过度消费有关。不同发展阶段的国家可以有针对性地减缓环境退化。可以说，经济发展最终带来环境改善并不是必然的，简单地将 EKC 当作对环境乐观的理由，相信经济增长最终会自动解决环境问题，是过于乐观和缺乏理由的。

因此，运用 EKC 解释实际问题时，要避免仅考察单一污染物，应建立污染物指标体系以综合考察所有污染物的变动轨迹；针对发达国家与发展中国家的差异，以发展中国家为重点研究对象，考察发展中国家环境-收入关系的核心影响因子。

经济增长与环境改善可以并行，其前提条件是在收入水平提高的同时，实施有效的环境政策。收入水平提高只是为环境政策的出台和有效实施提供了条件，如高收入条件下充裕的资本保障了减污投资增加等。

值得说明的是，研究者对 EKC 的理论批评并未深入触及 EKC 的理论基础，也显示 EKC 有其可取之处，其倒 U 形体现了经济增长对环境改善的有利影响，并且在考察流动污染物的短期变动轨迹方面更有效。这一主题的研究中，若改进指标的选取、把握现实新问题对环境-收入关系的影响、强化偏离 EKC 的理论基础等，将深化对环境-收入关系的研究。

参 考 文 献

[1] 美国不列颠百科全书公司. 不列颠百科全书[M]. 中国大百科全书出版社《不列颠百科全书》国际中文版编辑部, 编译. 北京: 中国大百科全书出版社, 2007.

[2]《能源百科全书》编辑委员会. 能源百科全书[M]. 北京: 中国大百科全书出版社, 1997.

[3] Auty R M. Sustaining Development in Mineral Economies: The Resource Curse Thesis[M]. London and New York: Routledge, 1993.

[4] 邵帅, 齐中英. 自然资源开发、区域技术创新与经济增长: 一个对“资源诅咒”的机理解释及实证检验[J]. 中南财经政法大学学报, 2008, (4): 3-9, 142.

[5] 田志华. 资源诅咒存在吗?——基于中国城市层面的检验[J]. 产业经济评论, 2014, (5): 65-73.

[6] Greasley D, Madsen J B. Curse and boon: Natural resources and long-run growth in currently rich economies[J]. Economic Record, 2010, 86(274): 311-328.

[7] 董小林, 宋赪, 周晶, 等. 区域环境经济指标体系的构建[J]. 长安大学学报(自然科学版), 2008, (1): 87-91.

[8] 巩英洲. 环境乐观主义: 一种对环境悲观论的回应[J]. 自然辩证法研究, 2006, (5): 108-110, 114.

[9] 王子彦, 高红樱. 怎样看待环境悲观主义[J]. 自然辩证法研究, 2005, (4): 82-85.

[10] 胡义成. 未来学中乐观主义和悲观主义的论战与可持续发展战略的产生[J]. 海南大学学报(社会科学版), 1998, (1): 64-68.

第 2 章　可持续发展理论

2.1　可持续发展理论的产生

2.1.1　可持续发展思想的提出与发展

现代可持续发展思想的提出源于人们对环境问题的逐步认识和热切关注。其产生的背景是人类赖以生存和发展的环境与资源遭到越来越严重的破坏，人类已不同程度地尝到了环境破坏的苦果。1962 年《寂静的春天》问世，蕾切尔・卡逊描绘了一幅由于农药污染所带来的可怕景象，惊呼人们将会失去“明媚的春天”。蕾切尔・卡逊认为人类所生活的世界是一张生命之网(或死亡之网)，化学品对土壤、水和食物造成了污染，这种污染导致河里的鱼儿死亡、花园和森林里的鸟儿也消失无踪[1]。该书强烈震撼了社会大众，在世界范围内引发了人类对于发展观念的争论。1972 年，德内拉・梅多斯、乔根・兰德斯、丹尼斯・梅多斯在《增长的极限》中首次提出了“持续增长”和“合理的持久的均衡发展”的概念，为可持续发展的提出和形成做出了有意义的贡献。

1972 年，联合国人类环境会议在斯德哥尔摩召开，包括中国在内的 116 个国家参加了这次会议。芭芭拉・沃德和勒内・杜博斯受时任联合国人类环境会议秘书长莫里斯・斯特朗委托，为这次大会提供了一份非正式报告——《只有一个地球》。该报告不仅讨论了环境污染问题，还将环境污染与人口问题、资源问题、工艺技术影响、发展不平衡问题，以及世界范围的城市化困境等联系在一起，作为一个整体来探讨环境问题，把人类对生存与环境的认识推向了一个新的境界。《只有一个地球》虽然是一份非正式报告，但却起了基调报告的作用，其中的许多观点被会议采纳，并写入大会通过的《联合国人类环境会议宣言》(简称《人类环境宣言》)。这次会议宣告了人类对环境的传统观念的终结，达成了“只有一个地球”、人类与环境是不可分割的“共同体”的共识。这是人类采取行动保护环境迈出的第一步，是人类环境保护史上的第一座里程碑。这次会议的主要成果在于达成了四项协议：①通过了《人类环境宣言》；②确定了扩大的国际行动计划；③在肯尼亚首都内罗毕设立常设的环境秘书处；④设立一项 1 亿美元的环境基金，以满足会后 5 年环境保护工作的需要。

1983 年 12 月，为应对环境与发展的挑战，第 38 届联合国大会通过 38/161 号决议，决定成立世界环境与发展委员会，由时任挪威首相布伦特兰夫人担任委员会主席，因此也将世界环境与发展委员会称为布伦特兰委员会。1987 年，受联合国委托，布伦特兰委员会把经过 4 年研究和论证的报告——《我们共同的未来》提交联合国大会，该报告正式提出了“可持续发展”的理念，即“可持续发展”是“既满足当代人的需求，又不损害子孙后代满足其需求的能力的发展”。从此，可持续发展的思想成为全人类的普遍共识。

1992 年 6 月，联合国环境与发展大会在巴西里约热内卢召开，183 个国家的代表团和联合国及其下属机构等 70 个国际组织的代表出席了会议，102 位国家元首或政府首脑与会。会议通过和签署了 5 个文件：《里约环境与发展宣言》《21 世纪议程》《关于森林问题的原则声明》《联合国气候变化框架公约》《联合国生物多样性公约》。这些会议文件有利于保护全球生态环境和生物资源，要求发达国家承担更多的义务，同时也照顾到发展中国家的特殊情况和利益。这些会议文件把发展与环境密切联系在一起，使可持续发展走出了仅仅在理论上探索的阶段，提出了可持续发展的战略，并付诸全球行动。

《21 世纪议程》反映了关于发展与环境合作的全球共识和最高级别的政治承诺。该议程认为，圆满实施议程是各国政府首先要负起的责任。为实现议程的目标，各国的战略、计划、政策和程序至关重要。国际合作组织应该支持和辅助各国，在这方面，联合国系统可以发挥关键作用，其他国际、区域和次区域组织也应该对此做出贡献。此外，还应该鼓励最广大的公众参与，鼓励非政府组织和其他团体积极参与工作。《21 世纪议程》是一个能动的方案，根据各国和各地区的不同情况、能力和优先次序，在充分尊重《里约环境与发展宣言》中所有原则的情况下，由各方不同的主体来执行。

联合国后续的几次有关可持续发展的峰会进一步推动了全球可持续发展的进程。2002 年 8 月，联合国可持续发展世界首脑会议在南非约翰内斯堡举行。会议的宗旨是继续贯彻 1992 年通过的《里约环境与发展宣言》的原则和全面实施《21 世纪议程》，针对 10 年消除贫困、保护环境等突出问题，强调各国政府要全方位采取具体行动和措施，实现全球可持续发展。会议通过了《可持续发展世界首脑会议实施计划》和《约翰内斯堡可持续发展声明》两个重要文件。

2012 年 6 月，联合国可持续发展大会（又称为“里约+20”峰会）在巴西里约热内卢举行。193 个国家的代表通过了题为《我们憧憬的未来》的成果文件。大会主席、巴西总统迪尔玛·罗塞夫认为，在错综复杂的各种关系中，成果文件体现了现有条件下最大限度的一致。

2015 年 9 月，联合国可持续发展峰会在纽约联合国总部举行。超过 150 位国家元首和政府首脑齐聚联合国大会会堂并通过题为《变革我们的世界——2030 年可持续发展议程》的文件，这份文件早前由联合国 193 个成员方共同达成，涵盖 17 项可持续发展目标，呼吁世界各国在人类、地球、繁荣、和平、伙伴 5 个关键领域采取行动，应对世界在可持续发展方面三个相互联系的元素，即经济增长、社会包容性和环境可持续性。

现代可持续发展理论的发展形成，经过了艰苦的探索，凝结了当代人对可持续发展理论认识的不断深化的结晶。人类对其的认识与反思是深刻的，而所得出的结论也具划时代意义，正因为如此，可持续发展理论在今天风靡全球。

2.1.2　增长的极限与传统的增长模式

1968 年，罗马俱乐部成立，这个组织的宗旨是通过对人口、工业化、污染、粮食、资源、贫困、教育等全球性问题的系统研究，提高公众的全球意识，敦促国际组织和各国政府改革社会和政治制度，采取必要的社会和政治行动，以改善全球管理，使人类摆脱所面临的困境。1972 年，德内拉·梅多斯、乔根·兰德斯、丹尼斯·梅多斯向罗马俱乐部提交了研究报告——《增长的极限》，报告预测：如果世界人口、工业化、污染、粮食生产及资源消耗按现在的增长趋势持续下去，这个星球上的经济增长就会在今后一百年内某个时候达到极限。最可能的结果就是人口和工业生产能力这两方面发生颇为突然的、无法控制的衰退或下降[2]。它被西方的一些媒体称作“70 年代的爆炸性杰作”，前后出版、销售约 1000 万册之巨，并被译成 37 种文字，成为迄今为止世界最具影响力的研究报告之一[3]。

德内拉·梅多斯、乔根·兰德斯、丹尼斯·梅多斯认为，人口、粮食生产、工业化、环境污染及资源消耗都呈现指数增长的特点，具体而言，人口不仅一直呈现指数增长，增长率也在不断上升。可以说人口的增长是“超”指数的；人口曲线上升得比严格的指数增长还要快。而资源消耗的指数增长曲线受到人口增长和资本增长的正反馈环路的推动。根据现今的资源消耗率及预计这些消耗率的增高，目前重要的不可再生资源大多数到一百年后将极其昂贵。尽管有一些关于尚未发现的储量，技术进步、替代或者回收利用等非常乐观的假设，但只要对资源的需求继续呈指数增长，资源仍然是会被耗尽的。关于污染，德内拉·梅多斯、乔根·兰德斯、丹尼斯·梅多斯指出：尽管我们无法确切知道地球吸收一种污染的能力的最大限度，也无法知道它吸收各种污染的结合体的能力，可是这样一个最大限度肯定是存在的。在许多局部的环境中这种最大限度已被超过。全世界按指数增长的人口数和人的污染活动一定会很快达到这个最大限度。由此可见，影响经济增长的几个要素都呈现指数增长的态势，都有各自的极限并且相互作用。经济增长是有极限的，因为我们生活的地球是有限的，任何人类活动越是接近地球承受这种活动的能力的限度，权衡取舍就显得越重要。

据此，罗马俱乐部提出了“零增长”的建议：为了避免因超越地球资源的物质极限而导致灾难性的后果发生，经济应保持零增长(甚至负增长)。其认为，不能期望依靠科学技术进步来摆脱这种危机，只有使地球上人口的增长和经济发展停止，才能维持全球平衡。德内拉·梅多斯、乔根·兰德斯、丹尼斯·梅多斯认为他们的主要目的不在于预测人类的前景而在于激起争论，引导人们对这个人类面临的威胁和未来机遇进行思考与讨论。《增长的极限》首次将经济增长与生态的稳定联系在一起，其认为达到并维持经济增长与生态环境之间的稳定与平衡对于人类发展而言是至关重要的，这也是可持续发展的核心所在。

2.1.3 中国古代朴素的可持续发展思想

可持续发展的概念虽然是由当代西方人提出来的，但其思想在中国却源远流长，中国悠久的文化中有许多朴素的可持续性的思想火花。例如，“竭泽而渔”“杀鸡取卵”这样典型的资源利用方式的不可取，已成为人们接受并遵循的哲理信条。应该说，它们包含着丰富的资源经济内涵，与当前国际上倡导的资源可持续利用的思想是一致的。对自然界的细致观察，也总结有“螳螂捕蝉，黄雀在后”“城门失火，殃及池鱼”的生物链关系的生态学规则。综合起来，中国古代朴素的可持续发展思想体现在以下两个方面。

一方面体现在我国古代的一些政治家和哲学家的思想里。例如，《论语·述而》中主张“子钓而不纲，弋不射宿”，意指孔子只钓鱼而不用网捕鱼，因为用网容易一网打尽，孔子射飞鸟，不射已经宿巢的鸟，因为它们需要栖息繁殖[4]。古人强调：“山林非时不升斤斧，以成草木之长；川泽非时不入网罟，以成鱼鳖之长。”诠释了人类发展与自然环境的关系[5]。春秋时期的先哲孟子也有“居移气，养移体，大哉居乎”的感叹，认为人所处的环境足以改变人的气质，人所得到的奉养足以改变人的体质，环境对人的作用十分重大[6]。

从上面的分析，我们可以看到，保护自然资源以达到持续利用的朴素思想在我国早就存在，然而，尽管这些朴素思想中包含尊重生态规律的内容，但未形成系统的自然保护的思想和管理体系。

2.1.4 中国当代可持续发展思想的演进

1. 科学发展观的提出

进入 21 世纪，立足社会主义初级阶段基本国情，总结我国发展实践，借鉴国外发展经验，适应新的发展要求，中国进一步深化对可持续发展内涵的认识，对可持续发展思想做出了全面、深刻的阐释，明确提出了科学发展观。

科学发展观是指导发展的世界观和方法论的集中体现，是运用马克思主义的立场、观点、方法认识和分析社会主义现代化建设的丰富实践，是深化对经济社会发展一般规律认识的成果，从而成为我国推进经济建设、政治建设、文化建设、社会建设必须长期坚持的根本指导方针。科学发展观的第一要义是发展，核心是以人为本，基本要求是全面协调可持续，根本方法是统筹兼顾[7]。

强调第一要义是发展，是基于我国社会主义初级阶段基本国情，基于人民过上美好生活的深切愿望，基于巩固和发展社会主义制度，基于巩固党的执政基础、履行党的执政使命做出的重要结论。必须坚持把发展作为党执政兴国的第一要务。发展，对于全面建设小康社会、加快推进社会主义现代化，具有决定性意义。要牢牢扭住经济建设这个中心，坚持聚精会神搞建设、一心一意谋发展，不断解放和发展社会生产力。更好实施科教兴国战略、人才强国战略、可持续发展战略，着力把握发展规律、创新发展理念、转变发展方式、破解发展难题，提高发展质量和效益，实现又好又快发展，为发展中国特色社会主义打下坚实基础。努力实现以人为本、全面协调可持续的科学发展，实现各方面事业有机统一、社会成员团结和睦的和谐发展，实现既通过维护世界和平发展自己、又通过自身发展维护世界和平的和平发展。

作为科学发展观的核心，“以人为本”体现了马克思主义历史唯物论的基本原理。全心全意为人民服务是党的根本宗旨，党的一切奋斗和工作都是为了造福人民。要始终把实现好、维护好、发展好最广大人民的根本利益作为党和国家一切工作的出发点和落脚点，尊重人民主体地位，发挥人民首创精神，保障人民各项权益，走共同富裕道路，促进人的全面发展，做到发展为了人民、发展依靠人民、发展成果由人民共享。

作为科学发展观的基本要求，必须坚持全面协调可持续发展。要按照中国特色社会主义事业总体布局，全面推进经济建设、政治建设、文化建设、社会建设，促进现代化建设各个环节、各个方面相协调，促进生产关系与生产力、上层建筑与经济基础相协调。坚持生产发展、生活富裕、生态良好的文明发展道路，建设资源节约型、环境友好型社会，实现速度和结构质量效益相统一、经济发展与人口资源环境相协调，使人民在良好生态环境中生产生活，实现经济社会永续发展。

作为科学发展观的根本方法，统筹兼顾是中国这样的发展中大国治国理政的重要历史经验，是中国处理各方面矛盾和问题必须坚持的重大战略方针。要正确认识和妥善处理中国特色社会主义事业中的重大关系，统筹城乡发展、区域发展、经济社会发展、人与自然和谐发展、国内外发展和对外开放，统筹中央和地方关系，统筹个人利益和集体利益、局部利益和整体利益、当前利益和长远利益，充分调动各方面积极性。统筹国内国际两个大局，树立世界眼光，加强战略思维，善于从国际形势发展变化中把握发展机遇、应对风险挑战，营造良好国际环境。既要总揽全局、统筹规划，又要抓住牵动全局的主要工作、事关群众利益的突出问题，着力推进、重点突破。

总之，科学发展观是马克思主义同当代中国实际和时代特征相结合的产物，是马克思主义关于发展的世界观和方法论的集中体现，对新形势下实现什么样的发展、怎样发展等重大问题做出了新的科学回答，把我们对中国特色社会主义规律的认识提高到新的水平，开辟了当代中国马克思主义发展新境界。解放思想、实事求是、与时俱进、求真务实，是科学发展观最鲜明的精神实质[8]。

2. 生态文明的演进

党的十七大报告明确指出了建设生态文明的目标，提出在全社会牢固树立生态文明观念。党的十八大报告明确指出，面对资源约束趋紧、环境污染严重、生态系统退化的严峻形势，必须树立尊重自然、顺应自然、保护自然的生态文明理念，把生态文明建设放在突出地位，融入经济建设、政治建设、文化建设、社会建设各方面和全过程，努力建设美丽中国，实现中华民族永续发展。2013 年 2 月，联合国环境规划署第 27 次理事会通过了宣传中国生态文明理念的决定草案，标志着中国生态文明的理论与实践在国际社会得到认同与支持。

2013 年 11 月，党的十八届三中全会提出，紧紧围绕建设美丽中国，深化生态文明体制改革，加快建立生态文明制度，健全国土空间开发、资源节约利用、生态环境保护的体制机制，推动形成人与自然和谐发展现代化建设新格局。2015 年 5 月，《中共中央 国务院关于加快推进生态文明建设的意见》发布，意见指出：加快推进生态文明建设是加快转变经济发展方式、提高发展质量和效益的内在要求，是坚持以人为本、促进社会和谐的必然选择，是全面建成小康社会、实现中华民族伟大复兴中国梦的时代抉择，是积极应对气候变化、维护全球生态安全的重大举措。要充分认识加快推进生态文明建设的极端重要性和紧迫性，切实增强责任感和使命感，牢固树立尊重自然、顺应自然、保护自然的理念，坚持绿水青山就是金山银山，动员全党、全社会积极行动、深入持久地推进生态文明建设，加快形成人与自然和谐发展的现代化建设新格局，开创社会主义生态文明新时代。

2016 年 3 月，《中华人民共和国国民经济和社会发展第十三个五年规划纲要》指出，实现发展目标，破解发展难题，厚植发展优势，必须牢固树立和贯彻落实创新、协调、绿色、开放、共享的新发展理念。坚持创新发展、协调发展、绿色发展、开放发展、共享发展，是关系我国发展全局的一场深刻变革。创新、协调、绿色、开放、共享的新发展理念是具有内在联系的集合体，是“十三五”乃至更长时期我国发展思路、发展方向、发展着力点的集中体现，必须贯穿于“十三五”经济社会发展的各领域各环节。

2017 年 10 月，党的十九大报告明确要求：牢固树立社会主义生态文明观，推动形成人与自然和谐发展现代化建设新格局。加快生态文明体制改革，建设美丽中国。改革生态环境监管体制。加强对生态文明建设的总体设计和组织领导，设立国有自然资源资产管理和自然生态监管机构，完善生态环境管理制度，统一行使全民所有自然资源资产所有者职责，统一行使所有国土空间用途管制和生态保护修复职责，统一行使监管城乡各类污染排放和行政执法职责。构建国土空间开发保护制度，完善主体功能区配套政策，建立以国家公园为主体的自然保护地体系。坚决制止和惩处破坏生态环境行为。

2.2　可持续发展的内涵与原则

2.2.1　可持续发展的定义

与任何经济理论和概念的形成与发展一样，可持续发展概念形成了不同的流派，这些流派或对相关问题有所侧重，或强调可持续发展中的不同属性。从全球范围来看，比较有影响的有以下几类。

1. 着重于从自然属性定义可持续发展

较早的时候，持续性这一概念首先是由生态学家提出来的，即所谓生态持续性。它旨在说明自然资源及其开发利用程度间的平衡。1991 年 11 月，国际生态学协会和国际生物科学联合会联合举行关于可持续发展问题的专题研讨会。该研讨会的成果不仅发展而且深化了可持续发展概念的自然属性，将可持续发展定义为保护和加强环境系统的生产和更新能力。从生物圈概念出发定义可持续发展，是从自然属性方面定义可持续发展的一种代表，即认为可持续发展是寻求一种最佳的生态系统以支持生态的完整性和人类愿望的实现，使人类的生存环境得以持续。

2. 着重于从社会属性定义可持续发展

1991 年，由世界自然保护联盟、联合国环境规划署和世界野生动植物基金会(现在的世界自然基金会)共同发表了《保护地球——可持续生存战略》(简称《生存战略》)。《生存战略》提出的可持续发展定义为在生存于不超出维持生态系统涵容能力的情况下，提高人类的生活质量。并且提出可持续生存的九条基本原则。这九条基本原则，既强调了人类的生产方式和生活方式要与地球承载能力保持平衡，保护地球的生命力和生物多样性，又提出了人类可持续发展的价值观和 130 个行动方案，着重论述了可持续发展的最终落脚点是人类社会，即改善人类的生活质量，创造美好的生活环境。《生存战略》认为，各国可以根据自己的国情制定各不相同的发展目标。但是，只有在“发展”的内涵中，在提高人类健康水平、改善人类生活质量和获得必须资源的途径中，在为人们创造并保持一个平等、自由、人权的环境中，才能得到真正的“发展”。

3. 着重于从经济属性定义可持续发展

这类定义有不少表达方式。不管哪一种表达方式，都认为可持续发展的核心是经济发展。Barbier 将可持续发展定义为在保持自然资源的质量和其所提供服务的前提下，使经济发展的净利益增加到最大限度[9]，还有学者提出可持续发展是“今天的资源使用不应减少未来的实际收入”。当然，定义中的经济发展已不是传统的以牺牲资源和环境为代价的经济发展，而是“不降低环境质量和不破坏世界自然资源基础的经济发展”。

4. 着重于从科技属性定义可持续发展

实施可持续发展，除了政策和管理国家之外，科技进步起着重大作用。没有科学技术的支持，人类的可持续发展便无从谈起。因此，有的学者从技术选择的角度扩展了可持续发展的定义，认为可持续发展就是转向更清洁、更有效的技术，转向尽可能接近“零排放”或密闭式工艺方法，尽可能减少能源和其他自然资源的消耗。还有学者提出，可持续发展就是建立极少产生废料和污染物的工艺或技术系统。他们认为污染并不是工业活动不可避免的结果，而是技术差、效益低的表现[10]。

5. 被国际社会普遍接受的布氏定义的可持续发展

1988 年以前，可持续发展的定义或概念并未正式引入联合国的“发展业务领域”。1987 年，世界环境与发展委员会给出了可持续发展的定义：可持续发展是指既满足当代人的需要，又不损害子孙后代满足其需求的能力的发展。

2.2.2 可持续发展的能源、经济和环境维度

1. 能源维度

能源的可持续发展维度是指能源在数量和质量上，既可以为本代人又可以为后代人提供可持续的供给。这种可持续力是动态的，资金的投入、技术的进步都可能提高其可持续力，从而为经济的可持续增长提供更大的空间。

不可再生能源的日益衰竭是现代工业文明取得巨大进步的昂贵代价。为了当代发展的需要，对煤、石油、矿产等不可再生能源采取掠夺式开发与消耗，把能源匮乏的困难留给后人，这种做法的后果不仅会加剧人与自然的矛盾，而且最终会毁灭人类自己。可持续发展的能源观要求我们合理地利用能源。

面对能源的稀缺和耗竭，对于发展中国家来说，不是不要利用能源，而是要提高能源的利用效率，除了技术进步，还可以依据能源的稀缺性程度优化能源配置结构。一方面，寻求能源的替代，大力发展可再生能源，如太阳能、风能和海洋能等，不仅能够解决能源稀缺和耗竭问题，还能够解决过度使用化石能源而导

致的环境污染问题；另一方面，当一种稀缺能源可以有多种用途时，该种能源应主要投向具有更高效益的用途，如石油可以作为燃料，也可以成为工业品（如化纤）的原料，而后者产生的效益更高，因此石油应主要用于后者。

2. 经济维度

经济维度的可持续发展是人类动态的经济系统与动态的生态系统之间的一种关系，这种关系不仅意味着人类的生存能够无限期持续、人类个体能够处于全盛状态、人类文化能够发展；同时也意味着人类经济活动的影响应保持在某种限度之内，以免破坏生态系统的多样性及其功能。简言之，经济维度的可持续发展能够无限期地持续下去，而不会降低包括自然资本存量（质量和数量）在内的整个资本存量的消费，具体包括在保护自然资源的前提下，使经济发展的净利益增加到最大限度；今天的资源利用不应减少未来的实际收入的发展；以不降低环境质量为前提的经济发展；既保证当代人福利增加又不减少后代人福利的发展等。

经济增长来源于两个方面：一是要素投入的增长，二是要素使用效率的提高。若经济增长主要靠要素投入的增长来推动，则可称之为粗放型经济增长方式；若经济增长主要依靠要素使用效率的提高，则可称之为集约型经济增长方式。目前的经济增长基本上是建立在粗放型的基础上的。按照现有的资源消耗程度、人口增长速度，难以实现可持续发展。因此，实现可持续发展的关键是转变经济增长方式，包括技术进步、提高投入要素质量等。

3. 环境维度

环境维度的可持续发展即生态环境可持续性，是保护和加强环境系统的生产和更新能力。可持续发展是不超越环境系统再生能力的发展。生态环境可持续性包括：①生物资源可持续利用，即可再生资源的可持续产出。生态环境承载力是获得最大可持续产出的关键。②生态环境管理。保护生态环境资源，避免对生态环境造成不可逆的损害，保持一个无退化的自然资本，这是可持续发展的必要条件。

人类的经济活动会破坏环境，但人类在认识了生态经济规律之后，也能在一定的社会经济资源条件下，通过对各种生态环境资源的合理利用和整治，使生态环境质量得到恢复和提高。

2.2.3　可持续发展的原则

1. 公平性原则

可持续发展的公平性原则包括两个方面：一方面是指本代人的公平即代内之间的横向公平；另一方面是指代际公平性，即世代之间的纵向公平性。可持续发展既要满足当代所有人的基本需求，给他们机会以满足他们要求过美好生活的愿望，也要实现当代人与未来各代人之间的公平，因为人类赖以生存与发展的自然资源是有限的。从伦理上讲，未来各代人应与当代人有同样的权力来提出他们对资源与环境的需求。可持续发展要求当代人在考虑自己的需求与消费的同时，也要对未来各代人的需求与消费负起历史责任，因为同后代人相比，当代人在资源开发和利用方面处于一种无竞争的主宰地位。各代人之间的公平要求任何一代人都不能处于支配的地位，即各代人都应有同等选择的机会空间。

2. 持续性原则

这里的持续性是指生态系统受到某种干扰时能保持其生产力的能力。资源环境是人类生存与发展的基础和条件，资源的持续利用和生态系统的可持续性是保持人类社会可持续发展的首要条件。这就要求人们根据可持续性的条件调整自己的生活方式，在生态可能的范围内确定自己的消耗标准，合理开发、合理利用自然资源，使可再生性资源能保持其再生产能力，非可再生性资源不至过度消耗并能得到替代资源的补充，环境自净能力能得以维持。可持续发展的可持续性原则，从某一个侧面反映了可持续发展的公平性原则。

3. 共同性原则

可持续发展关系到全球的发展。要实现可持续发展的总目标，必须争取全球共同配合行动，这是由地球整体性和相互依存性决定的。因此，致力于达成既尊重各方的利益，又保护全球环境与发展体系的国际协定至关重要。正如《我们共同的未来》[11]中写的“今天我们最紧迫的任务也许是要说服各国，认识回到多边主义的必要性，进一步发展共同的认识和共同的责任感，是这个分裂的世界十分需要的”。这就是说，要实现可持续发展，人类就要共同促进自身之间、自身与自然之间的协调，这是人类共同的道义和责任。

4. 预防性原则

经济增长和不断增加的人口，意味着生态环境将承受越来越大的压力。面对日益恶化的环境，应当遵从《里约环境与发展宣言》第 15 条规定的预防性原则：为了保护环境，各国应该根据自身的能力采取预防措施。遇有严重或不可逆转损害的威胁时，不得以缺乏科学的充分证据为理由，延迟采取措施。

2.3 经济增长与可持续发展

2.3.1 经济增长的模型

经济增长理论是经济学的重要理论，经济增长理论包括经济增长的规律和各个增长要素在经济增长中的作用。按研究方法划分，有抽象模型的经济增长理论和历史分析的经济增长理论；按研究对象划分，有发达国家的经济增长理论和发展中国家的经济增长理论。经济增长理论的发展轨迹表明，各学派的经济增长理论关注的是经济增长的根源。因此，经济增长理论的发展，说到底反映的是经济增长核心要素的变化。经济增长模型基于新古典经济学的理论，对资源环境问题有一定的借鉴意义。

1. 生产函数模型

最初的经济增长模型是新古典增长的生产函数模型。生产函数模型表示一个地区劳动力数量、资本存量和该地区产出水平之间的关系，该模型依据生产函数寻找促进经济增长的核心要素。其表现形式：

$$Y=F(K, L, t)$$

式中，Y 为产出水平；K 为资本存量；L 为劳动力数量；t 为时间。

2. 哈罗德-多马模型

产生于 20 世纪 40 年代的哈罗德-多马模型认为，任何经济单位的产出，取决于向该单位投入的资本存量，用公式表示：

$$Y=K/V$$

式中，V 为资本-产出比率即资本效率。

哈罗德-多马模型关注的是资本积累在经济增长中的决定性作用。哈罗德-多马模型基于如下假设：一是资本和劳动的不可替代性，二是资本-产出比率的固定性，从而推出经济增长取决于资本积累能力。在模型中资本成为经济增长的核心要素，资本积累是经济增长的根本推动力。其缺陷主要在于忽略了技术进步对经济增长的作用及资本和劳动之间的可替代性。与此理论相适应，许多国家在一段相当长的时期中采取了突出资本积累的经济增长方式，试图加大资本投入来推动经济增长。

经济增长的实践暴露了哈罗德-多马模型的缺陷。它无法解释在不同的国家、相同的资本积累水平下存在相当大的经济增长差异的根本原因。

3. 索洛模型

索洛模型认为，除资本要素以外，其他要素也对经济增长发挥作用。其运用的生产函数包含了更多的生产要素，特别是突出了投入要素效率的提高对经济增长所做出的贡献。其表达形式为

$$Y=f(K, L, R, A)$$

式中，Y 为产出量；K 为资本存量；L 为劳动力数量；R 为可耕地和自然资源存量；A 为投入使用的要素效率的提高。

在上述三个表达式的基础上，索洛等进一步将生产函数转换为能够测度每种投入对经济增长的贡献的形式。根据其对增长原因测度的结果，投入使用要素的效率提高在增长率中所起作用的份额越来越大。这意味着经济学家所关注的经济增长的核心要素开始转向各种投入要素的质量和技术进步。

4. 最优增长模型

最优增长模型是一个考虑生态约束的动态优化增长模型。它建立在最优规划理论之上，包含了一个最优增长程序。模型假设社会福利是消费和环境质量的函数。在最优增长的框架中，社会规划者通过选择消费、投资和污染减排这些变量的最优路径实现跨期社会效用最大化。该模型的目标就是研究在生态和经济约束条件下实现社会效用最大化的经济体中，最优的开采、环境质量及消费会呈现什么样的增长路径轨迹。资源的使用会影响环境质量，并且会对效用产生影响；同时它也通过对产品生产和资源再生产的作用，对效用产生间接影响。

该模型在增长最大化的框架中建立了社会福利、消费、资本积累、技术进步、生态和经济增长之间的主要关系，发现增长由以下要素决定：①资本；②政府对研发和教育的投资，以及私人部门的“干中学”的知识借鉴和知识积累而促成的技术进步；③人口；④受到污染、政府环境控制投入及资源使用等影响的环境质量。

2.3.2 循环经济

1. 循环经济的内涵

通常将“循环经济”定义为自然生态规律(系统论、物质循环论)指导下的一种经济发展模式。资源的循环利用是循环经济的核心内涵，即“循环经济”强调的不是经济循环，而是经济活动赖以存在的资源的循环。从内涵上认识循环经济，有以下三点需要加以肯定。

(1)环境和资源是循环经济的核心。环境和资源是人类与大自然的直接对接方式，循环经济是完成可持续发展的必由之路，即循环经济要完成对资源的合理开发和对环境的有效保护。

(2)循环经济是一个经济活动过程。循环经济属于经济学范畴，符合经济学的价值形成规律，即循环经济将环境与资源问题内生于经济过程，用价格导向而不是政策导向指导循环经济的发展。

(3) 对资源的节约、环境的保护是循环经济的主要特征。传统的经济学以价值形态评价经济发展水平，而循环经济不以传统的经济学价值形态评价循环经济效率，同时考虑了资源的节约水平和环境的改善水平。循环经济的发展原则为“3R”原则，即减量化(reduce)、再利用(reuse)、再循环(recycle)原则。

减量化原则针对资源利用的输入端，即在产品的生产和消费过程中，尽可能少地使用资源和废弃物排放。单位产出的资源使用量的减少和废弃物排放的减少虽然在一定程度上减轻了环境的压力，但是当人口数量上升、产品总量需求增加时，必然使资源使用量增加，废弃物排放增加，这时再结合再利用与再循环原则进行研究。因此，减量化原则是核心内容；再利用原则属于过程性原则，要求生产出的产品或包装能够以初始形态被多次重复使用，增加资源的利用率，避免资源过早转化为废弃物；再循环原则即输出端原则，要求生产出的产品在完成其初始功能后，能够继续转化为其他形式的资源，即废弃物的再生或再利用，减少最终废弃物的处理量。

2. 循环经济的模式

为了使经济能够可持续发展，倡导人与自然和谐相处，近年来国际社会推崇使用“资源—产品—再生资源”的循环经济模式。这种循环经济模式与传统经济模式对比有以下三点不同。

(1) 对“废物”的认识不同。传统经济模式认为资源投入生产后，除需要的产品外，剩余部分以“废物”形式排放到自然环境中，而循环经济模式认为“废物”是放错地方的资源，资源经过适当优化配置，仍能够投入生产进行多次循环使用。

(2)“废物”的“资源化”。这通常需要具备三个条件：一是经济主体有使用“废物”的权利；二是经济主体有使用“废物”的技术；三是经济主体有使用“废物”的经济动力。即经济主体在“废物”的“资源化”过程中，需要有立体的产权保障、技术保障和利益保障。

(3)“再生资源”。即“废物”的再次利用，增加了资源的效用，这里的“再生”区分为“废物的再利用”和“废物的再生”，“废物的再利用”是指不改变其物理结构或化学性质，对废物进行简单再处理即投入使用，如废旧瓶子的回收使用。“废物的再生”是指改变废物的物理结构或化学性质中的一种，对其进行再处理后再使用，属于“降级循环”，价值低于资源价值。

总之，循环经济属于经济学问题。循环经济的价值形成体系需要体现经济价值、环境价值与社会价值。

3. 循环经济的实施战略与实施路径

对于循环经济发展战略的选择，诸大建和黄晓芬[12]提出适合中国发展的 C 模式。C 模式不同于传统经济发展的 A 模式——高消耗、高排放、高增长，亦不同于目前发达国家所采用的 B 模式——环境压力减轻，技术革新推动经济缓慢增长。C 模式强调中国经济增长模式应保留一段必要的缓冲时间，在这个阶段，应逐渐完成以下过程：资源消耗、污染排放速度小于经济增长速度；以高技术、知识型第三产业为主推动经济增长，资源消耗、环境污染从零增长到稳定减少。陆仲武等[13]参照发达国家的工业发展历史，提出中国应穿越“环境高山”，走新型工业化道路，中国人口多、资源贫乏，如果不能及时调整发展模式，未来将面临更加严峻的环境社会问题，具体参照指标为增加万元 GDP 的环境负荷的年下降率——监测万元 GDP 的环境负荷的总量和年下降率，使其年下降率等于或大于 GDP 的增长率。金涌等[14]认为当前技术水平条件下穿越“环境高山”，走新型工业化道路难以实现，考虑到科技水平越高，环境曲线峰值越低，从而提出中国经济的“爬坡”方案，即科技水平和 GDP 同时增加时，平稳爬过“环境高山”。减消耗、降排放、降低 GDP 的环境负荷，仍然需要技术创新作为支撑，循环经济下的技术创新，将不限于产品工艺过程及产品本身的创新。从生态效率角度考虑的功能革新、系统革新(如产业布局、城市规划)，如果从更大的范围思考，更能提高整体的循环水平和循环效率。在实施路径方面，循环经济涉及生产领域、消费领域、基础设施和综合领域下的三组循环，即单个对象的小循环、共生组合的中循环和区域层面的大循环。

4. 循环经济的经济效率测度

生态效率是目前国内测度循环经济的主要方法，生态效率即产出与投入之比。其中“产出”为企业提供的产品或服务的价值；“投入”为企业生产消耗的资源及造成的环境负荷，计算指标的数值越大，则生态效率越高，反之亦然。循环经济的生态效率指标体系通常涵盖社会、经济、生态三个系统的指标数值，研究层面通常集中在区域、城市、产业和企业方面。采取的方法多为层次分析法、模糊综合评判法、灰色关联法、主成分分析法、数据包络分析法等。对于循环经济生态效率的测度，存在以下方法上的不足。

(1)效率的提升不能代表经济增长对环境的影响在减少，即经济总量的提升对环境造成的压力在增加。指标背后的这个事实值得我们多加关注。

(2)循环经济作为一种经济活动过程，不能将具有全球性、长久性、不确定性影响的气候问题、生态问题等外部问题进行内部化处理。

(3)指标体系中指标的选择具有主观性，不同数量或质量指标的选择会使结果因评价者不同出现异同。

2.4　可持续发展的评价和指标体系

2.4.1　可持续发展评价的内容与原则

可持续发展评价就是为了实现可持续发展的目标，运用科学的方法和手段来评价可持续发展运行的状况、实现的程度和效果，为指导可持续发展提供决策依据。可持续发展评价是可持续发展从理论阶段进入可操作性阶段的前提。可持续发展评价旨在寻求可操作的、定量化的方法和能力，或用以分析可持续发展战略实施的进展和效果，以便更好地指导可持续发展的具体实践。可持续发展评价在时间上反映整个国家和地区的发展速度和趋向，在空间上反映整个国家和地区的整体布局和结构，在数量上反映整个国家和地区的规模，在层次上反映整个国家和地区的功能和水平，兼有描述、评价、解释、预警和决策等多方面功能。

1. 可持续发展评价的主要内容

根据传统的经济发展观念，经济发展主要的度量手段或评价内容是 GDP，发展就是提高 GDP 水平及增长率，GDP 是评价社会经济发展的主要内容。但是，CDP 无法衡量经济增长造成的环境污染。

从可持续发展的基本定义出发，可持续发展评价主要包括以下四个方面的基本内容。

一是经济可持续发展评价。经济可持续发展评价不仅鼓励经济增长，重视增长的数量分析，更重要的是要对经济发展的质量、资源配置的优化状态、经济发展的效率与效益进行分析计量和衡量，以推动改变传统的生产和消费模式，实施清洁生产和文明消费。

二是生态可持续性评价。生态可持续性评价以自然资源可持续利用和保护生态环境为目的，分析整个生命支撑系统和生态系统的完整性与生物多样性，评价自然资源可持续利用程度，对资源破坏和环境污染所产生的各种影响进行衡量或计量。

三是社会可持续发展评价。社会可持续发展评价以改善和提高人类生活质量为目的，对经济发展过程中社会公正、安全、文明与健康状况做出诊断，特别强调人口与资源、环境的平衡关系。对社会分配关系、失业和社会平等、文化教育和卫生健康及社会保障体系的健全状况等进行分析、评价，借此分析经济发展中社会目标的实现程度。

四是可持续发展的综合评价。由于可持续发展是由生态、经济、社会、技术、公共政策等因素复合而成的综合系统，在经济、生态及社会可持续发展程度评价的基础上，还必须综合上述评价结果，对整个国家或区域的可持续发展程度进行综合评判，从而判断出可持续发展的现状、潜力和发展趋势。

可持续发展系统的运行受到一定时空的约束，既有区域(空间)的相对性，也有发展阶段(时间)的相对性。这样，在可持续发展评价中，以区域范围进行划分，可分为区域评价、国家评价、全球评价。以时间进行划分，可分为事前评价和事后评价。事前评价是根据自然、社会、经济等方面的条件，按照可持续发展的要求，评价可持续发展系统的现状和目前的影响，为可持续发展的系统诊断、规划和设计提供科学的依据。事后评价是对设计的可持续发展系统运行后实际产生的结果进行评价，并与事前评价或预测的结果加以比较，总结系统运行后存在的主要问题，为系统的优化提供服务[15]。

2. 可持续发展评价的原则

根据可持续发展的目标，可持续发展评价需要遵循以下原则。

一是当前利益与长远利益相结合的原则。当前利益是近期内就能获得或实现的利益；长远利益是指将来才能获得的利益。当前利益和长远利益相结合是可持续发展内涵的必然要求。在可持续发展评价中要求重视长远利益，而其中一个十分重要的问题就是对资源的合理利用和环境保护，当代人不能因为自己的发展与需求，只顾眼前利益而损害后代人满足其需求的自然资源与环境；另外，也不能一味地追求长远利益而忽视和不顾当前利益，因为当前利益是长远利益的基础，要强调在发展中保护资源和环境。因此，在可持续发展评价中要把当前利益与长远利益有机结合起来。

二是经济效益、生态效益和社会效益相结合的综合评价原则。生态效益是指自然生态环境系统获得物质和能量交换的效率，以保持生态平衡和改善生态环境。生态效益是形成经济效益的客观自然基础，而经济效益则是生态效益得以改善的重要的社会环境和外部条件。生态效益好，可以促进经济效益提高；反之，生态效益差，则会使经济效益下降。同样，经济效益好，就可以有更好的条件治理污染，不断改善生态环境，提高生态效益；反之，经济效益不好，则没有条件保护和改善生态环境，有可能降低生态效益。通常情况下，当二者发生矛盾时，绝不能以牺牲生态效益去换取暂时的、局部的经济效益。否则，长此下去必将造成生态环境的严重破坏，使暂时的、局部的经济效益也丧失殆尽，甚至彻底摧毁人类赖以生存和发展的自然条件和生态环境。社会效益与经济效益、生态效益也是相互依赖和相互制约的。因此，进行可持续发展评价时，必须高度重视经济效益、生态效益和社会效益的统一，正确处理三种效益之间的关系。

三是区域性原则。由于区域的自然条件、发展历史、文化背景和地理位置等方面的差异，区域间社会经济发展水平差别很大，造成各区域间发展的不平衡性，即地域差异性。各区域在实施可持续发展过程中遇到的问题不一样，从而区域可持续发展的主要目标、评价的重点也不一样，评价的方法或指标体系以及指标的权重也因区域差异而不同。所以在可持续发展评价时遵循区域性原则以便客观、准确地对可持续发展状况进行评价。

四是静态评价与动态评价相结合的原则。静态评价是指现状评价，主要剖析目前的系统结构状况，衡量整个系统所达到的功能和效益水平，能够反映系统的现实生产能力和水平。动态评价就是要揭示系统的结构、功能及效益诸方面的演替规律，考察系统发展趋势，分析系统结构的稳定性及缓冲能力和应变能力，以掌握可持续发展系统的运行规律，进行系统的有效控制。静态评价与动态评价相结合，能从横向和纵向两方面综合反映可持续发展系统的全貌。

五是整体性与层次性原则。整体性原则要求既要有反映各子系统发展的指标，又要有反映各子系统之间协调的指标。层次性原则指在不同层次上有不同的指标体系，即根据可持续发展的复杂性程度，评价指标体系可分解为若干递阶层次结构，使指标体系合理、清晰。越往上，指标越综合；越往下，指标越具体。

六是定性与定量相结合的原则。可持续发展的指标要尽可能地最值化，对于一些难以量化而又有重大意义的指标也可以用定性指标描述。

2.4.2　可持续发展评价指标体系

根据不同的评价方法和侧重点，可以分为不同的可持续发展评价指标体系，本书主要介绍中国科学院可持续发展战略研究组提出的可持续发展评价指标体系。

对可持续发展进行评估，需要建立一套具有描述、分析、评价、预测等功能的可持续发展定量评估指标体系。中国科学院可持续发展战略研究组将可持续发展视为由具有相互内在联系的五大子系统(即生存支持系统、发展支持系统、环境支持系统、社会支持系统、智力支持系统)所构成的复杂巨系统的正向演化轨迹。依照人口、资源、环境、经济、技术、管理相协调的基本原理，对有关要素进行外部关联及内部自洽的逻辑分析，设计了一套“五级叠加、逐层收敛、规范权重、统一排序”的可持续发展评价指标体系。该指标体系分为总体层、系统层、状态层、变量(要素)层四个等级。

总体层：从整体上综合表达整个国家或地区的可持续发展能力，代表着国家或地区可持续发展总体运行态势、演化轨迹和可持续发展战略实施的总体效果。

系统层：将可持续发展系统解析为内部具有内在逻辑关系的五大子系统，即生存支持系统、发展支持系统、环境支持系统、社会支持系统、智力支持系统。该层面主要揭示各子系统的运行状态和发展趋势。

状态层：反映决定各子系统行为的主要环节和关键组成成分的状态，包括某一时间断面上的状态和某一时间序列上的变化状况。

变量(要素)层：从本质上反映、揭示影响状态的行为、关系、变化等原因和动力。本指标体系共遴选 45 个指数来加以表征，如图 2-1 所示。

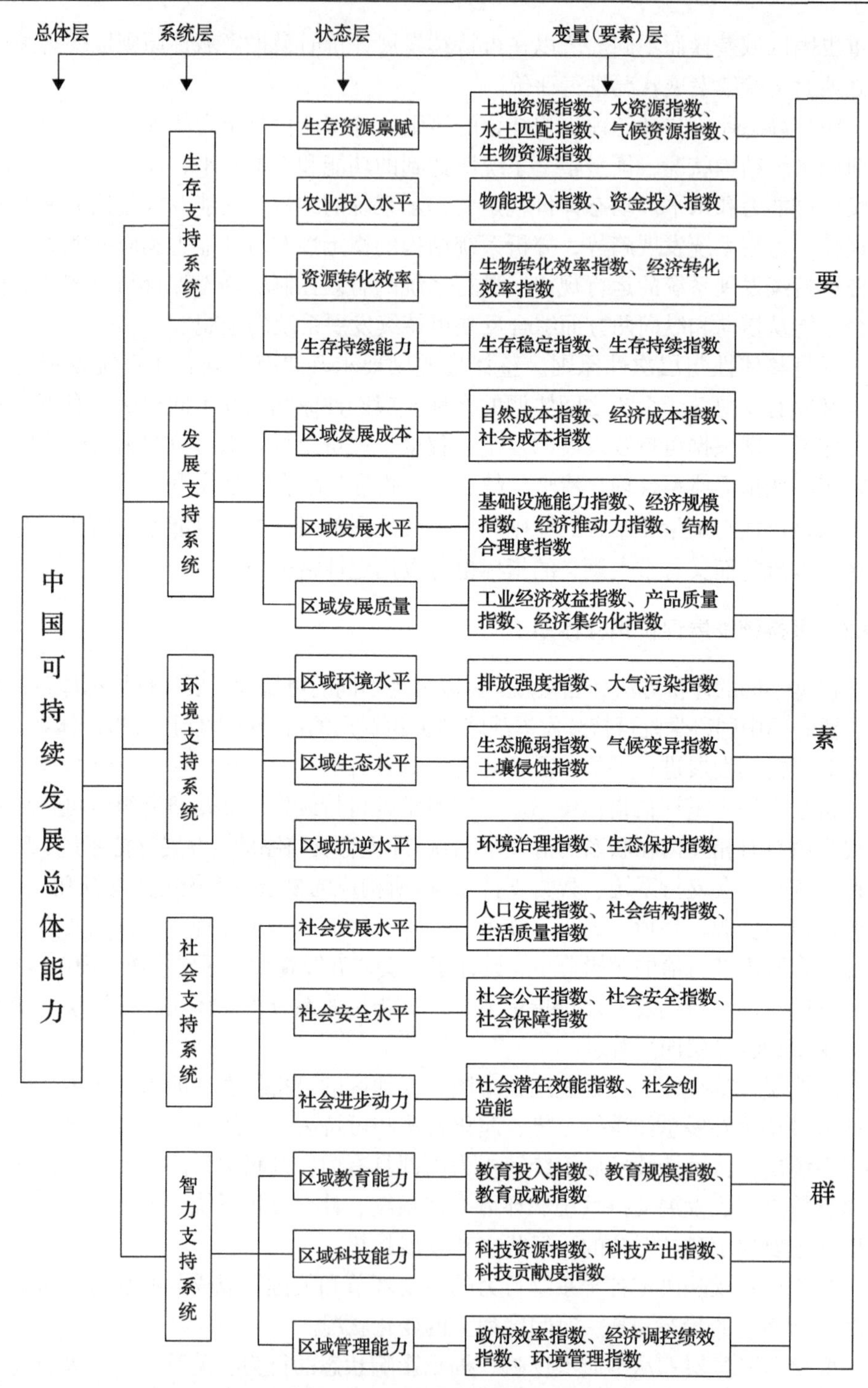

图 2-1　可持续发展评价指标体系

2.4.3　可持续发展评价的主要方法

1. 指标综合评价法

指标综合评价法依据可持续发展评价的理论，按照指标设置的原则，从可持续发展目标内涵出发，构建一套可持续发展评价指标体系，以此对可持续发展进行综合衡量和评价，大体有以下步骤。

(1) 指标体系的构成。用指标体系去评价可持续发展的目标，其基本目的在于寻求一组具有典型代表意义，同时能全面反映可持续发展目标各方面要求的特征指标，这些指标及其组合能够恰当地表达人们对可持续发展目标的定量判断。指标构成前面已有详细介绍，此处不再赘述。

(2) 指标权重的确定。可持续发展评价指标体系中的指标内涵不同，对可持续发展的重要性也不同，在对其进行综合评价时，需要确定指标（或准则）权重的大小，权重确定方法有专家咨询法、层次分析法、灰色关联法等及这些方法的综合应用。利用各种方法确定权重的主要目的是希望所确定的指标体系权重更符合客观实际，尽量剔除主观成分。

(3) 确定各评价指标的评价指标值。用指数、分数等反映各评价指标水平的高低。众多评价指标量纲各不相同，数量级大小差别很大，需根据各个评价指标的基准值范围通过极差变换等其他数据量化方法进行量化，从而得出各评价指标的评价值。

(4) 计算评价结果。根据各指标权重和评价指标值，可计算出可持续发展的综合排序。

2. ECCO 模型

ECCO（evaluation of capital creation options）模型就是将资源、环境和经济因素联系在一起，形成的一种综合方法，逐渐发展成为一种动态模拟模型。该模型是建立在自然资产基础上的，分析自然资产消耗和生产资产增加的相互关系。在一定的政策、技术情况下，ECCO 模型可用于对一个国家国民经济系统的潜力进行分析，并可用于预测在不同政策、技术和环境限制因素状况下，国民经济各个部门的相应变化。该模型的目标是提供一种综合的分析工具、独立的价格系统，测试长期的政策措施、技术选择和环境目标的效果，它是分析经济与环境长期协调发展战略和技术的新方法，从而成为可持续发展评价的一种方法。

ECCO 模型把资产分为两类：自然资产和生产资产。前者是指所能加工的物质材料，如原油、煤、水、自然景观等；后者是指经济生产的最终产品。ECCO 模型依据自然资产计算经济活动。模型之间的关系是物质的，而非金融的。因此，

ECCO模型采用能量转换分析理论，经济活动的主要计量单位是能量的单位焦耳，而不是传统的货币单位，从而克服了使用货币单位所带来的不同时期货币价值差异、各国货币兑换率人为因素干扰、货币贬值等问题，所有的货币单位将通过特定的系数转换成能量单位。ECCO 模型把经济活动分成两部分，即财富的增加和财富的消费。对每一个主要经济活动，用 ECCO 模型计算该活动所耗用的全部能量，即实现某种产品所需要的全部能量，这就真实地反映了该经济活动的全部价值。

参考文献

[1] 蕾切尔·卡逊. 寂静的春天[M]. 韩正, 译. 北京: 人民教育出版社, 2017.

[2] 德内拉·梅多斯, 乔根·兰德斯, 丹尼斯·梅多斯. 增长的极限[M]. 李涛, 王智勇, 译. 北京: 机械工业出版社.

[3] 金燕. 《增长的极限》和可持续发展[J]. 社会科学家, 2005, (2): 81-83.

[4] 杨伯峻. 论语译注[M]. 北京: 中华书局, 1980.

[5] 黄怀信, 张懋镕, 田旭东. 逸周书汇校集注: 上册[M]. 修订本. 黄怀信, 修订. 李学勤, 审定. 上海: 上海古籍出版社, 2011.

[6] 方勇. 孟子[M]. 北京: 中华书局, 2017.

[7] 胡锦涛. 高举中国特色社会主义伟大旗帜, 为夺取全面建设小康社会新胜利而奋斗(2007年10月15日), 《中国共产党第十七次全国代表大会文件汇编》, 北京: 人民出版社, 2007.

[8] 《人口 资源与环境经济学》编写组. 人口 资源与环境经济学[M]. 北京: 高等教育出版社, 2019.

[9] Barbier E B. The concept of sustainable economic development[J]. Environmental Conservation, 1987, 14(2): 101-110.

[10] 李龙熙. 对可持续发展理论的诠释与解析[J]. 行政与法(吉林省行政学院学报), 2005, (1): 3-7.

[11] 世界环境与发展委员会. 我们共同的未来[M]. 王之佳, 柯金良, 等译. 长春: 吉林人民出版社, 1997.

[12] 诸大建, 黄晓芬. 循环经济与中国发展的C模式[J]. 环境保护, 2005,(9): 29-31, 39.

[13] 陆钟武, 毛建素. 穿越“环境高山”——论经济增长过程中环境负荷的上升与下降[J]. 中国工程科学, 2003, (12): 36-42.

[14] 金涌, 冯之浚, 陈定江. 循环经济: 理念与创新[J]. 中国工程科学, 2010, (1): 4-11.

[15] 洪银兴. 可持续发展经济学[M]. 北京: 商务印书馆, 2000.

第3章　世界能源形势与中国能源格局

3.1　世界能源现状及未来发展趋势

能源是人类生存与经济发展的物质基础。然而，随着世界经济持续、高速地发展，能源供需矛盾日益突出。当前世界能源消费以化石能源为主，根据BP的预测，按照目前的开采速度，石油、天然气最多只能维持不到半个世纪，煤炭也只能维持一两百年，各种化石能源都面临耗竭的风险。为应对可能出现的能源危机，各国在提高能源使用效率、开发可再生能源等方面进行了积极的探索和实践。

3.1.1　全球能源供给和需求格局

能源结构指能源生产总量或消费总量中各类一次能源、二次能源的构成及其比例关系。能源结构是能源系统工程研究的重要内容，它代表国民经济各部门的最终用能方式，并反映人民的生活水平。能源结构分为生产结构和消费结构：各类能源产量在能源生产总量中的比例，称为能源生产结构；各类能源消费量在能源消费总量中的比例，称为能源消费结构。研究能源的生产结构和消费结构，可以掌握能源的生产和消费状况，为能源供需平衡奠定基础。查明能源生产的资源、品种和数量，以及消费品种数量和流向，合理安排开采投资和计划，以及分配和利用能源提供科学依据。同时，根据消费结构分析耗能情况和结构变化情况可以挖掘节能潜力并预测未来的能源消费结构。不同国家能源的生产结构和消费结构各不相同。能源生产的资源条件、人们对环境的要求、能源贸易及社会的经济技术发展水平等因素的影响，都会使能源结构发生相应的变化。

能源生产是指能源资源的开采、加工和转换过程。按照联合国欧洲经济委员会的定义，煤炭、石油、天然气、铀矿等的开采，以及水能的开发叫作开采；煤炭、石油、页岩油、天然气和铀矿的精选、处理和炼制叫作加工；焦炭、型煤、煤气、合成液体和气体燃料、电力和热能的生产叫作转换。

能源生产总量是一定时期内全国一次能源生产量的总和，是观察能源生产水平、规模、构成和发展速度的总量指标，包括煤炭、石油、天然气、水电、核能及其他动力能(如风能、地热能等)发电量，不包括低热值燃料生产量、生物质能、太阳能等的利用和由一次能源加工转换而成的二次能源产量。

1. 能源消费格局

能源消费总量是一定时期内全国物质生产部门、非物质生产部门消费的各种能源的总和。世界能源消费总量受人类经济社会发展的影响，近 25 年世界能源消费总量一直处于上升状态(除 2008 年美国次贷危机)。当今世界能源消费结构依旧是以石油、煤炭、天然气为代表的化石能源为主，但石油和煤炭的消费比重总体上有明显下降趋势，而天然气、水电、核电和可再生能源的消费比重呈上升趋势。各种能源消费比重的变化反映了世界能源消费未来"绿色清洁、高利用率、可持续"的发展趋势。根据 BP 的预测，未来能源结构会发生缓慢的变化，天然气消费比重将上升，石油、煤炭、天然气三大化石能源消费比重在 2035 年将会收敛于 27%左右，尽管可再生能源发展迅速，但化石能源依然在能源结构中占据主导地位。

当前石油、天然气和煤炭等化石能源的消费总量占全世界能源消费总量的 80%以上。其中，石油的消费总量最高且比较稳定，每年保持在 30 亿～50 亿吨标准油的消费水平，消费总量保持逐年递增。2018 年，煤炭的消费总量位居第二，但其份额已经下降至 27%，为近 15 年来的最低点；天然气的消费比重上涨至 24%，与煤炭的差距缩小至 3 个百分点；水电(7%)和核电(4%)的消费比重较为稳定；可再生能源消费总量增长势头强劲，所占比重增至 4%，紧随核电之后。

2018 年全球一次能源消费总量增长 2.9%，该增速约为近十年平均水平的两倍，是 2010 年来的最高水平。各类燃料需求均处于增长态势，其中天然气(增量达 1.68 亿吨油当量，占全球增长的 43%)和可再生能源(增量达 7100 万吨油当量，占全球增长的 18%)尤为强势。在 OECD 成员国中，能源需求的整体增长(8200 万吨油当量)主要由天然气(7000 万吨油当量)驱动。而在非 OECD 成员国中，天然气(9800 万吨油当量)、煤炭(8500 万吨油当量)和石油(4700 万吨油当量)较为平均地构成了能源需求的整体增长[1]。

未来化石能源市场份额发展将比较缓慢。石油的市场份额将持续下降，其作为主要燃料的地位将受到煤炭的挑战；天然气市场份额将稳步上升。到 2035 年，所有化石燃料的市场份额将聚集在 27%左右，这是第一次工业革命以来能源结构中第一次不是单一能源占主导地位。总的来说，化石燃料的市场份额有所下降，但到 2035 年，化石燃料仍将是能源的主要形式，预计其市场份额为 81%。

未来新能源形式将在能源结构中逐渐增多。所有类型的新能源都在扩张，新能源形式发挥着越来越重要的作用。到 2035 年，预计可再生能源、页岩气、致密油和其他新能源年均增长 6.2%，占能源生产增量的 43%。

从各区域能源消费结构(以在当地能源结构中占比超过 50%)来看，非洲、欧洲和美洲地区的主要消费能源仍是石油，天然气是独联体国家和中东地区的主要消费能源，亚太地区的主要消费能源则是煤炭。值得注意的是，2018 年北美洲和欧洲地区一次能源消费中煤炭的消费比重降至现有数据的历史最低[1]。

2018 年各能源的消费地域分布中，亚太和北美洲地区的石油消费共占全球石油消费的 60%以上，是石油的主要消费地区；煤炭消费高度集中在亚太地区；而超过 2/3 的核电消费集中在北美洲和欧洲地区；亚太和中南美洲地区的水电消费占全球水电消费总量的 60%左右；超 90%的可再生能源消费分布在亚太、欧洲和北美洲地区[1]。

未来能源消费增长中心加速向亚太地区转移，能源消费需求的增加主要来自非 OECD 国家。目前，亚太地区已经超过欧美，成为世界第一大能源消费区和第一大石油消费区，且 2012～2015 年基本 95%的能源消费需求增长发生在非 OECD 国家。

目前乃至未来一次能源消费中，中国所占比例将不断增大，2009 年中国已经成为能源消费第一大国，成为继 OECD 国家之后全球第二大能源消费市场，但随着其他发展中国家(如印度、非洲国家)经济发展对能源需求的增加，中国对国际能源消费的增长贡献程度逐步减小。

2. 能源生产格局

从一次能源供给端来看，受非常规油气加速发展的影响，世界油气供应格局从中东地区和独联体国家等主导的“双极”格局，逐步演变为中东地区、独联体国家、美洲地区共同主导的“三极”格局。

(1)石油方面，2018 年底全球石油储量较 2017 年上升 20 亿桶，总量达 1.73 万亿桶。分地区来看，中南美洲地区的储产比全球最高，达 136 年；欧洲地区的储产比全球最低，为 11 年。OPEC 国家拥有 71.8%的全球石油储量。石油储量最高的国家是委内瑞拉(占全球石油储量的 17.5%)，沙特阿拉伯(占全球石油储量的 17.2%)紧随其后，然后是加拿大(占全球石油储量的 9.7%)、伊朗(占全球石油储量的 9.0%)和伊拉克(占全球石油储量的 8.5%)。

2018 年世界石油产量增长 220 万桶/天，增长高度集中在美国(220 万桶/天)、加拿大(41 万桶/天)和沙特阿拉伯(39 万桶/天)，但委内瑞拉(–58 万桶/天)和伊朗(–31 万桶/天)的石油产量急剧减少。OPEC 国家石油产量减少 33 万桶/天，但非 OPEC 国家的石油产量增长 260 万桶/天。2018 年全球石油消费量增长 140 万桶/天，超过历史平均水平。

目前，美国的石油开采量已经超过沙特阿拉伯，成为最大的石油产出国。未来随着美国页岩油开采技术的进一步提高、开采成本的进一步下降，美国石油供给将会继续增加，预计到 2040 年美国石油产量将会占到全球石油产量的 18%。

(2)天然气方面，2018 年全球天然气产量创历史新高，全球天然气产量增长 5.2%，为 2010 年以来的最高增速，是近 10 年平均增速(2.3%)的两倍多。美国(860 亿立方米)和俄罗斯(340 亿立方米)的天然气产量增长占全球总产量增长的 2/3。

美国贡献了全球 45%的天然气产量增长，是这一增长势头的最主要推力。美国的天然气产量增长 860 亿立方米，增速达 12%，主要增长来自马塞勒斯、海恩斯维尔和二叠盆地的页岩气。部分新增供应满足了美国新增的三条液化天然气生产线，大部分产出很快被美国国内市场吸收。俄罗斯(340 亿立方米)、伊朗(190 亿立方米)和澳大利亚(170 亿立方米)对全球天然气产量增长也有所贡献。

2018 年全球天然气探明储量增加 0.7 万亿立方米，探明储量达 196.9 万亿立方米，其中俄罗斯(38.9 万亿立方米)、伊朗(31.9 万亿立方米)和卡塔尔(24.7 万亿立方米)是探明储量最高的三个国家。根据 2018 年的储产比，全球天然气还可以以现有的生产水平生产 50.9 年，相较 2017 年储产比减少 2.4 年。中东地区(109.9 年)和独联体国家(75.6 年)的储产比高于其他地区和国家[1]。

(3)煤炭方面，全球煤炭产量在 2018 年增长 4.3%，远高于近 10 年平均增速(1.3%)。产量增长集中在亚太地区(16300 万吨油当量)，其中，约一半的增长来自中国，印度尼西亚产量增长 5100 万吨油当量。

2018 年全球煤炭储量为 1.055 万亿吨，主要集中在少数几个国家：美国(24%)、俄罗斯(15%)、澳大利亚(14%)和中国(13%)。其中大部分储量为无烟煤和烟煤(70%)。根据 2018 年全球煤炭储产比，全球煤炭还可以以现有的生产水平生产 132 年。其中，北美洲地区(342 年)和独联体国家(329 年)为储产比最高的地区和国家[1]。

3.1.2 能源技术发展

能源技术发展对提高能源工业生产效率、加快新型能源替代传统化石能源、提高能源利用率和降低能源消耗所带来的环境问题等有着重要的促进作用。

当前，世界主要国家和地区均把能源技术视为新一轮科技革命和产业革命的突破口，从能源战略高度制定各种能源技术规划，采取行动加快能源科技创新，以增强国际竞争力。全球范围内的节能技术革命已经展开，各国都在通过节约能源和提高能源效率来降低能源需求，其中发达国家的能源消耗下降了 30%以上。机动车的污染有效能耗提高了近一倍，清洁能源技术迅速开发和提高，各国纷纷推进清洁煤计划。能源技术发展最明显的影响可以从能源强度这一指标上体现出来。过去 30 多年，能源强度下降幅度呈增大趋势。1981～1990 年、1991～2000 年、2001～2010 年三个 10 年能源强度平均降幅分别约为 1%、1.6%、1.2%，而 2011～2016 年 6 年的平均降幅约为 2.1%。从各国和各地区的能源强度来看，能源强度逐步收敛，这种趋势的出现是市场力量和全球竞争的共同结果，经济全球化进程促进能源技术在全球的传播，技术的外溢性使各国能源工业的标准化程度普遍提高并且逐步接近。

在提高能源利用效率这一方面，以汽车行业为例，从欧盟、美国和中国三个国家和地区的情况来看，随着汽车能源技术的发展，汽车的每百公里油耗在不断下降，预计 2035 年三个国家和地区汽车的每百公里油耗将下降到 5 升以下。

3.1.3　生态环境保护和气候变化治理对能源形势的影响

目前，气候变化和生态环境问题对全球能源工业产生深远影响并将长期困扰人类发展。根据 BP 的预测，2012～2035 年，全球因能源使用而排放的二氧化碳将增长 29%，年增长率将为 1.1%。尽管各国限制二氧化碳排放的政策会继续收紧并且二氧化碳排放的增长率逐渐下降，但是排放量依然高于科学家的建议，2035 年二氧化碳全球排放量约为 1990 年水平的 2 倍。

从国家和地区差别角度来看，二氧化碳排放量的增长主要来自非 OECD 国家，其二氧化碳排放量年增长率为 1.9%，是 1990 年水平的三倍多；OECD 国家二氧化碳排放量年增长率持续降低，约为–0.4%，回落到 1990 年水平。

化石燃料的燃烧造成环境和气候的变化，这些变化反过来也在督促人类不断改进能源利用方式和能源消费结构。从能源消费结构来看，观察近百年来中国、美国、欧洲主体能源（能源结构中占比最大的能源）在各自能源结构中的比重变化可以发现，煤炭一直是中国的主体能源；美国主体能源在 1945 年左右由煤炭变为石油，并且预测会在 2025 年左右变为天然气；欧洲主体能源在 1960 年左右由煤炭变为石油，并且预测会在 2025 年左右变为非化石能源。这一系列变化的原因与资源禀赋和能源技术密不可分，从主体能源变化来看，都存在着一个趋势：传统化石能源比重不断下降，清洁能源与新型能源比重不断上升，能源消费结构正在变得更加绿色清洁、低碳环保。

3.2　中国能源的总体情况

中国能源生产与消费存在着明显的结构性矛盾，多煤、缺油、少气的资源状况与能源消费结构存在着明显的不匹配，这种不匹配会导致我国出现能源对外依赖性强、能源消费环境成本大、能源供给安全性低等问题。

中国未来能源消费总量增速将明显回落，清洁低碳能源成为能源供应增量主体的趋势正在形成。2000～2010 年我国一次能源消费总量年均增长 9.7%，而 2011～2017 年一次能源消费总量年均增长降至 2.5%。目前，中国拥有完整、成熟的风电、太阳能发电装备制造能力，以及技术研发、创新发展的良好环境。中国清洁能源转型将助推世界可持续发展进程，成为世界能源转型的重要一环。

3.2.1 中国能源消费和生产情况

改革开放初期，全国电力缺口高达上千万千瓦，不少工厂被迫“停三开四”，居民用电也无法全部保证，“停电”成为一代人的记忆，煤荒、油荒也时有发生。能源短缺一度困扰着中国经济的发展。改革开放 40 多年来，我国的能源发展实现了前所未有的重大变化，取得了举世瞩目的历史性成就，能源生产和消费总量跃居世界首位，能源保障能力不断增强，能源结构不断优化，节能降耗成效显著，为我国经济持续快速发展、人民生活水平不断提高提供了坚实有力的基础保障。

改革开放 40 多年来，我国能源产业由弱到强，生产能力大幅提升，初步形成了煤炭、石油、天然气、可再生能源多种能源驱动的能源生产体系，基础保障作用显著增强，已成为世界能源生产第一大国。1978 年，我国能源生产总量仅为 6.3 亿吨标准煤，2019 年则达到 39.7 亿吨标准煤，比 1978 年增长 5.3 倍①。

2009～2019 年，从能源生产总量来看，能源生产总量以持续增长为主，仅 2015 年、2016 年两年下降，2017 年开始恢复稳步增长，2019 年能源生产总量达到历史高点；从能源生产总量增速来看，2010 年高达 9.1%，2012 年出现较大幅度下降，骤减 5.8 个百分点，并持续下降到 2016 年的–4.2%，2017 年大幅反弹至 3.6%，2018 年、2019 年稳定在 5%、5.1%，距离 2010 年 9.1%的高增速依然少了 4 个百分点左右。

在能源消费方面，自改革开放以来我国能源消费总量不断上升，并于 2009 年超过美国，成为全球第一大能源消费国。近几年来，中国一次能源消费总量的增速有减缓趋势，但在水电、核电和风电的消费量上，增速明显加快，所占比重不断加大。另外，由于天然气的清洁性，天然气消费增量在近 20 年的时间里增加了十倍以上，可见天然气也是我国能源结构转型的目标能源类型[2]。

下面我们将从煤炭、石油、天然气、电力四个方面分别探讨中国能源的生产和消费。

1. 煤炭

自 2000 年以来，原煤的年生产总量整体上呈现出稳步上升的趋势，但是在 2014 年开始出现轻微下降，此次产量的下降持续了三年，2016 年达到 10 年内最低值 241534.04 万吨标准煤，2017 年开始原煤产量恢复增长，2019 年煤炭供应保障能力稳步提高，煤炭优质产能持续释放，产业向资源富集地区进一步集中，山西、内蒙古、陕西和新疆原煤产量占全国原煤总产量的 76.8%，2019 年原煤产量大致与 2013 年相当。

---

① 资料来源：中华人民共和国 2019 年国民经济和社会发展统计公报. http://www.stats.gov.cn/sj/zxfb/202302/t20230203_1900640.html.

BP 公布的数据显示[3]，2019 年全球煤炭总产量为 81.29 亿吨，比 2018 年上涨 0.5%。煤炭产量排名前十位的国家分别为：中国、印度、美国、印度尼西亚、澳大利亚、俄罗斯、南非、德国、哈萨克斯坦和波兰，其中，中国、印度尼西亚、澳大利亚和南非煤炭产量较 2018 年均有所上涨，其余国家煤炭产量较 2018 年年均有所下降。2019 年，中国的煤炭产量超过了 38.46 亿吨，再次接近全球煤炭总产量的一半，即中国的煤炭产量位居全球第一名，占全球煤炭总产量的 47.3%。

自 2000 年以来我国的煤炭消费总量整体呈上升趋势，与我国原煤生产总量的变化趋势一致，从 2014 年开始煤炭消费总量出现轻微下降，持续 3 年时间，2016 年煤炭消费总量达到最低值 270207.78 万吨标准煤，2017 年开始煤炭消费总量开始稳步增长。

BP 数据显示[3]，2019 年，煤炭在全球一次能源中的消费比重下降到 27.0%，为 16 年来的最低水平。煤炭消费量排名前十位的国家分别为：中国、印度、美国、日本、南非、俄罗斯、韩国、印度尼西亚、德国和越南。2019 年，中国的煤炭消费量占全球煤炭消费总量的 51.7%，比 2018 年提高 1.4 个百分点。

2. *石油*

2009～2019 年，中国原油产量在 2016 年出现大幅下滑，跌破 3 亿吨标准煤，2017 年、2018 年继续下滑，但 2018 年降幅收窄，2019 年原油产量增速由负转正。2019 年油气增储上产态势良好,原油生产扭转了 2016～2018 年连续 3 年下滑的态势。

1978 年以前，中国能源基本上处于自给自足状态，石油消费增长率较快，但是消费总量很低。1978～2000 年进入改革开放初期，煤炭消费总量急剧增加，石油消费增长缓慢,增速在 4%左右。2000～2010 年,中国加入世界贸易组织（WTO），工业化进程明显加快，汽车消费高速增长，带动石油消费快速增长，石油消费年均增速在 7%以上。2010 年之后中国经济进入换挡期，产业结构调整，经济增速放缓，商用车需求下滑，加之各种石油替代产品的发展，我国石油消费增速明显放缓，2010～2017 年石油消费年均增速为 4%，由高速增长进入中低速增长时期。2000 年我国石油消费总量为 32332.08 万吨标准煤，到 2019 年时，我国石油消费总量达到 91854 万吨标准煤，约为 2000 年石油消费总量的 2.8 倍。2009～2018 年 10 年间，全球石油消费总量增加了 5.3 亿吨，其中 43%的消费量增加来自中国，预计到 2030 年，中国仍将消费全球石油增量的一半左右。中国已经成为全球石油消费增长的主要驱动，成为重塑全球石油市场格局的重要角色，但同时，也正面临着石油供应安全的挑战。

中国自 1993 年成为石油净进口国之后，石油进口量持续快速攀升。2020 年中国石油进口依存度上升到 72.5%，是世界石油第一大进口国。原油对外依存度是指一个国家原油净进口量占本国石油消费量的比例，体现了一国石油消费对国外石油的依赖程度。从原油对外依存度来看，1970～1989 年国内炼油产业处于起步阶段，国内石油供应与消费同比增长，基本实现自给自足，甚至可以少量出口。1990～2010 年国内经济飞速发展，国内炼油产业经历了快速发展时期，石油消费年均增长率达 7.1%，国内原油产量保持平稳小幅增长，20 年时间里原油对外依存度快速上升。2010 年之后，中国经济发展从高速增长降至中高速增长，同时经济转型、结构调整，石油表观消费年均增速下降，原油产量增长相对缓慢，2014 年后，受国际油价下跌影响，国内原油产量逐渐回落。

目前中国汽车和化工产业尚处于快速发展阶段，2017 年中国人均石油消费量为 0.4 吨，低于全球人均石油消费水平 0.6 吨，远低于发达国家人均石油消费水平。未来，随着中国人均收入的提高，人们满足美好生活的愿望逐步实现，加之中国以制造业为主，即使考虑到节油、替代以及效率提升，中国的人均石油消费仍有一定的增长空间。

在气候全球变暖的压力下，二氧化碳减排成为限制化石能源消费的“天花板”。全球不同国家纷纷通过技术进步大力发展可再生能源，不断提高化石能源利用效率，降低对化石能源的依赖性。我国石油消费同样面临提高效率、节能减排的趋势。我国单位 GDP 石油消费强度呈现不断下降趋势，当前在 0.6 吨/万美元 GDP（2010 年不变价）左右，略高于世界平均水平，较发达国家仍有较大差距。单位 GDP 石油消费强度与国家经济发展阶段、产业结构变化有关。随着第三产业比重的提升，单位 GDP 石油消费强度不断降低。2019 年我国第三产业比重为 50.5%，预计 2030 年将上升至 60%以上，石油利用效率还有较大提升空间。

3. 天然气

天然气产量是指进入集输管网和就地利用的全部气量，包括气田天然气产量、油田天然气产量和煤田天然气产量。我国天然气生产主要经历了两个阶段：第一阶段（1949～1995 年）为起步阶段，天然气年产量由 0.112 亿立方米增至 174 亿立方米，年均增长仅 3.8 亿立方米；第二阶段（1996～2009 年）为快速发展阶段，天然气年产量由 174 亿立方米增至 841 亿立方米，累计增长量是 1995 年以前的 4 倍左右，年均增长高达 51.3 亿立方米。中国天然气产量开始高速增长始于 2004 年，之前的同比增长率大多不超过 10%，而 2004 年之后，以年均约 18%的增速增长[4]。

2019 年，我国天然气生产量稳步增长。国家发展和改革委员会数据显示，2019 年，天然气产量约为 1777 亿立方米，同比增长 11.5%，较 2018 年同期增长 3.8 个百分点。连续 3 年天然气产量增加超过 100 亿立方米，其中，致密砂岩气、页岩气和煤层气等非常规天然气产量占比超过 30%，增长 23.0%，拉动全部天然气产量增长 6.9 个百分点。

天然气产量中，页岩气产量快速增长，2019 年超过 130 亿立方米；煤层气产量 2019 年增长超过 70 亿立方米。国家统计局发布的数据显示，2019 年，全国规模以上工业企业生产煤层气 88.8 亿立方米，同比增长 13.8%，绝对值增量在 16.2 亿立方米。煤制气产量超 30 亿立方米，中国煤炭加工利用协会数据显示，2019 年我国煤制气全年产气量 43.82 亿立方米(其中内蒙古大唐国际克什克腾煤制天然气公司 12.58 亿立方米、新疆庆华能源集团有限公司含液化气 10.5 亿立方米、伊犁新天煤化工有限责任公司 16.37 亿立方米、内蒙古汇能煤电集团有限公司 4.37 亿立方米)，产能利用率达 85.84%。

自 2000 年以来，我国天然气消费总量稳步上升，2000 年天然气消费总量为 247 亿立方米，2019 年天然气消费总量达到 3073 亿立方米，约为 2000 年天然气消费总量的 12 倍，由此可见我国天然气的消费需求很大，消费总量快速增加。2016 年中国天然气消费总量 2058 亿立方米，产量 1368 亿立方米，供需缺口近 700 亿立方米，对外依存度 34%左右。自 2014 年起，中国天然气的产量和消费量增速均有所放缓，但消费量的增速仍然持续大于产量的增速。随着中国城镇化过程中居民能源消费结构的变化，以及环保监管日趋严格的背景下燃气替代煤炭供电供热需求的提升，天然气下游消费有进一步增长的空间。一方面，在环保政策持续发力的推动下，煤改气的持续推进拉动天然气消费量稳定增长；另一方面，虽然煤改气政策补贴退坡，新能源快速发展等因素压低了天然气消费，但纵观近 10 年，天然气消费总量仍呈稳步增长趋势。

4. 电力

改革开放之初，全国电网覆盖率尚不到一半，全社会用电量仅为 2498 亿千瓦时。经过 40 多年的发展，全国电网建设取得了举世瞩目的成就，最高电压等级从 220 千伏、500 千伏逐步发展到当前的 1000 千伏、±800 千伏，电压层级分布日趋完善。2015 年，全面解决了无电人口用电问题。截至 2017 年底，全国 220 千伏及以上输电线路总长达到 68.8 万千米，是 1978 年的 30 倍，相当于绕地球 17 圈。变电容量达到 40 亿千伏安，相比改革开放之初增长了 157 倍多。

自 2000 年以来，我国电力消费总量不断增加，整体呈现上升趋势。国家能源局统计数据显示，2019 年我国全社会用电量达到 72255 亿千瓦时，同比增长 4.5%。全国人均用电量达到 5161 千瓦时，人均生活用电为 732 千瓦时。

按照电力用途是生产还是生活，电力消费总体上可以分为两个部分：一是经济生产的各行业的生产用电，二是城乡居民的生活用电。根据我国的电力价格制度，两者的电价具有显著的差距，第二产业，尤其是工业用电是中国电网企业售电利润的主要来源。

2019 年我国全社会用电量达到 72255 亿千瓦时，其中第一、第二、第三产业全行业用电合计 62005 亿千瓦时，城乡居民生活用电合计达到 10250 亿千瓦时。居民收入的增长、生活用电电价的稳定及家电产品价格的降低与普及是居民生活用电量持续增长的主要动力。从全行业用电的需求变化来看，第二、第三产业的发展态势对全行业用电量变化具有较大的影响。

2019 年我国第三产业用电量增长显著，成为推动全社会用电量增长的主要动力，对全社会用电量增长的贡献率显著提升，达到 33.1%，较 2018 年提高了 10.1 个百分点。在第三产业中，信息传输/软件和信息技术服务业用电量增长相对更快，达到 16.2%，数据中心、云计算、通信基站等信息技术与基础设施是其增长的主要动力，此外租赁和商务服务业、房地产业、批发和零售业用电量增长均在 10%以上。

3.2.2 能源消费结构

能源消费结构是指各种能源消费量占能源消费总量的比例。2009～2019 年，随着能源转型步伐的加快，我国能源结构持续优化，不同品种能源占比呈现不同趋势(表 3-1)。

表 3-1 中国能源消费占比变化 (单位：%)

年份	石油	天然气	煤炭	核能	水电	可再生能源(不含水电)
2003	22.1	2.4	69.3	0.8	5.4	
2004	22.4	2.5	68.7	0.8	5.6	
2005	20.9	2.6	69.9	0.8	5.8	
2006	20.4	2.9	70.2	0.7	5.8	
2007	19.5	3.4	70.4	0.8	5.9	
2008	18.8	3.6	70.2	0.8	6.6	
2009	17.7	3.7	71.2	0.7	6.4	0.3
2010	17.6	4	70.5	0.7	6.7	0.5
2011	17.7	4.5	70.4	0.7	6	0.7
2012	17.7	4.7	68.5	0.8	7.1	1.2
2013	17.8	5.1	67.5	0.9	7.2	1.5
2014	17.5	5.6	66	1	8.1	1.8
2015	18.6	5.9	63.6	1.3	8.5	2.1
2016	18.7	5.8	63.7	1.3	8.4	2.1
2017	19.4	6.6	60.4	1.8	8.3	3.5
2018	19.6	7.4	58.2	2	8.3	4.5
2019	19.7	7.8	57.6	2.2	8	4.7

数据来源：中国能源统计年鉴。

在我国，煤炭是能源主体。我国煤炭以其独特的自然禀赋加上科技进步的支撑，确立了其基础能源地位。从近年来能源消费占比数据来看，煤炭消费占比呈下降趋势，但短期内仍是我国主要能源来源，占能源消费的 60%以上。石油占比基本维持在 20%左右。天然气、核能、水电和可再生能源等清洁能源在能源消费中的占比在 2017 年超过 20%，达到 20.2%，并有逐年上升的趋势[5]。

2010 年，中国地质科学院矿产资源研究所进行了系统分析，预测我国一次能源消费量在 2030 年将达到 43 亿吨油当量，由 2010 年占全球总量的 20%上升到 28.5%。据此，按照煤炭的清洁化利用、减排义务和消费结构改善的可能，天然气消费需求将大幅提高，能源消费结构预测如图 3-1 所示。

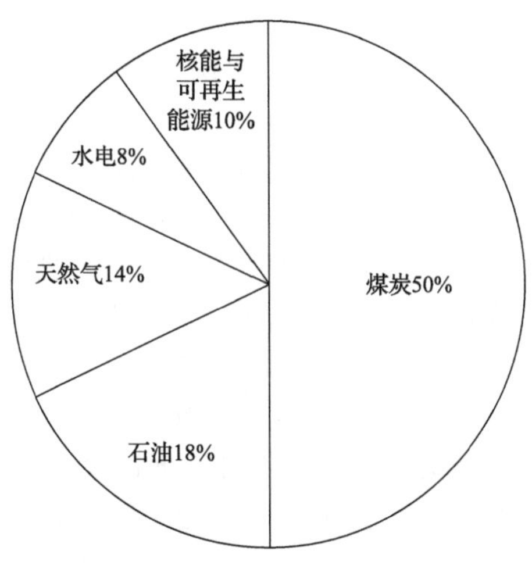

图 3-1　2030 年能源消费结构预测

首先，我国煤炭资源十分丰富，资源保障程度较高，是现实可靠的能源。据统计，我国煤炭预测储量 4 万亿吨，保有储量 966 亿吨，居世界第三位，这就为我国提供了现实可靠的能源保障。

其次，煤炭价格低廉，是非常经济的能源。煤炭、石油、天然气等化石燃料从根本上来说，作为动力燃料的主要用途是可以互相替代的，按发热量计算，煤炭的价格明显低于石油、天然气，是廉价能源。

再次，洁净煤技术的发展渐趋成熟，煤炭成为清洁高效能源已变为现实。未经加工处理的原煤和原油不能成为清洁能源。煤炭的最大弊端就在于污染环境，而改变这一弊端的关键在于技术进步。早在 20 世纪 80 年代，美国率先发明了洁净煤技术，于 1986 年推出了“洁净煤技术示范计划”，并取得了明显成效，带来了环境的明显改善和能源效率的大幅提高。我国于 1995 年成立国家洁净煤技术协调领导小组，1997 年国务院批准了《中国洁净煤技术“九五”计划和 2010 年发展纲要》，洁净煤技术的发展和应用将带来煤炭加工利用技术水平的整体提高，意味着实现对煤炭的清洁利用。

最后，煤变油成为替代石油进口、确保石油安全供应的根本选择。煤变油——煤炭液化技术是把固体状态的煤炭通过化学加工，转化成为液体产品(液态烃类燃料，如汽油、柴油等产品或化工原料)的技术。我国的能源安全主要是石油的安全供应问题。解决我国石油短缺问题，确保石油安全供应的有效途径是实施多种形式、多种途径的石油进口战略，其中充分利用我国的煤炭优势，大力推进煤变油(煤炭液化)步伐，无疑是最现实、最具根本性的选择。根据加工过程的不同路线，煤炭液化分为直接液化和间接液化两种，这两方面都有成熟的技术，这就为煤变油提供了技术支撑。

从以上论述可以看出，大力推广洁净煤技术，是降低终端能源消费中直接消费煤炭的比重，实现我国以煤为主的能源结构的关键。洁净煤技术是使煤炭向清洁、高效能源发展的决定性步骤，最终才能打消人们对以煤炭为主体能源的能源结构的疑虑。洁净煤技术的推广应用在技术上的障碍已经消除，当前最主要的是要高度重视、加大投入、采取切实有效的措施加快研发进度，推进其产业化。

石油产品种类多，用途广，主要产品有六种，占中国石油消费比重的 80%左右。石油终端需求主要由交通和化工推动，交通和化工领域长时间占据石油消费的绝对主导地位，且这一趋势将越来越明显。2000 年以来汽车保有量的快速增长带动交通运输用油比重快速提高，至 2017 年交通运输用油比重达到 57.7%以上。化工用油是石油消费增长最快的领域之一，随着国内大量乙烯、对二甲苯(PX)、丙烷脱氢等装置的建设投产，化工用油占石油消费比重已提高至 15%。由于发电及工矿企业用油被天然气大量替代，工业用油逐年下降。随着基础设施建设及房地产业的发展，建筑用油需求量逐渐增加。受农机电气化替代，农业用油比重降至 1%并相对平稳。除以上领域的石油消费外，还有 5%左右的石油在运输和加工过程中损失或炼厂自用。

天然气方面，2019 年，城市用气人口持续增长、居民煤改气稳步推进、汽车用气量较快增长，带动城市燃气用气量增长，同比增长 14.1%，较 2018 年增长率回落 2.1 个百分点；工业用气方面，受到工业煤改气工程稳步推进及清洁煤炭利用影响，工业用气增速放缓，全年工业用气量同比增长 16.4%，增速下降 3.6 个百分点；发电用气方面，发电用气量低速增长，同比降低 12.2%，主要受到全社会用电量增速下降、一般工商业电价降低等因素制约，而江苏等多地实施两部制上网电价也在一定程度上影响了燃气发电的积极性；化工用气方面，尿素和甲醇企业开工率较 2018 年有所提升，拉动企业用气需求，用气量回升，同比增长 24%。总体来看，城市燃气、工业用气是拉动天然气消费增长的主要驱动力。

3.3　中国能源面临的挑战

3.3.1　能源发展模式

1. 我国能源消费总量和结构

自 20 世纪 90 年代末期，我国能源消费受经济周期变化和能源效率提高的双重影响，表现出较强的先加快、后放缓的阶段性特征。1998～2004 年是能源消费增速加快阶段。伴随着国民经济从 20 世纪末的东南亚金融危机冲击中复苏，能源消费增速不断加快，2004 年达到 16.8%的峰值，2003～2005 年连续三年增速为两位数。2005 年以后，一方面，我国加大节能降耗的力度，能源效率明显提升；另一方面，受 2008 年全球金融危机的影响，我国经济增速放缓。受这两方面因素的影响，我国能源消费进入增速明显放缓阶段。当然，由于我国经济总量大，能源利用水平与国际先进水平存在差距，尽管这两年能源消费增速明显放缓，但能源消费总量仍然巨大，节能降耗的任务仍然艰巨。

我国富煤、缺油、少气的能源结构难以改变。与世界能源消费结构相比较，我国一次能源消费呈现出截然不同的结构特点：煤炭消费比重基本上与世界石油加天然气消费比重相当，占 60%～70%；而石油、天然气消费比重与世界煤炭消费比重持平，只占 20%～30%。尽管能源结构消费将不断优化，煤炭消费比重缓慢下降，但煤炭的主导地位在一定时期内难以改变。但不可否认的是，能源消费结构正在表现出明显的优化趋势。煤炭、石油等化石能源的消费比重在下降，天然气、核电和可再生能源的消费比重在逐步提高。同时，能源消费电气化趋势明显，而且电力生产中火电占比下降，风电、太阳能发电等清洁能源发电占比逐年提高(表 3-2)。近年来能源结构的转型升级体现了我国正在走一条生态环境友好的绿色化发展之路。

表 3-2　我国发电装机容量构成　（单位：%）

年份	火电	水电	核电	风电	太阳能发电
2000	74.4	24.8	0.7	0.1	—
2005	75.7	22.8	1.3	0.2	—
2009	74.5	22.5	1.0	2.0	0.0
2010	73.4	22.4	1.1	3.1	0.0
2011	72.3	21.9	1.2	4.4	0.2
2012	71.4	21.8	1.1	5.4	0.3
2013	69.1	22.3	1.2	6.1	1.3
2014	67.3	22.2	1.5	7.1	1.9

数据来源：国家统计局。

我国能源消费结构优化不仅体现在能源品种上，也体现在能源消费的行业结构上，突出的变化是工业能源消费占比下降，服务业能源消费占比上升（表 3-3）。

表 3-3 工业和服务业能源消费占比 （单位：%）

年份	能源消费		电力消费		增加值	
	工业	服务业	工业	服务业	工业	服务业
2000	70.1	14.2	74.3	9.8	45.4	39.8
2005	71.9	13.6	74.3	10.1	46.9	41.4
2010	72.5	13.9	73.6	10.7	46.2	44.2
2013	69.8	15.6	72.4	11.6	43.7	46.9

数据来源：国家统计局。

从表 3-3 可以看出：①工业能源消费占比呈下降趋势。2013 年，工业能源消费占比为 69.8%，比 2010 年的 72.5%下降了 2.7 个百分点。②从电力消费来看，工业电力消费占比也由 2010 年的 73.6%下降到 2013 年的 72.4%。③服务业能源消费占比提高。2013 年服务业能源消费占比为 15.6%，比 2010 年提高 1.7 个百分点，服务业电力消费占比也由 2010 年的 10.7%提高到 2013 年的 11.6%。

2. 我国能源利用效率

随着能源技术的提升，我国能源利用效率显著提升，突出表现在以下几个方面。

(1)单位 GDP 能耗(能源消耗强度)持续下降(表 3-4)。从“十一五”开始，我国走绿色可持续发展道路的决心更加坚定，节能降耗的力度不断加大。与 2005 年相比，2010 年单位 GDP 能耗五年累计下降 20.6%。进入“十二五”后，除 2011 年

表 3-4 能耗降低率及能源消费弹性系数

年份	单位 GDP 能耗降低率/%	规模以上工业单位工业增加值能耗降低率/%	能源消费弹性系数
2006	2.7	2.0	0.76
2007	5.0	5.5	0.61
2008	5.2	8.4	0.31
2009	3.7	6.6	0.53
2010	4.0	6.6	0.69
2011	2.0	3.5	0.77
2012	3.6	7.3	0.51
2013	3.7	5.0	0.48
2014	4.8	7.6	0.30

数据来源：国家统计局。

外，2012～2014 年均完成了年度节能降耗任务。2015 年单位 GDP 能耗比 2010 年下降 16%左右的目标任务超额完成。“十一五”以来，规模以上工业单位工业增加值能耗降低也非常明显。仅以 2014 年为例，我国工业企业吨粗铜综合能耗同比下降 3.76%，吨钢综合能耗同比下降 1.65%，单位烧碱综合能耗同比下降 2.33%，吨水泥综合能耗同比下降 1.12%，每千瓦时火力发电标准煤耗下降 0.67%。

(2)能源消费弹性系数下降。进入 21 世纪以后，尽管 21 世纪初的前三年我国能源消费弹性系数有所升高，2003 年甚至高达 1.67，能源的消耗增速超过经济增速。但从 2005 年以后，尤其是降能降耗状况成为约束性指标后，能源消费弹性系数尽管时有波动，但总体上呈现逐步下行态势，这从另外一个角度反映出中国能源利用水平的提高。2014 年，我国能源消费弹性系数下降为 0.30，表明经济增长对能源投入的依赖性在减弱，经济增长动力更多来自技术进步、制度变革、产业结构优化等要素投入之外的其他因素。

(3)我国能源技术已经取得很大进步，但与发展要求和国际先进水平相比还有很大差距。大型煤矿综合采掘装备、煤炭液化技术核心装备需要引进，瓦斯抽采和利用技术落后，矿井生产系统装备水平低，重大石油开采加工设备、特高压输电设备、先进的核电装备还不能自主设计制造。技术的落后，制约了效率的提高。按照 2010 年不变价格计算，万元 GDP 能耗为 0.68 吨标准煤；按照 2015 年不变价格计算，万元 GDP 能耗为 0.61 吨标准煤。

从世界范围看(表 3-5)，我国单位 GDP 能耗与世界平均水平及发达国家相比仍然偏高。按照 2015 年美元价格和汇率计算，2016 年我国单位 GDP 能耗为 3.7 吨标准煤/万美元，是 2016 年世界能源消耗强度平均水平的 1.4 倍，是发达国家平均水平的 2.1 倍，是美国的 2.1 倍，日本的 2.3 倍，德国的 2.6 倍，英国的 3.7 倍，还有很大的提升空间。

表 3-5　2016 年单位 GDP 能耗国际比较　　(单位：吨标准煤/万美元)

国家	世界	发达国家	中国	美国	日本	德国	英国
单位 GDP 能耗	2.6	1.8	3.7	1.8	1.6	1.4	1.0

3.3.2　能源安全问题

目前大部分开发环境和条件好的油气资源已被西方发达国家开发利用并控制，我国能源进口需求不可能无限制得到满足。石油储备在能源供应安全中占据重要地位。20 世纪 70 年代第一次石油危机后，国际能源署要求包括西方七国(美国、英国、法国、德国、意大利、加拿大、日本)在内的成员国，必须承担相当于 90 天的石油净进口量的石油储备义务。欧盟也要求其成员国承担石油储备义务。这些国家已经先后建立了比较完善的石油储备制度，而且已经发挥了重要作用。

根据国际能源署的标准，石油供应中断量达到需求量的 7%时，就属于能源安全的警戒线。

至 2017 年 6 月，中国建成舟山、舟山扩建、镇海、大连、黄岛、独山子、兰州、天津及黄岛国家石油储备洞库共 9 个国家石油储备基地，利用上述储备库及部分社会企业库容，储备原油 3773 万吨(2.75 亿桶)。如果中国的目标是储备相当于 90 天进口量的原油，中国的战略石油储备将需要 5.4 亿～6 亿桶原油。

我国石油进口运输大多是远距离、大运量，每年大约 80%的进口石油要经过马六甲海峡，约 95%的进口石油依靠海外公司运输。经马六甲海峡进入中国南海的油轮是经过苏伊士运河的 3 倍、巴拿马运河的 5 倍。因此，某种突发事件很容易导致这些海峡出现短期运输中断，进而导致短期的全球或局部运输中断。马六甲海峡作为中国“海上生命线”，一旦出现意外，将给中国的“能源安全”造成极大隐患，形成所谓的海峡困局。

中国能源安全主要体现在以下三个方面。

(1)中国能源需求持续增长，能源安全结构性矛盾突出。从中国能源需求来看，仍然处于持续增长态势。根据国家统计局的统计数据，2018 年全国能源消费总量 46.4 亿吨标准煤，同比增长 3.3%。另外，中国能源生产总体上虽然有所上升，但是消费结构上存在较大的安全问题。2018 年中国能源消费中煤炭消费比重为 59.0%，不利于低碳清洁发展；石油和天然气消费比重分别为 18.9%和 7.8%，虽然比重较小，但是对外依存度持续走高。中国在继 2017 年超过美国成为最大的石油进口国后，2018 年又超过日本成为最大的天然气进口国。

(2)进口通道集中度高，风险评估与安全保障力度不足。中国油气进口来源虽然多元化，但仍集中在中东等少数地缘政治不稳定区域。目前中国石油进口主要来源于俄罗斯、安哥拉、沙特阿拉伯、伊拉克、阿曼苏丹国和伊朗等国家。从来源国地理分布来看，主要集中在北非、中东和亚太地区。从进口量来看，中国进口来源主要集中在中东地区。中国油气进口通道较为集中，大部分海上运输航线都需经过马六甲海峡。

中国油气进口通道主要有四条航线：第一条为中东航线。由中东经过霍尔木兹海峡和马六甲海峡，该航线承担了近一半的中国石油进口运输量；第二条为非洲航线，从非洲经过马六甲海峡至中国沿海港口；第三条为拉丁美洲航线；第四条为东南亚航线，其都要经过马六甲海峡到达中国沿海港口。这样，中国石油 70%～80%的进口量需要经过霍尔木兹海峡和马六甲海峡，一旦发生战事或被经济封锁，除了海峡容易受到控制外，海上运输风险也较大。因此，集中的石油运输通道是当前中国能源安全的重大挑战。

(3)替代能源发展不足，体制机制障碍突出。为缓解能源安全问题，政府重点推进油气资源的替代，支持发展替代能源。煤制油、煤制气等煤化工产业能有效利用煤炭资源对油气进行替代，而电动汽车被认为是对石油需求进行替代的低碳环保技术手段，轨道交通、清洁能源等的发展也能实现中国石油消费量的下降，从而降低油气的对外依存度。以上能源替代能够在一定程度上降低中国能源安全风险。

但是，目前中国替代能源发展不足，体制机制制约替代能源的发展，其中煤制油、煤制气等煤化工产业以大量耗煤为生产基础，这一过程会带来环境污染，同时也需要水资源保障。中国煤矿资源和水资源呈逆向分布，煤化工项目多建设在新疆、内蒙古、山西等缺水突出地区，同时还给水资源带来污染隐患。电动汽车近年来在中国取得了很大的发展，但仍面临成本偏高、基础设施建设不匹配、行业部门缺乏协调等问题。发展轨道交通是石油替代的重要方面，但投资大，施工难度也较大。清洁能源发展可以同时保障能源安全、应对气候变化和减少环境污染，但目前由于量小，很难产生较大的影响，且其发展过程中还存在着较大的障碍，一是存在省间壁垒，即缺乏跨省跨区消纳政策和机制；二是电源与电网之间发展不协调。

目前化石能源消费占能源消费总量的 85%以上，如何保障国家能源安全同时兼顾低碳发展是一个两难的选择。一个有效的能源系统应该为所有人提供可持续、安全、成本可接受和可获得的能源。政府使用能源价格和能源补贴来平衡这些发展目标。虽然不同经济发展阶段具有不同的发展特征和能源发展目标，但是能源政策目标需要平衡，这意味着中长期内中国能源发展路径仍将会是两条腿走路：煤炭清洁发展和支持新能源快速增长。

3.4　中国能源安全战略

1. 总体战略

1) 指导思想

《“十四五”现代能源体系规划》提出我国能源发展战略的指导思想：以习近平新时代中国特色社会主义思想为指导，全面贯彻党的十九大和十九届历次全会精神，深入贯彻习近平生态文明思想，坚持稳中求进工作总基调，立足新发展阶段，完整、准确、全面贯彻新发展理念，加快构建新发展格局，以推动高质量发展为主题，以深化供给侧结构性改革为主线，以改革创新为根本动力，以满足经济社会发展和人民日益增长的美好生活需要为根本目的，深入推动能源消费革命、供给革命、技术革命、体制革命，全方位加强国际合作，做好碳达峰、碳中和工作，统筹稳增长和调结构，处理好发展和减排、整体和局部、长远目标和短期目标、政府和市场的关系，着力增强能源供应链安全性和稳定性，着力推动能源生产消费方式绿色低碳变革，着力提升能源产业链现代化水平，加快构建清洁低碳、安全高效的能源体系，加快建设能源强国，为全面建设社会主义现代化国家提供坚实可靠的能源保障。

2）战略方针与目标

坚持“节约、清洁、安全”的战略方针，加快构建清洁、高效、安全、可持续的现代能源体系。重点实施四大战略。

（1）节约优先战略。把节约优先贯穿于经济社会及能源发展的全过程，集约高效开发能源，科学合理使用能源，大力提高能源效率，加快调整和优化经济结构，推进重点领域和关键环节节能，合理控制能源消费总量，以较少的能源消费支撑经济社会较快发展。

（2）立足国内战略。坚持立足国内，将国内供应作为保障能源安全的主要渠道，牢牢掌握能源安全主动权。发挥国内资源、技术、装备和人才优势，加强国内能源资源勘探开发，完善能源替代和储备应急体系，着力增强能源供应能力。加强国际合作，提高优质能源保障水平，加快推进油气战略进口通道建设，在开放格局中维护能源安全。

（3）绿色低碳战略。着力优化能源结构，把发展清洁低碳能源作为调整能源结构的主攻方向。坚持发展非化石能源与化石能源高效清洁利用并举，逐步降低煤炭消费比重，提高天然气消费比重，大幅增加风电、太阳能、地热能等可再生能源和核电消费比重，形成与我国国情相适应、科学合理的能源消费结构，大幅减少能源消费排放，促进生态文明建设。

（4）创新驱动战略。深化能源体制改革，加快重点领域和关键环节改革步伐，完善能源科学发展体制机制，充分发挥市场在能源资源配置中的决定性作用。树立科技决定能源未来、科技创造未来能源的理念，坚持追赶与跨越并重，加强能源科技创新体系建设，依托重大工程推进科技自主创新，建设能源科技强国，能源科技总体接近世界先进水平。

2. 主要任务

1）增强能源自主保障能力

立足国内，加强能源供应能力建设，不断提高自主控制能源对外依存度的能力。

（1）推进煤炭清洁高效开发利用。

清洁高效发展煤电。转变煤炭使用方式，着力提高煤炭集中高效发电比例。提高煤电机组准入标准，新建燃煤发电机组供电煤耗低于每千瓦时 300 克标准煤，污染物排放接近燃气机组排放水平。

推进煤电大基地大通道建设。依据区域水资源分布特点和生态环境承载能力，严格煤矿环保和安全准入标准，推广充填、保水等绿色开采技术，重点建设晋北、晋中、晋东、神东、陕北、黄陇、宁东、鲁西、两淮、云贵、冀中、河南、内蒙古东部、新疆 14 个亿吨级大型煤炭基地。

提高煤炭清洁利用水平。制定和实施煤炭清洁高效利用规划，积极推进煤炭分级分质阶梯级利用，加大煤炭洗选比重，鼓励煤矸石等低热值煤和劣质煤就地清洁转化利用。建立健全煤炭质量管理体系，加强对煤炭开发、加工转化和使用过程的监督管理。加强进口煤炭质量监管。大幅减少煤炭分散直接燃烧，鼓励农村地区使用洁净煤和型煤。

(2) 稳步提高国内石油产量。

稳定东部老油田产量。以松辽盆地、渤海湾盆地为重点，深化精细勘探开发，积极发展先进采油技术，努力增储挖潜，提高原油采收率，保持产量基本稳定。

实现西部增储上产。以塔里木盆地、鄂尔多斯盆地、准噶尔盆地、柴达木盆地为重点，加大油气资源勘探开发力度，推广应用先进技术，努力探明更多优质储量，提高石油产量。加大羌塘盆地等新区油气地质调查研究和勘探开发技术攻关力度，拓展新的储量和产量增长区域。

加快海洋石油开发。按照以近养远、远近结合，自主开发与对外合作并举的方针，加强渤海、东海和南海等海域近海油气勘探开发，加强南海深水油气勘探开发形势跟踪分析，积极推进深海对外招标和合作，尽快突破深海采油技术和装备自主制造能力，大力提升海洋油气产量。

大力支持低品位资源开发。开展低品位资源开发示范工程建设，鼓励难动用储量和濒临枯竭油田的开发及市场化转让，支持采用技术服务、工程总承包等方式开发低品位资源。

(3) 大力发展天然气。

加快常规天然气勘探开发。以四川盆地、鄂尔多斯盆地、塔里木盆地和南海为重点，加强西部低品位、东部深层、海域深水三大领域科技攻关，加大勘探开发力度，力争获得大突破、大发现，努力建设 8 个年产量百亿立方米级以上的大型天然气生产基地。

重点突破页岩气和煤层气开发。加强页岩气地质调查研究，加快“工厂化”“成套化”技术研发和应用，探索形成先进适用的页岩气勘探开发技术模式和商业模式，培育自主创新和装备制造能力。着力提高四川长宁-威远、重庆涪陵、云南昭通、陕西延安等国家级示范区储量和产量规模，同时争取在湘鄂、云贵和苏皖等地区实现突破。

积极推进天然气水合物资源勘查与评价。加大天然气水合物勘探开发技术攻关力度，培育具有自主知识产权的核心技术，积极推进试采工程。

(4) 积极发展能源替代。

稳妥实施煤制油、煤制气示范工程。按照清洁高效、量水而行、科学布局、突出示范、自主创新的原则，以新疆、内蒙古、陕西、山西等地为重点，稳妥推进煤制油、煤制气技术研发和产业化升级示范工程，掌握核心技术，严格控制能耗、水耗和污染物排放，形成适度规模的煤基燃料替代能力。

积极发展交通燃油替代。加强先进生物质能技术攻关和示范，重点发展新一代非粮燃料乙醇和生物柴油，超前部署微藻制油技术研发和示范。加快发展纯电动汽车、混合动力汽车和船舶、天然气汽车和船舶，扩大交通燃油替代规模。

(5)加强储备应急能力建设

扩大石油储备规模。建成国家石油储备二期工程，启动三期工程，鼓励民间资本参与储备建设，建立企业义务储备，鼓励发展商业储备。

提高天然气储备能力。加快天然气储气库建设，鼓励发展企业商业储备，支持天然气生产企业参与调峰，提高储气规模和应急调峰能力。

2)推进能源消费革命

调整优化经济结构，转变能源消费理念，强化工业、交通、建筑节能和需求侧管理，重视生活节能，严格控制能源消费总量过快增长，切实扭转粗放用能方式，不断提高能源使用效率。

(1)严格控制能源消费过快增长。

按照差别化原则，结合区域和行业用能特点，严格控制能源消费过快增长，切实转变能源开发和利用方式。

推行“一挂双控”措施。将能源消费与经济增长挂钩，对高耗能产业和产能过剩行业实行能源消费总量控制强约束，其他产业按先进能效标准实行强约束，现有产能能效要限期达标，新增产能必须符合国内先进能效标准。

推行区域差别化能源政策。在能源资源丰富的西部地区，根据水资源和生态环境承载能力，在节水节能环保、技术先进的前提下，合理加大能源开发力度，增强跨区调出能力。合理控制中部地区能源开发强度。大力优化东部地区能源结构，鼓励发展有竞争力的新能源和可再生能源。

控制煤炭消费总量。制定国家煤炭消费总量中长期控制目标，实施煤炭消费减量替代，降低煤炭消费比重。

(2)着力实施能效提升计划。

坚持节能优先，以工业、建筑和交通领域为重点，创新发展方式，形成节能型生产和消费模式。

大力推动煤电节能降碳改造、灵活性改造、供热改造“三改联动”，“十四五”期间节能改造规模不低于 3.5 亿千瓦。新增煤电机组全部按照超低排放标准建设、煤耗标准达到国际先进水平。持续推进北方地区冬季清洁取暖，推广热电联产改造和工业余热余压综合利用，逐步淘汰供热管网覆盖范围内的燃煤小锅炉和散煤，鼓励公共机构、居民使用非燃煤高效供暖产品。力争到 2025 年，大气污染防治重点区域散煤基本清零，基本淘汰 35 蒸吨/小时以下燃煤锅炉。

实施工业节能行动计划。严格限制高耗能产业和过剩产业扩张，加快淘汰落后产能，实施十大重点节能工程，深入开展万家企业节能低碳行动。实施电机、内燃机、锅炉等重点用能设备能效提升计划，推进工业企业余热余压利用。深入推进工业领域需求侧管理，积极发展高效锅炉和高效电机，推进终端用能产品能效提升和重点用能行业能效水平对标达标。认真开展新建项目环境影响评价和节能评估审查。

实施绿色建筑行动计划：持续提高新建建筑节能标准，加快推进超低能耗、近零能耗、低碳建筑规模化发展，大力推进城镇既有建筑和市政基础设施节能改造。加快推进建筑用能电气化和低碳化，推进太阳能、地热能、空气能、生物质能等可再生能源应用。

实行绿色交通行动计划。完善综合交通运输体系规划，加快推进综合交通运输体系建设。积极推进清洁能源汽车和船舶产业化步伐，提高车用燃油经济性标准和环保标准。加快发展轨道交通和水运等资源节约型、环境友好型运输方式，推进主要城市群内城际铁路建设。大力发展城市公共交通，加强城市步行和自行车交通系统建设，提高公共出行和非机动出行比例。

(3)推动城乡用能方式变革。

按照城乡发展一体化和新型城镇化的总体要求，坚持集中与分散供能相结合，因地制宜建设城乡供能设施，推进城乡用能方式转变，提高城乡用能水平和效率。

实施新城镇、新能源、新生活行动计划。科学编制城镇规划，优化城镇空间布局，推动信息化、低碳化与城镇化的深度融合，建设低碳智能城镇。制定城镇综合能源规划，大力发展分布式能源，科学发展热电联产，鼓励有条件的地区发展热电冷联供，发展风能、太阳能、生物质能、地热能供暖。

加快农村用能方式变革。抓紧研究制定长效政策措施，推进绿色能源县、乡、村建设，大力发展农村小水电，加强水电新农村电气化县和小水电代燃料生态保护工程建设，因地制宜发展农村可再生能源，推动非商品能源的清洁高效利用，加强农村节能工作。

开展全民节能行动。实施全民节能行动计划，加强宣传教育，普及节能知识，推广节能新技术、新产品，大力提倡绿色生活方式，引导居民科学合理用能，使节约用能成为全社会的自觉行动。

3)大力发展非化石能源

坚持生态优先、绿色发展，壮大清洁能源产业，实施可再生 能源替代行动，推动构建新型电力系统，促进新能源占比逐渐提高，推动煤炭和新能源优化组合。坚持全国一盘棋，科学有序推进实现碳达峰、碳中和目标，不断提升绿色发展能力。

(1)加快发展风电、太阳能发电。全面推进风电和太阳能发电大规模开发和高质量发展，优先就地就近开发利用，加快负荷中心及周边地区分散式风电和分布式光伏建设，推广应用低风速风电技术。在风能和太阳能资源禀赋较好、建设条件优越、具备持续整装开发条件、符合区域生态环境保护等要求的地区，有序推进风电和光伏发电集中式开发，加快推进以沙漠、戈壁、荒漠地区为重点的大型风电光伏基地项目建设，积极推进黄河上游、新疆、冀北等多能互补清洁能源基地建设。积极推动工业园区、经济开发区等屋顶光伏开发利用，推广光伏发电与建筑一体化应用。开展风电、光伏发电制氢示范。鼓励建设海上风电基地，推进海上风电向深水远岸区域布局。积极发展太阳能热发电。

(2)因地制宜开发水电。坚持生态优先、统筹考虑、适度开发、确保底线，积极推进水电基地建设，推动金沙江上游、雅砻江中游、黄河上游等河段水电项目开工建设。实施雅鲁藏布江下游水电开发等重大工程。实施小水电清理整改，推进绿色改造和现代化提升。推动西南地区水电与风电、太阳能发电协同互补。到2025年，常规水电装机容量达到3.8亿千瓦左右。

(3)积极安全有序发展核电。在确保安全的前提下，积极有序推动沿海核电项目建设，保持平稳建设节奏，合理布局新增沿海核电项目。开展核能综合利用示范，积极推动高温气冷堆、快堆、模块化小型堆、海上浮动堆等先进堆型示范工程，推动核能在清洁供暖、工业供热、海水淡化等领域的综合利用。切实做好核电厂址资源保护。到2025年，核电运行装机容量达到7000万千瓦左右。

(4)因地制宜发展其他可再生能源。推进生物质能多元化利用，稳步发展城镇生活垃圾焚烧发电，有序发展农林生物质发电和沼气发电，因地制宜发展生物质能清洁供暖，在粮食主产区和畜禽养殖集中区统筹规划建设生物天然气工程，促进先进生物液体燃料产业化发展。积极推进地热能供热制冷，在具备高温地热资源条件的地区有序开展地热能发电示范。因地制宜开发利用海洋能，推动海洋能发电在近海岛屿供电、深远海开发、海上能源补给等领域应用。

4)拓展能源国际合作

统筹利用国内国际两种资源、两个市场，坚持投资与贸易并举、陆海通道并举，加快制定利用海外能源资源中长期规划，着力拓展进口通道，着力建设丝绸之路经济带、21世纪海上丝绸之路、孟中印缅经济走廊和中巴经济走廊，积极支持能源技术、装备和工程队伍“走出去”。

加强俄罗斯、中亚、中东、非洲、美洲和亚太五大重点能源合作区域建设，深化国际能源双边多边合作，建立区域性能源交易市场。积极参与全球能源治理。加强统筹协调，支持企业“走出去”。

5)推进能源科技创新

按照创新机制、夯实基础、超前部署、重点跨越的原则，加强科技自主创新，鼓励引进消化吸收再创新，打造能源科技创新升级版，建设能源科技强国。

(1)明确能源科技创新战略方向和重点。

抓住能源绿色、低碳、智能发展的战略方向，围绕保障安全、优化结构和节能减排等长期目标，确立非常规油气及深海油气勘探开发、煤炭清洁高效利用、分布式能源、智能电网、新一代核电、先进可再生能源、节能节水、储能、基础材料 9 个重点创新领域，明确页岩气、煤层气、页岩油、深海油气、煤炭深加工、高参数节能环保燃煤发电、整体煤气化联合循环发电、燃气轮机、现代电网、先进核电、光伏、太阳能热发电、风电、生物燃料、地热能利用、海洋能发电、天然气水合物、大容量储能、氢能与燃料电池、能源基础材料 20 个重点创新方向，相应开展页岩气、煤层气、深水油气开发等重大示范工程。

(2)抓好科技重大专项。

加快实施大型油气田及煤层气开发国家科技重大专项。加强大型先进压水堆及高温气冷堆核电站国家科技重大专项。加强技术攻关，力争页岩气、深海油气、天然气水合物、新一代核电等核心技术取得重大突破。

(3)依托重大工程带动自主创新。

依托海洋油气和非常规油气勘探开发、煤炭高效清洁利用、先进核电、可再生能源开发、智能电网等重大能源工程，加快科技成果转化，加快能源装备制造创新平台建设，支持先进能源技术装备“走出去”，形成有国际竞争力的能源装备工业体系。

(4)加快能源科技创新体系建设。

制定国家能源科技创新及能源装备发展战略。建立以企业为主体、市场为导向、政产学研用相结合的创新体系。鼓励建立多元化的能源科技风险投资基金。加强能源人才队伍建设，鼓励引进高端人才，培育一批能源科技领军人才。

参考文献

[1] BP. 《BP 世界能源统计年鉴》2022 版[R/OL]. (2019-07-30) [2021-12-30]. https://www.bp.com/zh_cn/china/home/news/reports/statistical-review-2019.html.

[2] 周庆凡. 2015 年中国能源生产与消费现状[J]. 石油与天然气地质, 2016, 37(4): 454.

[3] BP. BP 世界能源统计年鉴 2022 版[R/OL]. (2020-07-31) [2021-12-30]. https://www.bp.com/en/global/corporate/energy-economics/statistical-review-of-world-energy.html.

[4] 朱峰, 李少勇. 从我国天然气利用情况现状看中国能源安全[J]. 企业家天地, 2012, (12): 5.

[5] 汪琳, 尹传凯. 中国能源消费现状分析及政策研究[J]. 商场现代化, 2016, (6): 237-238.

第 4 章　可再生能源发展政策

可再生能源产业是指通过开发新技术，从供给侧代替煤炭和石油，摆脱对传统化石能源的依赖。面对全球日益严峻的能源和环境问题，开发利用可再生能源已成为世界各国保障能源安全、应对气候变化和实现可持续发展的共同选择。

4.1　可再生能源的发展现状

根据 BP 发布的《BP 世界能源统计年鉴 2020》(*BP Statistical Review of World Energy 2020*)，2019 年全球可再生能源保持强劲增长的态势，贡献了一次能源增长的 40%以上；非水可再生能源发电量的占比达到 10.4%，历史上首次超过核电。

4.1.1　发展可再生能源的必要性

自 20 世纪 70 年代石油危机以来，为保障能源安全，可再生能源的发展日益受到各国的重视，并逐渐上升到国家能源战略的高度。2008 年的美国次贷危机进而引发的全球金融危机为可再生能源的发展赋予了新的使命。2011 年日本福岛核事故后，不少国家的能源战略选择“弃核”或延缓核电建设，发展清洁能源和减少温室气体排放的任务更多地转向可再生能源。对各国来说，加快开发利用可再生能源的必要性有以下几点。

第一，可再生能源已成为能源发展的重要领域。自 2004 年以来，全球已在绿色能源上投资了 2.9 万亿美元。一些国家新增可再生能源发电装机容量占全部新增发电装机容量的 2/3 以上。根据 21 世纪可再生能源政策网络(REN21)发布的《2019 年全球可再生能源现状报告》(*Renewables 2019 Global Status Report*)，2010～2018 年，全球可再生能源年投资额连续 9 年超过 2300 万美元；2008～2018 年，中国在可再生能源领域的总投资已经超过了 8000 亿美元，可再生能源成为能源发展的重要领域(图 4-1)。

第二，可再生能源已在一些地区的能源结构中发挥重要作用。独立非营利性气候与能源智库(Ember)于 2020 年 7 月发布的报告显示，2020 年上半年，风能、太阳能、水能和生物质能等可再生能源发电量占欧盟 27 国发电量的 40%，化石燃料发电量下降到 34%，可再生能源发电量首次超越化石燃料发电量[1]，仅风能和太阳能发电量就占欧洲总发电量的 21%，并且其在丹麦(64%)和爱尔兰(49%)普及率更高；德国实施 2022 年前不再使用核电的能源转型战略，拟通过大规模开发海上风电和加快建设分布式太阳能发电解决核电退出后的电力供应问题。

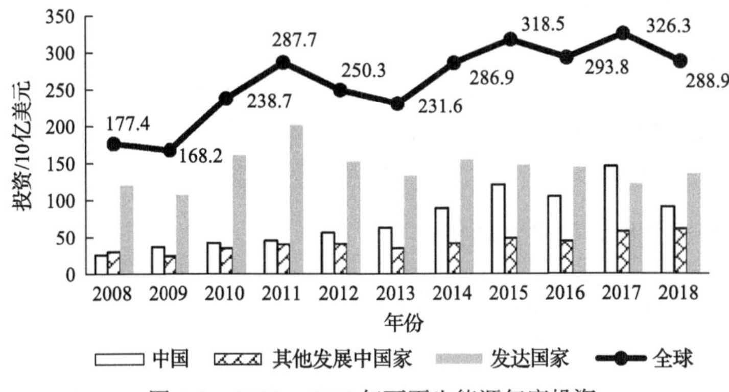

图 4-1　2008～2018 年可再生能源年度投资

不包括超过 50 兆瓦的水电项目；数据来源：*Renewables 2019 Global Status Report*

第三，可再生能源已成为竞争激烈的战略性新兴产业。可再生能源开发利用产业链长，配套和支撑产业多，对经济发展的拉动作用显著，许多国家都投入大量资金支持可再生能源技术研发，抢占技术制高点。特别是在 2008 年全球金融危机中，美国、欧洲、日本等发达国家和地区及印度、巴西等发展中国家都把发展可再生能源作为刺激经济发展、走出金融危机的战略性新兴产业加以扶持，围绕可再生能源技术和产品的国际贸易纠纷亦不断加剧，市场竞争日趋激烈。未来可再生能源发展水平将成为衡量国家发展竞争力的一个新的标志。

第四，可再生能源已成为能源转型及应对全球气候变化的重大战略举措。全球能源转型的基本趋势是实现化石能源体系向低碳能源体系的转变，最终进入以可再生能源为主的可持续能源时代。为此，许多国家提出了以发展可再生能源为核心内容的能源转型战略，政府间气候变化专门委员会(IPCC)、IEA 和国际可再生能源署(IRENA)等机构的报告均指出，可再生能源是实现应对气候变化目标的重要措施。90%以上的《巴黎协定》签约国都设定了可再生能源发展目标，将发展可再生能源作为温室气体减排的重要措施。2007 年 3 月，欧洲理事会提出《2020 年气候和能源一揽子计划》，确定欧盟 2020 年气候和能源发展目标，即著名的“20-20-20”一揽子目标：将欧盟温室气体排放量在 1990 年基础上降低 20%，将可再生能源在终端能源消费中的比重增至 20%，将能源效率提高 20%。2014 年 10 月，欧洲理事会通过《2030 年气候与能源政策框架》，提出到 2030 年将可再生能源在终端能源消费中的比重增至 27%的目标，这也是 2015 年《巴黎协定》框架下欧盟国家自主贡献方案的基础所在，2019 年 12 月，欧盟委员会公布了应对气候变化、推动可持续发展的《欧洲绿色协议》，承诺到 2030 年将可再生能源在能源总量中的占比提升到 32%。2021 年 7 月，欧盟提出“Fit for 55”（承诺在 2030

年底温室气体排放量较 1990 年至少减少 55%的目标)一揽子新法案，进一步将 2030 年可再生能源占总能耗比例提升至 45%。2022 年，根据欧盟统计局发布的数据，2020 年欧盟总计可再生能源占到当年能源消耗总量的 22%。2021 年，日本政府修改了中长期政策方针《能源基本计划》，设定了“将 2030 年度电源构成中可再生能源的比例扩大到 36%至 38%”的目标，这个水平是 2019 年的两倍，远高于其先前 22%～24%的目标。中国 2019 年可再生能源(含水电)占一次能源消费比重达到 14.9%，《巴黎协定》中国国家自主贡献提出的目标是 2030 达到 20%。

4.1.2 全球可再生能源的发展现状

2019 年，可再生能源消费(包括生物质能和所有的贸易可再生能源电力，不包括水电)继续快速增加，贡献了一次能源消费全球增长的 40%，比其他任何种类的能源消费增长速度都快，可再生能源在能源结构中的占比由 2018 年的 4.5%上升到了 2019 年的 5.0%。2019 年，中国的可再生能源使用量增长了 0.8×10^{18} 焦耳，略低于 2017 年和 2018 年的强劲增长速度(均为 1.2×10^{18} 焦耳)，其中太阳能贡献了一半的增长速度；其次是风能，约 40%。美国(0.3×10^{18} 焦耳)和日本(0.2×10^{18} 焦耳)是可再生能源使用量增长的第二和第三贡献者。

在发电领域，2019 年可再生能源贡献了最大的增量(340×10^{9} 千瓦时)；天然气(220×10^{9} 千瓦时)紧随其后；火电急剧下降，减少了 270×10^{9} 千瓦时，其在发电中的份额下降了 1.5 个百分点，降至 36.4%，是 1985 年以来的最低水平①。与此同时，非水可再生能源发电的比重从 2018 年的 9.3%增加到 2019 年的 10.4%，首次超过核电。

1. 各种可再生能源的生产和消费现状

据 REN21 发布的《2019 年全球可再生能源现状报告》，2018 年可再生能源供应了全球约 26.2%的电力，其中水电占可再生能源发电量的 60%左右，其次是风电(21%)、太阳能光伏发电(9%)和生物质能发电(8%)。2018 年全球可再生能源技术市场相对稳定，新增装机容量 181 吉瓦，其中，太阳能光伏新增装机容量约 100 吉瓦，占可再生能源新增装机容量的 55%；风电新增装机容量约 51 吉瓦，占可再生能源新增装机容量的 28%；水电新增装机容量约 20 吉瓦，占可再生能源新增装机容量的 11%。总体而言，可再生能源装机容量已增长到世界总装机容量的 33%以上[2]。

1) 水电

2020 年 7 月，国际水电协会发布的《2020 年全球水电现状报告》显示：2019

① 尽管如此，煤炭仍是 2019 年最大的单一发电来源。

年，全球水电总装机容量达到 1308 吉瓦，年增长 1.2%。2019 年的全球水电发电量达到创纪录的 4306×10^9 千瓦时，全球抽水蓄能水电装机容量增长了 304 兆瓦。50 个国家增加了水电装机容量，其中产能增加最多的地区是东亚和太平洋地区，印度取代日本成为第五大水电生产国，其装机容量已超过 50 吉瓦。

表 4-1 展示了 2019 年全球水电发电量前十的国家及其在全球水电发电量中的占比，这十个国家的水电发电量之和占全球水电发电量的 70%左右。

表 4-1　2019 年全球水电发电量前十的国家及其在全球水电发电量中的占比

国家	发电量/10^9 千瓦时	占比/%	国家	发电量/10^9 千瓦时	占比/%
中国	1269.7	29.5	印度	161.8	3.8
巴西	399.3	9.3	挪威	125.3	2.9
加拿大	382.0	8.9	土耳其	89.2	2.1
美国	271.2	6.3	日本	73.9	1.7
俄罗斯	194.4	4.5	瑞典	65.7	1.5

数据来源：*BP Statistical Review of World Energy 2020*。

2) 风电

2018 年，全球新增风电装机容量约为 51 吉瓦(包括近 47 吉瓦的陆上装机容量和 4.5 吉瓦的海上装机容量)，比 2017 年下降了约 4%，风电新增装机容量连续五年超过 50 吉瓦，但也是继 2015 年高峰之后的第三年下降。2018 年全球风电总装机容量较 2017 年增加了 9%，总装机容量达到 591 吉瓦，包含约 568.4 吉瓦的陆上装机容量和 22.6 吉瓦的海上装机容量(图 4-2)。

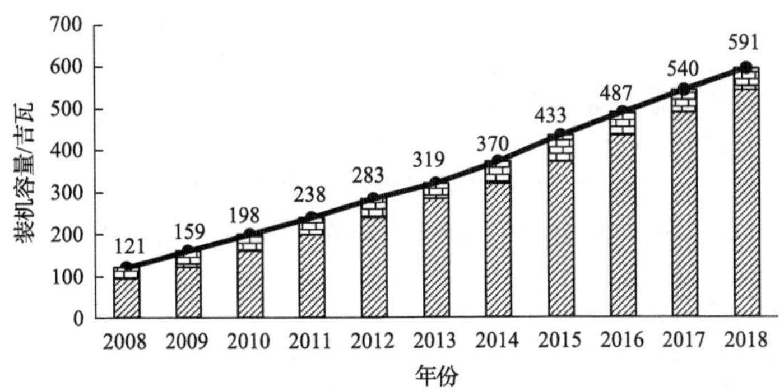

图 4-2　2008～2018 年全球风电总装机容量和年度新增装机容量

2019 年全球风电发电量为 1429.6×10^9 千瓦时，表 4-2 展示了 2019 年全球风电发电量前十的国家及其在全球风电发电量中的占比，这十个国家的风电发电量之和约占全球风电发电量的 80%。

3) 光伏发电

2018 年，全球光伏发电装机容量增量首次达到了 100 吉瓦的水平，总装机容量达到 505 吉瓦(图 4-3)，10 年前这一数据仅为 15 吉瓦。目前，光伏发电已成为世界上增长速度最快的能源技术，并在越来越多的国家拥有吉瓦规模的市场。新增的光伏发电装机容量中，排名前五的国家分别是中国(45%)、印度(11%)、美国(11%)、日本(7%)和澳大利亚(4%)，这 5 个国家新增的光伏发电装机容量之和占全球新增的光伏发电装机容量的 3/4 以上。

表 4-2 2019 年全球风电发电量前十的国家及其在全球风电发电量中的占比

国家	发电量/10^9 千瓦时	占比/%	国家	发电量/10^9 千瓦时	占比/%
中国	405.7	28.4	西班牙	56.2	3.9
美国	303.1	21.2	巴西	55.8	3.9
德国	126.0	8.8	法国	34.5	2.4
英国	64.1	4.5	加拿大	34.2	2.4
印度	63.3	4.4	乌克兰	21.7	1.5

数据来源：*BP Statistical Review of World Energy 2020*。

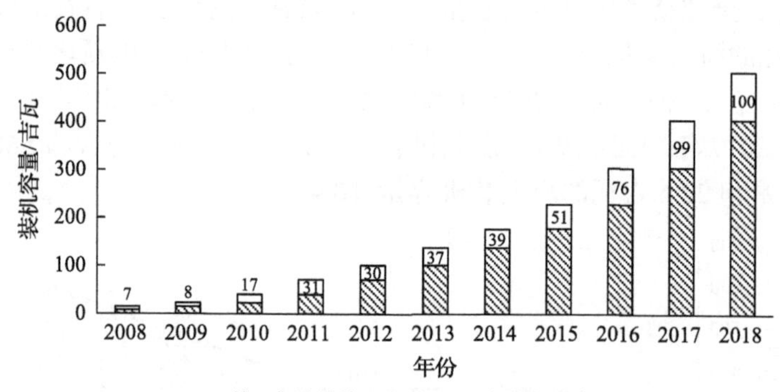

图 4-3 2008～2018 年全球光伏发电总装机容量和年度新增装机容量

4) 生物质能发电

2018 年，全球生物质能发电装机容量增加到 130 吉瓦，发电量也增加到 5.81×10^{11} 千瓦时。欧盟是全球最大的生物质能发电区域，2018 年生物质能发电量增加了 6%；中国的生物质能发电量增量最大，增加了 14%左右；亚洲其他地区生物质能发电量增加了约 16%；北美洲地区的生物质能发电量增长速度基本保持稳定。

5) 地热能发电

2018 年，全球新增地热能发电装机容量 0.5 吉瓦，总装机容量达到 13.3 吉瓦，

地热能发电总量为 0.93×10^{10} 千瓦时。其中，土耳其(42%)和印度尼西亚(27%)在新增地热能发电装机容量中的占比最大，约占新增地热能发电装机容量的 2/3，其他新增地热能发电的国家分别是美国(11%)、冰岛(9%)、新西兰(5%)、克罗地亚(3%)、菲律宾(2%)和肯尼亚(2%)①。

6) 聚光太阳能发电

2018 年全球聚光太阳能发电(CSP)总装机容量约 5.5 吉瓦，总装机容量排名前两位的国家是西班牙和美国，分别为 2.3 吉瓦和 1.7 吉瓦；全球新增 CSP 装机容量 550 兆瓦，排名前两位的国家是中国和摩洛哥，均为 200 兆瓦。截至 2018 年底，非洲、亚洲、中东和南美洲地区的 10 个国家在建的 CSP 项目达到了 2 吉瓦左右，其中大部分在阿拉伯联合酋长国(0.7 吉瓦)和中国(略高于 0.5 吉瓦)。

7) 海洋发电

海洋发电在可再生能源发电中所占比例最小，大多数海洋发电项目侧重于规模相对较小的示范项目和不到 1 兆瓦的试点项目。2018 年，新增的海洋发电装机容量约 2 兆瓦，总装机容量约 532 兆瓦。虽然海洋能源的资源潜力空间很大，但经过几十年的努力发展，其在很大程度上仍未得到大规模的开发利用。

2. 可再生能源的生产成本

IRENA 发布的报告显示，2019 年，在所有新投产的并网大规模可再生能源发电容量中，56%的成本低于最便宜的化石燃料发电，新建可再生能源发电项目的成本有效性日益超越了现有的火电厂。平均而言，新建光伏发电和陆上风电项目的成本已经低于仍在运行的燃煤电厂的成本。该报告显示，到 2021 年，将有 12 亿千瓦的存量燃煤发电装机容量的发电成本高于公用事业规模太阳能发电成本[3]。

在技术进步、规模经济、竞争日益激烈的供应链及开发商经验不断增长的情况下，可再生能源电力成本在过去 10 年中已大幅下降。自 2010 年以来，公用事业规模太阳能光伏发电成本下降幅度最大，为 82%；其次是聚光太阳能发电，达 47%；陆上风电机组的发电成本下降了 55%～60%，从而降低了装机成本，而在运营与维护成本下降的同时，不断增大的轮毂高度和扫风面积也增大了容量系数；2010～2019 年，海上风电的装机成本下降了 18%，而其容量系数(从 2010 年的 37%增至 2019 年的 44%)，由于风电机组尺寸和容量系数的增大及海上风电场数量增多而带来的成本协同效益，运营和维护成本也相应下降。最近投产的水电项目

① 由于报告数据取整，加和可能存在一定的误差。

全球加权平均平准化度电成本(Levelized Cost of Energy, LCOE)①从 2010 年的 0.037 美元/千瓦时增至 2019 年的 0.047 美元/千瓦时。尽管如此，水电仍然具有竞争力，在 2019 年投产的所有发电容量中，有 90%的水电成本低于使用最便宜的新建化石燃料发电的项目。2019 年，地热能发电成本约为 0.073 美元/千瓦时，生物质能发电成本约为 0.066 美元/千瓦时，这些技术提供稳定的电力供应和发电容量的成本与新建化石燃料发电成本范围的下限相当②。

就年度下降幅度而言，太阳能和风能技术的成本也有较大幅度下降。2019 年，公用事业规模太阳能光伏发电成本下降了 13%，全球平均水平达到了 0.068 美元/千瓦时，陆上和海上风电的成本各自下降了约 9%，分别降至 0.053 美元/千瓦时和 0.115 美元/千瓦时，CSP 成本降至 0.182 美元/千瓦时。

IRENA 关于拍卖和购电协议的报告显示，在 2021 年投产的项目中，太阳能光伏发电的平均价格可能为 0.039 美元/千瓦时，与 2019 年相比下降 42%，比燃煤发电厂低 1/5 以上。到 2021 年，陆上风电的平均价格可能会降至 0.043 美元/千瓦时，比 2019 年下降 18%。与此同时，海上风电和 CSP 项目将面临较大变化，全球平均拍卖价格将分别较 2019 年下降 29%和 59%，分别降至 0.082 美元/千瓦时(2023 年)和 0.075 美元/千瓦时(2021 年)。

4.1.3 中国可再生能源的发展现状

我国可再生能源的利用可以追溯到 20 世纪 50 年代末的沼气利用，但可再生能源产业在我国的规模化发展却是近些年的事情。相对于发达国家，我国可再生能源产业化发展起步较晚，但我国具备丰富的天然资源优势和巨大的市场需求空间，在国家相关政策的引导扶持下，可再生能源领域成为投资热点，技术利用水平正在逐步提高。“十二五”和“十三五”期间，我国可再生能源产业开始全面规模化发展，进入了大范围增量替代和区域性存量替代的发展阶段。

(1)可再生能源在推动能源结构调整方面的作用不断增强。截至 2019 年底，我国风电、太阳能发电累计装机容量分别为 2.1 亿千瓦和 2.0 亿千瓦，均居世界第一位，合计占全国发电总装机容量的 20.6%；分布式光伏发电累计装机容量 6263 万千瓦，占太阳能发电总装机容量的 31%；海上风电累计装机容量 593 万千瓦，提前一年完成国家“十三五”规划目标(500 万千瓦)。2019 年，风电

---

① 加权平均平准化成本 LCOE 是指针对每一种技术，考虑全生命周期内的投资、运营成本和收益，包括资本成本(中国和 OECD 国家为 7.5%，其他国家为 10%)。

② 化石燃料发电成本范围因国家和地区不同而不同，估计在 0.05～0.177 美元/千瓦时，下限的代表是中国煤炭生产地区的新型燃煤电厂。

发电量 4057 亿千瓦时，占总发电量的 5.5%，比上年提高 0.3 个百分点；太阳能发电量 2245 亿千瓦时，占总发电量的 3.1%，比上年提高 0.6 个百分点。青海等 8 个省(自治区、直辖市)可再生能源发电量占用电量比重超过 15%，其中青海超过 30%。

(2)可再生能源技术装备水平显著提升。随着开发利用规模逐步扩大，我国已逐步从可再生能源利用大国向可再生能源技术产业强国迈进。目前我国已具备成熟的大型水电设计、施工和管理运行能力，自主制造投运了单机容量 80 万千瓦级的混流式水轮发电机组，掌握了 500 米级水头、35 万千瓦级抽水蓄能机组成套设备制造技术[4]。风电制造业集中度显著提高，2019 年，排名前五的风电整机制造商的市场份额达到 76%，排名前十的风电整机制造商的市场份额为 94%，排名前五的叶片及风电运营商的市场份额也均在 50%以上。风电技术水平明显提升，关键零部件基本国产化，5～6 兆瓦级大型风电设备已经试运行，特别是低风速风电技术取得突破性进展，并广泛应用于中东部和南方地区。光伏电池技术创新能力大幅提升，创造了晶硅等新型电池技术转换效率的世界纪录。建立了具有国际竞争力的光伏发电全产业链，突破了多晶硅生产技术封锁，2018 年全国多晶硅产量占全球总产量的比重达到 57.81%，连续六年位居全球首位，光伏组件产量占全球总产量的 70%左右。技术进步及生产规模扩大使光伏组件价格下降了 60%以上，显著提高了光伏发电的经济性。各类生物质能、地热能、海洋能和可再生能源配套储能技术也有了长足进步。

(3)可再生能源发展支持政策体系逐步完善。我国陆续出台了光伏发电、垃圾焚烧发电、海上风电电价政策，并根据技术进步和成本下降情况适时调整了陆上风电和光伏发电上网电价，明确了分布式光伏发电补贴政策，公布了太阳能热发电示范电站电价，完善了可再生能源发电并网管理体系。根据《中华人民共和国可再生能源法》要求，结合行业发展需要多次调整了可再生能源电价附加征收标准，扩大了支持可再生能源发展的资金规模，完善了资金征收和发放管理流程。建立完善了可再生能源标准体系，产品检测和认证能力不断增强，可再生能源设备质量稳步提高，有效促进了各类可再生能源的发展。

4.1.4 中国可再生能源发展面临的挑战

随着可再生能源技术进步和产业化步伐的加快，我国可再生能源已具备规模化开发应用的产业基础，展现出良好的发展前景，但也面临着体制机制方面的明显制约，主要表现在以下几个方面。

（1）现有的电力运行机制不适应可再生能源规模化发展需要。以传统能源为主的电力系统尚不能完全满足风电、光伏发电等波动性可再生能源的并网运行要求。电力市场机制与价格机制不够完善，电力系统的灵活性未能充分发挥，可再生能源与其他电源协调发展的技术管理体系尚未建立，可再生能源发电大规模并网仍存在技术障碍，可再生能源电力的全额保障性收购政策难以有效落实，弃水、弃风、弃光现象有所缓解但仍较为严重。2019 年全国平均弃风率 4%，弃风电量总计 169 亿千瓦时，新疆、甘肃、内蒙古三省（自治区）弃风率仍超过 5%，弃风电量总计 136 亿千瓦时，占全国弃风电量的 80%。2019 年西藏、新疆、甘肃三省（自治区）弃光率分别为 24.1%、7.4%、4.0%。

（2）可再生能源对政策的依赖度较高。目前，风电、太阳能发电、生物质能发电等的发电成本相对于传统化石能源仍偏高，度电补贴强度较高，补贴资金缺口较大，仍需要通过促进技术进步和建立良好的市场竞争机制进一步降低发电成本。可再生能源整体对政策扶持的依赖度较高，受政策调整的影响较大，其可持续发展受到限制。此外，全国碳排放市场虽已建立但尚未发挥作用，目前的能源价格和税收制度尚不能反映各类能源的生态环境成本，没有为可再生能源发展建立公平的市场竞争环境。

（3）可再生能源未能得到有效利用。虽然可再生能源装机容量逐年快速增长，但是各市场主体在可再生能源利用方面的责任和义务不明确，利用效率不高，“重建设、轻利用”的情况较为突出，供给与需求不平衡、不协调，致使可再生能源可持续发展的潜力未能充分挖掘，可再生能源占一次能源的消费比重与发达国家相比仍较低。

4.2 促进可再生能源发展的政策框架

当前几乎全球所有国家都制定了可再生能源目标和支持政策。这些政策在促进可再生能源的发展过程中发挥了重要作用，尤其是在推动技术进步和成本降低方面。设计完善的保障措施可以促进可再生能源的市场部署，在供暖、制冷和运输等部门中促进可再生能源的发展，并指导各个领域的技术整合。这些政策在支持技术开发方面也起着重要作用，可以促进技术进步，从而提高效率、降低系统成本及将新技术或应用程序推向市场。随着可再生能源技术成本的下降，这些措施将继续推动更多份额的可变可再生能源（variable renewable energy, VRE）集成到电网中。电力部门通常是政策关注的焦点，其能源目标通常也比供暖、制冷和运输部门更加雄心勃勃，一些国家以及更多的地方政府力求实现

100%的可再生能源电力。

全球、区域、国家和地方及以下各级政府都可以找到支持可再生能源发展和部署的目标、法规、公共资金和财政激励措施。在每一级，决策者都有机会设计针对其各自辖区的有效政策组合。尽管区域或国家政策经常受到最广泛的关注，但是省、州和城市通常是为创新和雄心勃勃的可再生能源部署机制建立的先行者。许多城市可以直接控制公共交通网络和建筑法规，甚至在某些情况下还可以控制电力公用事业，从而使他们能够利用监管和购买权限以及作为大型能源用户的地位来采购和部署可再生技术。在许多发展中国家，可再生能源的推动来自国际协议，这可能会对各级政府的政策实施产生影响。

4.2.1　可再生能源目标制度

1. 可再生能源目标制度的定义

可再生能源目标制度(renewable energy target policy，RETP)是指一个国家对未来一定时间内可再生能源发展总量或市场份额做出的一种强制性规定，是一个必须实现的国家目标。

2. 可再生能源目标制度的特征

总的来说，可再生能源目标制度具有如下基本特征。

(1)强制性：可再生能源目标制度是基于强制性立法的制度。

(2)战略性：该制度提出国家中长期的可再生能源发展战略目标，是未来相当长一段时间内可再生能源要达到的状态。

(3)阶段性：提出的目标一般要分几个阶段逐步实现。

(4)计划性：要制定明确的发展计划达到所提出的战略目标。

(5)指导性：该制度中目标的提出对整个可再生能源产业的发展和市场容量具有明确的前景指示作用。

(6)明确性：可再生能源目标制度具有明确的量的规定(绝对量或相对量)，由此可以对未来可再生能源的发展速度、在某段时间内要达到的状态、市场潜力、投资者的获利机会(利润空间)和对国民经济持续发展(社会、经济、资源和环境)等方面做出明确判断。

3. 可再生能源目标制度的实践

截至 2018 年，几乎所有国家和许多地方政府都设定了某种形式的可再生能源目标(表 4-3)，有不到 10 个国家、州和省制定了高于 50%的可再生能源目标。2018 年欧盟调整了新的可再生能源目标——到 2030 年可再生能源占终端能源的比重至少达到 32%(原目标为 27%)。

表 4-3 主要国家和地区可再生能源在一次能源和终端能源中的目标和份额

(单位：%)

国家或地区	一次能源		终端能源	
	份额(2017 年)	目标	份额(2018 年)	目标
欧盟 28 国	13.3		17.5(2017 年)	32(2030 年)
巴西	45.3		47	45(2020 年)
中国	8.4	20(2030 年)	9.9	
丹麦	30		35.8	100(2050 年)
芬兰	31.2		41(2017 年)	40(2025 年)
法国	9.6		16.3(2017 年)	32(2030 年)
德国	12.7		15.5(2017 年)	60(2050 年)
印度尼西亚	13(2018 年)	31(2050 年)	6.2	
以色列	2.4		3.7	17(2030 年)
意大利	17.4		18.3(2017 年)	17(2020 年)
日本	4.8	14(2030 年)	6.3	
韩国	1.7	11(2030 年)	2.7	
荷兰	4.9		6.6(2017 年)	14(2020 年)
挪威	49.2		57.8	67.5(2020 年)
西班牙	14.3		17 (2017 年)	20(2020 年)
瑞典			54.5	49(2020 年)
乌克兰	3	18(2030 年)	1.9	25(2035 年)
英国	8.2		10.2	15(2020 年)

注：①目标可能不包括大型水电项目和(或)传统的生物质能源。

②欧盟 28 国(包括未脱欧前的英国)的 2020 年终端能源目标是在“欧盟促进可再生能源使用指令”(EU 2009/28/EC)的指导下设定的，德国和瑞典有更高的目标，如表所示。荷兰降低了其目标。

数据来源：*Renewables 2019 Global Status Report.*

相比之下，至少有 92 个国家、州和省制定了专门针对电力行业使用可再生能源的目标，表 4-4 展示了部分代表性国家的目标。欧盟也规定了最低 14%用于运输能源的可再生燃料的份额，可再生能源供暖和制冷装置的年均增长为 1.3%。一些国家，如爱沙尼亚、芬兰、拉脱维亚和瑞典等国专门针对供热、制冷和运输部门制定了可再生能源目标。

表 4-4　主要国家和地区可再生能源发电占比(2017 年)及目标　(单位：%)

国家	目前进展	目标	国家	目前进展	目标
欧盟 28 国	30.7		新西兰		90(2025 年)
阿富汗	86.1	100(2050 年)	墨西哥		35(2024 年)
阿尔及利亚	0.32	27(2030 年)	新加坡		8
阿根廷	2	20(2025 年)	南非		9(2030 年)
亚美尼亚	12	40(2025 年)	斯里兰卡		100(2050 年)
阿塞拜疆共和国		20(2020 年)	瑞典	65.9	100(2040 年)
巴西		23(2030 年)	泰国		20(2036 年)
加拿大	66(2016 年)		土耳其	35.1	30(2023 年)
智利	18	20(2025 年)	马来西亚		20(2030 年)
中国	26.4	35(2030 年)	法国	19.9	40(2030 年)
哥斯达黎加	98.6	100(2030 年)	葡萄牙	53.7	100(2050 年)
丹麦	60.4	100(2050 年)	印度尼西亚		26(2025 年)
德国	34.4	80(2050 年)	菲律宾		100(2050 年)
印度	7.8	40(2030 年)	日本		22～24(2030 年)
以色列	2	17(2030 年)	乌克兰		25(2035 年)
韩国		20(2030 年)			

数据来源：*Renewables 2019 Global Status Report.*

* *Renewables 2019 Global Status Report* 给出的数据是 2017 年 72.2%，与澳大利亚的实际数据不相符，修订为 2018 年数据。

在世界范围内，澳大利亚率先提出了全国可再生能源发展总体目标。2001 年 4 月，澳大利亚通过了《强制性可再生能源目标》(Mandatory Renewable Energy Target，MRET)，该法案规定，到 2010 年全国可再生能源发电量达到 9500 吉瓦时，可再生能源发电可以提供相当于整个悉尼的用电量，整个可再生能源产业的产值在 2010 年要达到 40 亿澳元。在 MRET 的推动下，可再生能源特别是风电和太阳能热水得到了有史以来最快的发展。2004 年 6 月，时任总理约翰·霍华德签发了能源白皮书——《确保澳大利亚的能源未来》。从某种意义上看，能源白皮书是对 MRET 运行效果的评估和检验。结合可再生能源的发展实践，2009 年 8 月，澳大利亚出台了《可再生能源目标》(Renewable Energy Target)，确定到 2020 年可再生能源发电量占发电量总供应的 20%，即可再生能源发电量达到 45000 吉瓦时。

我国在借鉴其他国家先进经验的基础上，于2005年通过了《中华人民共和国可再生能源法》。根据《中华人民共和国可再生能源法》，国务院能源主管部门根据全国能源需求与可再生能源资源实际状况，制定全国可再生能源开发利用中长期总量目标，报国务院批准后执行，并予以公布。国务院能源主管部门根据可再生能源开发利用中长期总量目标规定的总量目标和省、自治区、直辖市经济发展与可再生能源资源实际状况，会同省、自治区、直辖市人民政府确定各行政区域可再生能源开发利用中长期目标，并予以公布。需要进一步说明的是，总量目标的制定首先应建立在对全国可再生能源资源详查的基础上，在进行资源调查时一定要按照立法要求由国务院能源主管部门负责统一组织和协调，并按照一定的技术规范进行，这样才能保证目标制定的科学性和准确性。

在《中华人民共和国可再生能源法》的基础上，我国制定了《可再生能源发展"十三五"规划》并取得了较好的成果，2020年基本实现了规划的总量目标。2021年，我国发布了《"十四五"可再生能源发展规划》，提出了2025年、2030年非化石能源分别占一次能源消费比重20%、25%的目标。

4.2.2 促进可再生能源发展的管制政策

在世界范围内，各国政府将其可再生能源政策的注意力主要集中在促进可再生能源发电技术的开发和部署上。这些政策是随着技术进步和成本降低、可再生能源在电力结构中的份额迅速增加及储能和其他扶持技术的开发与使用方面的进展而发展的。

终端部门电气化(如供热、制冷和运输)的日益增长，加上电力供应的去碳化，已开始在全球能源转型中发挥重要作用。当与可再生能源发电发展相结合时，这些部门的电气化意味着可在更大的经济领域中感受到可再生能源政策的影响。管制政策(regulatory policy)包括可再生能源配额制度(renewable portfolio standard，RPS)和上网电价政策，在保证可再生能源供应商的市场准入、设定并网可再生能源系统电价及建立机制以实现新的较低技术价格方面发挥了重要作用。

1. 可再生能源配额制度和可再生能源证书系统

1) 可再生能源配额制度和可再生能源证书系统的实施机制

可再生能源配额制度是指一个国家或地区通过法律形式对可再生能源发电在电力供应中所占份额进行强制规定(通常为固定产量比例法，即要求新能源发电量在总发电量中占一定的比例)。企业完成可再生能源配额的方式有两种：一是可以自身直接生产可再生能源电力，二是在市场上购买代表同等电量的可再生能源证书(renewable energy certification，REC)来代替直接生产可再生能源电力。未完成政府强制要求的可再生能源发电比例的发电商必须向政府支付高昂的罚款。英国、澳大利亚、德国、日本等多个国家和美国部分州已实施了可再生能源配额制度。

可再生能源配额制度为可再生能源提供了一个保护市场。在这个保护市场内，各种不同类型的可再生能源生产商可以互相竞争，其电价由市场决定，以促进技术进步和成本降低。可再生能源配额制度强调市场的作用，而市场作用可通过 REC 来实现。REC 是指对新能源发电方式进行确认的一种标准。一般而言，1 REC 代表着有 1 兆瓦时由可再生能源所发的电，通过认证的每一个 REC 都具有独特的标识代码，并在证书上标注该符合资格的可再生能源电力的类别、发电容量、生产时间和生产序列号等发电信息。可再生能源生产商可以依据其发出符合条件的绿色电量的多少，从政府授权的专门机构获得一定数量的 REC，然后将 REC 卖给任何一家承担指定配额义务的 REC 需求者。可再生能源配额制度下的可再生能源电力价格为标杆火力上网电价和 REC 交易价格之和，可再生能源发电商通过销售 REC 的市场交易方式来获得“补贴”。

2) 可再生能源配额制度和可再生能源证书系统的实践

(1) 美国可再生能源配额制度的实践

美国迄今为止在联邦政府层面还没有出台可再生能源配额政策，也没有制定与可再生能源配额制度相关的法律，美国的可再生能源配额制度是在各个州的实践中发展起来的。早在 20 世纪 90 年代，美国风能协会就已提出了正式的可再生能源配额制度概念，随后各州相继制定和实施各自的配额制度政策。截至 2019 年，可再生能源配额制度已在全美约 30 个州及华盛顿哥伦比亚特区正式实施，与联邦层面的投资税抵免(ITC)、生产税抵免(PTC)等可再生能源政策相辅相成。

由于各州制度和政策设计差异较大，美国可再生能源配额制度的实施较为复杂，但美国的配额市场仍是全世界最发达的可再生能源配额市场之一。美国各州制定的可再生能源配额目标不尽相同，主要包括指定配额完成期限及比例、指定装机容量等。其中绝大多数可再生能源配额目标都是要求负有购买义务的负荷服务商向消费者交付一定数量的可再生能源电力。例如，俄勒冈州要求负有购买义务的负荷服务商在 2025 年之前，为每个客户提供 25%的可再生能源电力。美国仅有得克萨斯州和艾奥瓦州的可再生能源配额目标是要求装机和运行一定兆瓦数的可再生能源发电设施。

尽管美国的可再生能源配额目标由各州单独制定，但多数实施可再生能源配额制度的州均建立了 REC 交易市场。配额监管由当地能源监管部门执行，配额义务主体通常为负荷服务商或零售电力供应商。

从政策设计上看，美国各州最初采用技术中性原则，带动成本相对低廉的风电快速发展。根据劳伦斯伯克利国家实验室(LBNL)的数据，截至 2009 年由可再生能源配额制度推动的可再生能源装机中超过 94%为风电，光伏、地热能和生物质能等其他技术路线无人问津。为保证可再生能源技术多样化，美国各州通过技术分级或技术留存的方式，刺激除风能外的可再生能源发展，采取的政策包括对光伏、分布式等指定能源给予较高的 REC 乘数，为光伏等设置单独的可再生能源配额要求。

得克萨斯州、加利福尼亚州和新墨西哥州为美国实施可再生能源配额制度比较典型的几个地区，其实施效果对比如表 4-5 所示。

表 4-5　得克萨斯州、加利福尼亚州和新墨西哥州实施可再生能源配额制度的对比

州(实施时间)	配额制度目标	实施效果	政策特点
得克萨斯州(1999 年)	2025 年达到 1 万兆瓦	2002 年建立 REC 交易市场；2009 年达到目标	政策实施较成功。可再生能源配额制度的实施使得克萨斯州成为美国最大的风电市场，充分发挥了市场的调配作用，监督到位，政策稳定，处罚明确
加利福尼亚州(2002 年)	2010 年达到 20%，2020 年达到 33%	未完成 2010 年和 2020 年的目标	政策机制存在一定问题。制度设计较复杂，且监督机构过多。处罚力度不严，政府未能发挥有效的行政监督作用
新墨西哥州(2004 年)	2020 年达到 20%	提前完成目标	政策实施较成功。通过“合理成本”的设计控制了可再生能源的生产成本，机制灵活，保障了义务主体的积极性

从政策实施效果上看，根据劳伦斯伯克利国家实验室发布的报告《美国可再生能源配额制 2016 年度形势报告》，可再生能源配额制度的容量占全美电力零售市场的 55%。自 2000 年以来有超过一半的可再生能源发电量(60%)是源于各州可再生能源配额制度政策的出台。预计美国可再生能源配额制度总需求将从 2015 年的 215×10^9 千瓦时增长到 2030 年的 431×10^9 千瓦时。若保持此增长率，新增非水可再生能源发电量需要占电力零售市场的 12.1%。至 2030 年，可再生能源配额制度需求将增加 60 吉瓦的可再生能源装机容量。

(2)英国可再生能源配额制度的实践。

英国从 1990 年开始实施非化石燃料义务(NFFO)政策，由于部门间协调及政策本身的不确定性等问题，政策实施效果不理想。英国在总结 NFFO 实践经验的基础上，于 2002 年开始实施可再生能源义务(RO)政策，这是世界范围内可再生能源配额制度的主要代表之一。该政策主要针对大规模可再生能源发电项目，最早在英格兰、威尔士和苏格兰实施，2005 年起在北爱尔兰实施。根据 RO 政策，电力供应商是英国可再生能源义务的责任主体，大型可再生能源电量在供应商总电量中的具体比例到 2003 年要求达到 3%，随后逐年递增，到 2004 年要求达到 4.3%，到 2010 年要求达到 10.4%，到 2015 年要求达到 15.4%。政策实施初期，为了提效降本，政府建立了相应的可再生能源义务证书(renewables obligation certificates，ROCs)交易市场。

RO 政策由国务大臣和商务能源与产业战略部(BEIS)负责制定和推动，由天然气电力市场办公室(OFGEM)负责执行，OFGEM 中的 E-Serve 部门负责 ROCs 的颁发和整个 ROC 交易体系的运行和监管。符合规定的风电、水电、生物质能发电等可再生能源发电商均可获得 ROCs，供电商是配额义务的考核对象。

具有相应资质的可再生能源发电企业每月向 E-Serve 报备其预测发电量，E-Serve 向可再生能源发电企业颁发 ROCs；可再生能源发电企业向供电商或中间商出售核发的 ROCs，获得高于市场电价的补贴，ROCs 可以跟随电量一起出售，也可以单独出售；供电商需从可再生能源发电企业或者市场中购买 ROCs，并在规定期限内向 OFGEM 上缴规定数量的 ROCs，否则将向 OFGEM 缴纳罚金，标准即政府设置的买断价格；OFGEM 将收缴的罚金组成特定基金，返还给完成配额的供电商，以鼓励其完成配额义务。

从政策设计上看，最初英国政府秉承技术中性原则，即不同可再生能源单位发电获得的证书数量一样，这使成本低廉的可再生能源更具优势，无法有效引导不同成本发电技术的发展。因此，英国于 2009 年推出可再生能源分层制度，对处于成本劣势但技术前景广阔的可再生能源给予高比例 ROCs 政策支持，从而推动其占比提升。

从政策效果上看，自 2002 年实施 RO 政策以来，英国的可再生能源发电装机容量提高了数倍。2002～2017 年，英国可再生能源发电量占总发电量的比例从 2%提升到了 25%。RO 作为英国可再生能源的主要政策之一，提高了市场分配效率，降低了可再生能源生产成本，使可再生能源更具竞争力和成本有效性，对可再生能源的发展起到了一定的促进作用。

但是，RO 政策也产生了很多问题，如由于缺乏市场竞争机制，可再生能源发电项目成本居高不下。再如，在 RO 特殊的罚金机制下(即所有收缴的罚金组成特定基金，按各供电商上交 ROCs 比例在各供电商中进行重新分配，使完成配额义务的售电商可以获得未完成配额义务的售电商上缴罚金的资金返还)，企业会衡量履行义务和被罚款的机会成本，从而选择是否购买 ROCs，进而导致证书价格的波动和炒作。这无疑会给可再生能源发电企业融资带来较高成本，影响英国可再生能源发电投资和产业发展。又如，配额义务人可以通过向消费者转嫁成本的方式弥补购买 ROCs 的损失，导致下游用电方面临较大成本压力等。为此，2011 年，英国政府推出电力市场改革方案，重点之一是 RO 逐步向差价合同(contracts for difference，CFDs)机制过渡。英国可再生能源差价合同从 2015 年开始实施，并从 2017 年 4 月开始全面取代 RO 制度。此后新上可再生能源发电项目不再申请证书，不过此前已经获得可再生能源义务认证的项目仍然可获得最多 20 年的支持。

(3) 中国可再生能源配额制度的实践。

2019 年 5 月，《国家发展改革委 国家能源局关于建立健全可再生能源电力消纳保障机制的通知》(以下简称《配额制》)发布。中国政府自 2014 年开始对可再生能源配额制度政策进行设计和规划，历时五年的准备，在 2018 年又对该政策分别实施了 3 轮意见征询。对于可再生能源行业来说，可再生能源配额制度政策可谓千呼万唤始出来。

根据《配额制》，国家电网、南方电网指导所属省级电网企业依据有关省级人民政府批准的消纳实施方案，负责组织经营区内各承担消纳责任的市场主体完成可再生能源电力消纳。各省级能源主管部门会同经济运行管理部门对省属地方电网企业、配售电公司及未与公用电网联网的拥有自备电厂企业的消纳责任实施进行督导考核。国家可再生能源信息管理中心与国家电网、南方电网等电网企业及各电力交易中心联合建立消纳量监测核算技术体系并实现信息共享。省级能源主管部门会同经济运行管理部门对本省级行政区域承担消纳责任的市场主体消纳量完成情况进行考核，按年度公布可再生能源电力消纳量考核报告。各省级能源主管部门会同经济运行管理部门负责督促未履行消纳责任的市场主体限期整改，对未按期完成整改的市场主体依法依规予以处理，将其列入不良信用记录，予以联合惩戒。

对地方政府而言，《配额制》将与地方“双控”目标进行挂钩以增强地方政府对于政策的执行力。

《配额制》设计了两套通过市场化交易来满足消纳量核算的机制，一是向超额完成年度消纳量的市场主体购买其超额完成的可再生能源电力消纳量(简称“超额消纳量”，双方自主确定转让(或交易)价格；二是自愿认购可再生能源绿色电力证书(简称“绿证”)，绿证对应的可再生能源电量等量记为消纳量。

各省级能源主管部门按照《配额制》下达的 2018 年消纳责任权重对本省级行政区域自我核查，以模拟运行方式按照《配额制》下达的 2019 年消纳责任权重对承担消纳责任的市场主体进行试考核。各省(自治区、直辖市)有关部门和国家电网、南方电网及有关机构，在 2019 年底前完成有关政策实施准备工作，自 2020 年 1 月 1 日起全面进行监测评价和正式考核。当前版本的《配额制》政策有效期为 5 年，具体政策将根据执行情况进行调整完善。

2. 可再生能源电价和补贴政策

无论是国际经验还是国内实践，在化石能源外部性成本尚未纳入成本核算和电价形成机制的情况下，针对可再生能源实施上网电价或电价补贴政策，是促进可再生能源市场化并带动全产业链发展最有效的手段，是支持可再生能源电力发展的核心和基石。虽然可再生能源电价和补贴政策表现形式不同，但大多数国家均考虑了以下几个原则：一是为实现可再生能源电力发展目标提供保障；二是考虑可再生能源环境和外部性效益，以不同政策体现对可再生能源电力发展的支持；三是通过政策和机制的调整促进可再生能源技术进步和成本降低，逐步增强可再生能源电力产品的竞争性。

从电价和补贴机制表现形式上说，不同国家采用的政策机制有所差异，但主要有五大类：固定电价（fit-in-tariff，FIT）、固定（溢价）补贴（fit-in-premium，FIP）、净电表制（net metering）、招标电价（tendering）、市场电价（即配额和证书制度），这些价格机制和政策各有特点，在各国的实施中也取得了不同程度的效果。从数量上看，固定电价最为普遍，截至 2018 年底全球范围内已有 111 个国家在全国或者地区层面上实施固定电价补贴；招标电价应用日益普遍，截至 2018 年底已有 66 个国家对可再生能源项目采用招标电价，另有 50 多个国家和地区实施了净电表制。许多国家采用两种以上的电价和补贴政策。

1）固定电价

固定电价政策即按照各类可再生能源发电的标准成本，直接明确规定各类可再生能源电力的上网价格，电网企业必须按照这样的价格向可再生能源发电企业支付费用。电网企业收购可再生能源电量所发生的费用，高于按照常规能源发电平均上网电价计算所发生费用的部分，附加在销售电价中分摊，即要求各个地区相对均衡地承担发展可再生能源的额外费用，体现了政策和法律的公平原则。固定电价政策一般限期在 15～25 年，对促进可再生能源发电规模化发展起到了重要的推动作用，如德国 2000 年颁布了《可再生能源法案》，确定了以固定电价为主的可再生能源激励政策，极大地促进了可再生能源的发展。据德国可再生能源协会的数据，2017 年上半年，德国可再生能源发电比重达 35.1%，提前 3 年完成目标，2019 年德国可再生能源发电比重达 40%，有望达到 2035 年可再生能源发电比重达 65%的目标。

固定电价的主要特点是能够保证可再生能源发电项目保持稳定的收益，有利于吸引各类社会资本进入可再生能源领域。项目的投资收益可以预期，价格调整较为规律，投资风险可控，但相应的缺陷是在电价调整前后，会引起市场投资规模波动性变化，引发“抢装潮”“末班车”等现象。从市场投资者角度看，固定电价政策是对投资最为有利的一种政策。固定电价的调整也可以在一定程度上反映技术进步的水平。例如，德国每年参考技术进步等其他因素公布最新的可再生能源电价，针对技术成本下降快的技术，如光伏发电，其电价调整比其他技术更频繁，从 2012 年的 20～30 欧分/千瓦时连续下调到 2015 年的 9 欧分/千瓦时左右，风电电价也略有下降，而水电、生物质能等可再生能源发电技术的电价水平基本没有变化。许多国家在实施固定电价政策的同时，一般同时要求电网必须优先收购可再生能源发电。

在特殊情况下，固定电价政策也可能存在一定的弊端。固定电价政策本质上是政府干预市场的行为，如果某项可再生能源技术成本在短时间内变化较大，固定电价水平调整可能在时间上具有滞后性，难以及时反映可再生能源技术进步和真实成本，会造成短时间投资过热、可再生能源发展政策激励过度、可再生能源市场增长过快的情况，对电力系统运行和补贴需求等产生更大的压力。以德国为例，由于2010～2012年光伏发电固定电价水平调整滞后，德国光伏发电市场迅速增长，年均新增装机在750万千瓦左右，超过政策预期(德国2020年光伏发电发展目标是累计装机5170万千瓦)。另外也会造成费用分摊水平迅速上升，迫使之后德国不断提升可再生能源电价附加标准。据统计，2006～2017年，德国终端用户平均电价从0.1946欧元/千瓦时上涨到了0.2916欧元/千瓦时，涨幅接近50%，上涨中“贡献”最大的当属可再生能源附加费，从0.0088欧元/千瓦时上涨到0.0688欧元/千瓦时，占电价涨幅的60%以上，目前可再生能源附加费占德国终端民用电价的1/4左右①，这也使德国成为欧洲电价最高的国家之一。

2)固定(溢价)补贴

固定(溢价)补贴政策既考虑了可再生能源发电的实际成本情况和价格政策需求，又与电力市场的电力竞价挂钩，是在电力市场价格的基础上给予可再生能源相应的电价补贴，市场溢价补贴水平固定不变。这种补贴方式的特点是政府补贴规模较为稳定，补贴规模可以预测并且便于统筹管理，但如果电力市场总体价格水平在较短时期内波动较大，需要对固定(溢价)补贴水平进行及时调整。对于投资企业来说，固定(溢价)补贴机制下，整体项目收益将受到电力市场价格波动的影响，投资风险的不可控及对未来电力市场价格的预期会在一定程度上影响企业投资决策[5]。

3)净电表制

净电表制可以看作是一种特殊的溢价补贴政策。它适用于屋顶光伏系统、中小型风电等分布式电源。主要是安装可以反转的双向电流表，实现净电流计量电量的方式。例如，如果在建筑屋顶安装了光伏发电系统，白天有可能光伏发电系统所发电力超过建筑物用电，则剩余电力上网，晚上光伏发电系统无电力输出，则建筑物使用来自电网的电力。采用净电表制，相当于按照电力终端用户的销售电价确定可再生能源电价，如果套用溢价补贴政策，在这种情况下，溢价为零。如果电力系统在用户侧采用的电价是分时电价，则净电表制还可能存在隐性的由电网企业向小型发电系统和用户收益的转移。

净电表制在日本和美国一些州被普遍采用，日本在20世纪90年代及2005～2010年成功推广光伏发电屋顶计划，采用的就是初投资补贴和净电表制相结合的组合政策。此外，美国的一些州采用可避免成本的计算方式，确定可再生能源电价。可避免成本是相对常规能源确定的，因此不同可再生能源技术得到的电价一

① 德国电价主要由电网费(约23%)、购电和销售成本(各占25%)及其他税费组成，其中可再生能源附加费约占总电价的25%。

样，也是溢价为零的方式。但是，可避免成本政策与净电表制也存在差别，即可避免成本方式不仅适用于接入配电网的中小型分布式可再生能源电源，也适用于接入输电网的大型可再生能源电源。近年来，随着分布式可再生能源系统尤其是屋顶光伏发电成本下降，分布式光伏发电在美国的应用越来越普遍，电网企业为分布式光伏发电承担的费用也在增加，加利福尼亚州等部分州在考虑调整或废除净电表制。

4) 招标电价

招标电价机制是当前不少可再生能源处于规模化发展阶段的国家电价政策的改革方向。随着可再生能源规模的不断扩大，一些国家为了保障电力市场进行平稳的结构转型，开始调整可再生能源发电扶持政策，以降低可再生能源电价和补贴水平，从固定电价机制逐步转变为招标电价机制。可再生能源规模化发展阶段的招标电价与可再生能源市场起步示范阶段的招标电价有明显的区别，规模化发展阶段的招标电价机制有大量的实践经验和历史数据做基础，其目的主要体现在两个方面：一是通过招标适度控制可再生能源发展规模，使可再生能源发电的建设和布局与配套基础设施、电力需求和电源替代目标相匹配，实现有序发展；二是降低电价水平，通过招标方式降低可再生能源电价补贴，促进技术进步和地区间均衡发展。招标电价可以视作一种更为灵活的固定电价政策。

2018 年全球有 60 多个国家采用了招标电价机制，如德国、印度、智利、巴西、阿拉伯联合酋长国等，英国的差价合约制度实质上也是招标电价。实践表明，招标电价机制可以有效降低可再生能源上网电价，保证和控制可再生能源发展规模，降低度电补贴需求，控制总体补贴资金需求。以巴西为例，2009 年其风电招标电价折合人民币约 0.4 元/千瓦时，到 2014 年降到约 0.27 元/千瓦时，2016 年巴西风电和光伏发电招标电价比政府预期的上网电价下降了 15%。2015 年，阿拉伯联合酋长国光伏发电招标电价最低降到 5.8 美分/千瓦时，2016 年一个光伏发电招标项目的招标电价更是低至 2.99 美分/千瓦时，具有明显的竞争优势。2016 年智利的招标电价水平为：光伏发电 2.91 美分/千瓦时，风电 3.81 美分/千瓦时，光热发电 6.3 美分/千瓦时，气电、煤电、水电 4.7～6.0 美分/千瓦时，地热能发电 6.6 美分/千瓦时。光伏发电和风电已经成为最具经济竞争力的电源，水电、光热发电、地热能发电等其他可再生能源发电与气电、煤电等化石能源发电的电价差距逐渐缩小。根据既往招标结果，招标机制总是可以获得比政策预期更低的电价，从而降低补贴资金需求总量。可再生能源招标电价机制有可能成为未来电价政策的主流。

对于希望促进可再生能源项目部署的政策制定者来说，准确核算可再生能源扶持计划的系统成本和收益仍然是一个重要的挑战。为了适应技术成本的下降，很多国家和地区都实施了调整政策，如通过引入根据特定的项目级别自动降低费率的定价措施来更新长期固定价格政策。为了更好地匹配下降成本、管理装机容量水平并将资源引入特定技术和领域，政策制定者继续转向竞争性拍卖以代替传统的固定价格政策。这些目标也可以通过上网电价和其他政策来实现，具体取决于政策设计。

4.2.3 促进可再生能源发展的财税政策

可再生能源在其发展过程中具有显著的外部性特征，如减少污染环境与气候变化的污染物排放，以及具有环境溢出正外部性；可再生能源产业带动各行业向低碳减排发展，产生技术溢出和市场溢出的外部性。可再生能源的正外部性使其社会边际收益高于企业边际收益，因此需要政策的鼓励和扶持。可再生能源产业在发展初期表现出高度的政策敏感性，尤其是对财税政策的依赖，无论是欧洲还是北美洲，各国政府都实施了大规模的财税政策以促进可再生能源的发展，包括研发投入和示范补助、投资和生产补贴、消费补贴等财政政策和税收优惠政策。从政府资金使用效率和市场经济立场来看，政府使用财税政策工具促进可再生能源发展是非常必要的。

1. 中国促进可再生能源发展的财税政策

为了推动可再生能源发展，我国各级政府都积极利用财税手段鼓励可再生能源发展，总体上来说，主要是对可再生能源生产与消费环节进行补贴，具体见表 4-6。

表 4-6 支持可再生能源发展的财税政策

环节	财政政策	税收政策
生产环节	设立新型产业投资基金；重点示范工程补贴；风电上网及定价政策等	可再生能源增值税优惠政策；企业所得税减免政策等
消费环节	节能产品补贴政策；新能源汽车补贴政策等	新能源汽车免征购置税；光伏产品补贴政策等

1）研发投入和示范补助

20 世纪 90 年代以来，我国政府开始投资可再生能源研发。1998 年，国务院批准《当前国家重点鼓励发展的产业、产品和技术目录》和《外商投资产业指导目录》，将太阳能、地热能、海洋能、生物质能发电和大型风力机列入鼓励发展的产业和产品。“十五”期间，科技攻关项目、国家高技术研究发展计划（863 计划）和国家重点基础研究发展计划（973 计划）都为可再生能源提供了大量经费支持。2006 年财政部出台《可再生能源发展专项资金管理暂行办法》，中央财政设立专项资金，采取无偿资助和贷款贴息两种措施重点扶持潜力大、前景好的石油替代，建筑物供热、采暖和制冷，以及发电等可再生能源的开发利用。2008 年，为加快我国风电装备制造业技术进步，促进风电产业发展，中央财政安排专项资金支持风电设备产业化。2009 年，“太阳能屋顶计划”实施，中央财政安排专门资金对光电建筑应用示范工程予以补贴。同年，《金太阳示范工程财政补助资金管理暂行办法》印发，对金太阳示范工程综合采取财政补助、科技支持和市场拉动方式，加快国内光伏发电的产业化和规模化发展，以促进光伏发电技术进步。科学技术部的数据显示，截至“十二五”末期可再生能源研发领域投入中央财政经费逾 23 亿元，“十三五”期间投入中央财政资金 7 亿元，实施“可再生能源与氢能技术”和“智能电网技术与装备”两个国家重点研发专项。

2) 生产与投资补贴

为了推动风电发展，1994 年电力工业部出台了《风力发电场并网运行管理规定(试行)》，要求电网管理部门应允许风电场就近上网，并收购全部上网电量。风电场上网电价按发电成本加还本付息、合理利润的原则确定。高于电网平均电价部分，其价差采取均摊方式，由全网共同承担。2006 年国家发展和改革委员会颁布《可再生能源发电价格和费用分摊管理试行办法》，明确规定各类可再生能源上网电价制定办法。2007 年国家电力监管委员会发布《电网企业全额收购可再生能源电量监管办法》，规定电网企业全额收购其电网覆盖范围内可再生能源并网发电项目上网电量，除大中型水电外，可再生能源发电机组不参与上网竞价。2013 年 8 月 26 日，国家发展和改革委员会明确全国范围内分布式光伏补贴标准为 0.42 元/千瓦时。之后各地方政府也出台了相应的补贴政策。上海拟在国家补贴的基础上额外补贴 0.25 元/千瓦时，期限为 5 年。《浙江省人民政府关于进一步加快光伏应用促进产业健康发展的实施意见》则明确规定，光伏发电项目所发电量，实行按照电量补贴的政策，补贴标准在国家规定的基础上，省再补贴 0.1 元/千瓦时。2020 年可再生能源电价附加支出预算数为 923.55 亿元，比 2019 年执行数增加 64.37 亿元，增长 7.5%。

3) 消费补贴

新能源产业的发展离不开财政补贴的大力支持，新能源消费的增长同样离不开政府补贴的大力支持。近年来，中央财政已经在新能源消费环节出台了一些补贴措施。我国 2009 年开始组织实施“节能产品惠民工程”，以财政补贴方式推广节能产品，到 2010 年底，中央财政共安排 160 多亿元，推广高效节能空调 3400 多万台、节能汽车 100 多万辆、节能灯 3.6 亿多只。2012 年 6 月 4 日，财政部、国家发展和改革委员会、工业和信息化部印发《节能产品惠民工程高效太阳能热水器推广实施细则》，旨在通过采取财政补贴的方式，支持太阳能热水器的推广使用，拉动新能源产品的消费。

2013 年，为加快新能源汽车产业发展，推进节能减排，促进大气污染治理，财政部、科学技术部、工业和信息化部、国家发展和改革委员会四部委出台《关于继续开展新能源汽车推广应用工作的通知》，对消费者购买新能源汽车给予补贴。2014 年 1 月，财政部、科学技术部、工业和信息化部、国家发展和改革委员会四部委印发《关于进一步做好新能源汽车推广应用工作的通知》，明确新能源汽车补贴将是相对长期的政策，打破了此前补贴 3 年的规划。

4）税收政策

支持可再生能源发展的税收政策贯穿于可再生能源产业发展的各个环节，其中又以生产和消费两个环节为关键点和突破口。

从生产环节来看，主要涉及增值税、企业所得税、关税等。2008 年 12 月出台《关于资源综合利用及其他产品增值税政策的通知》，规定利用风力生产的电力实现的增值税实行即征即退 50%的政策；对销售自产的综合利用生物柴油实行增值税先征后退政策。在水电方面，规定县以下小型水电单位生产的电力按照简易办法依 6%计征；装机容量超过 100 万千瓦的水电站销售自产电力产品，自 2013 年 1 月 1 日至 2015 年 12 月 31 日，对其增值税实际税负超过 8%的部分实行即征即退政策。在光伏发电产品方面，根据财政部和国家税务总局 2013 年联合发布的《关于光伏发电增值税政策的通知》规定，自 2013 年 10 月 1 日至 2015 年 12 月 31 日，对纳税人销售自产的利用太阳能生产的电力产品实行增值税即征即退 50%的政策。在企业所得税方面，2008 年 9 月，财政部、国家税务总局出台《财政部国家税务总局关于执行资源综合利用企业所得税优惠目录有关问题的通知》，根据《资源综合利用企业所得税优惠目录》，在计算应纳税所得额时，减按 90%计入当年收入总额。国务院下发的《中华人民共和国企业所得税法实施条例》规定，企业从事沼气综合开发利用和节能减排技术改造等项目，自项目取得第一笔生产经营收入所属纳税年度起，第一年至第三年免征企业所得税，第四年至第六年减半征收企业所得税。在关税方面，根据《国务院关于调整进口设备税收政策的通知》和中华人民共和国海关总署公告 2008 年第 103 号，对《外商投资产业指导目录（2011 年修订）》鼓励的外商投资可再生能源项目，在投资总额内进口的自用设备，免征关税；对符合《当前国家重点鼓励发展的产业、产品和技术目录（2005 年修订）》的国内可再生能源投资项目，在投资总额内进口的自用设备，除《国内投资项目不予免税的进口商品目录》所列商品外，免征关税。

从消费环节来看，为支持新能源汽车发展，从 2012 年 1 月 1 日起对于新能源汽车给予车船税优惠的政策，目前已经确立了两批减免车船税的目录。从 2014 年 9 月 1 日到 2017 年 12 月 31 日对于新能源汽车免征购置税，对象为获得许可在中国境内销售符合条件的纯电动及插电式、增程式混合动力汽车和燃料电池三类。

2. 美国促进可再生能源发展的财税政策

20 世纪 80 年代美国开始重视可再生能源的发展。1988 年，时任总统里根签署《替代发动机燃料法案》(Alternative Motor Fuel Act)，鼓励以甲醇、乙醇和天然气等燃料为动力的汽车生产。1993 年，时任总统克林顿批准了《总体技术措施计划》，鼓励使用可再生能源，强调能源的利用率，倡导开发替代燃料汽车，计划到 2003 年把美国汽车油耗降低 1/3[6]。

小布什执政期间，先后签署并通过《国家能源政策法》和《美国能源独立和安全法案》(Energy Independence and Security Act of 2007)。其中，《国家能源政策法》规定对住宅和商用的建筑屋顶安装光伏系统发电项目给予系统安装成本 30%的税收减免。《美国能源独立和安全法案》加大对新能源技术的研发投入，规定到 2025 年对能源效率和清洁能源技术的投入会增至 1900 亿美元。奥巴马上任初始就提出《美国复兴与再投资法案》，利用生产税抵免、投资补贴和财政补贴等政策鼓励可再生能源的发展。

美国是目前世界上可再生能源税收政策体系最为完善的国家之一，各种税收政策的涉及面广，体系完整。具体来说，主要内容包括以下几方面。

一是直接减税。联邦政府规定，对太阳能和地热项目永久性减税 10%，对风能和生物质能发电实行为期 10 年的产品减税，对于符合条件的新能源发电系统并属于州政府和市政府所有的电力公司和其他非营利的电力公司给予为期 10 年的减税。

二是企业所得税抵免。开发利用太阳能、风能、地热能和潮汐能的发电技术，投资总额的 25%可以从当年的联邦所得税中抵扣，同时其形成的固定资产免交财产税；风能和闭合回路生物质能发电企业自投产之日起 10 年内，每生产 1 千瓦时的电能可享受从当年的个人或企业所得税中免交 1.5 美分的待遇，2003 年美国将抵税优惠额度提高到每千瓦时 1.8 美分，享受税收优惠的新能源范围也扩大到风能、生物质能、地热能、太阳能、小型水利灌溉发电工程等；家庭住宅所有者可享受太阳能热水器、暖气和空调系统、风能系统的税收优惠，家庭安装专用的太阳能热水系统可获得相当于成本的最初 2000 美元中的 30%及 2000 美元以上不超过 8000 美元部分的 20%的个人所得税抵免，家庭购买插电式混合动力汽车的消费者可获 2500～7500 美元的税收抵扣额度，抵扣额度根据电池系统的能量大小而定。

美国政府对可再生能源的财政支出涉及可再生能源的创新、新兴技术、系统整合及市场壁垒四大部分，涵盖了生物质能、地热能、太阳能、风能、潮汐能及氢燃料电池等各个方面。2013 年政府对支持可再生能源的预算从 2012 年的 7.8 亿美元增加至 8.4 亿美元，增加了 7.7%。美国财政支持新能源发展的一个重要特征是财政支出具有明显的侧重点。例如，美国政府对氢燃料电池技术的财政支出 2013 年比 2012 年降低了 0.24 亿美元，主要源于此项技术的研发趋于成熟，包括在氢燃料电池的生产、运输和存储上均取得了重大进展。而生物质能的财政预算在 2013 年达到最大比例，为 16.8%，比 2012 年多投入 0.7 亿美元，主要用于研发从生物质中提炼氢燃料及由插入式碳氢燃料向半工业规模的生物质能的转化。

4.3　可再生能源领域未来的发展趋势

4.3.1　分布式发电的发展前景分析

根据国家发展和改革委员会 2013 年发布的《分布式发电管理暂行办法》，分布式发电是指在用户所在场地或附近建设安装、运行方式以用户端自发自用为主、多余电量上网，且在配电网系统平衡调节为特征的发电设施或有电力输出的能量综合梯级利用多联供设施。技术类型上，分布式发电技术种类较多，主要包括天然气多联供、工业余热余压余气发电及多联供、煤矿瓦斯等资源综合利用发电、生物质能发电(含垃圾发电)、小水电发供用一体化、太阳能发电等。实际应用中，不同类型的分布式发电以较高密度接入电网，可以在能源利用效率、节能减排和提高供电可靠性等方面体现明显优势，但也会使配电网成为有源化网络，给配电网运行提出了更高的要求。

1. 分布式发电的发展现状

欧盟国家的分布式发电以太阳能光伏、风能和热电联产为主。其中，丹麦分布式发电量超过全部发电量的 50%，全国 80%以上区域的供热采用热电联产的方式，分散接入电网的风电装机容量多达 300 万千瓦；英国有 1000 多座分布式电站；德国 97%的可再生能源发电接入配电网，以分布式方式利用；美国的分布式发电以天然气热电联供为主，2012 年总装机容量约 12200 万千瓦，占全国发电装机容量的 14%；日本的分布式发电以热电联产和太阳能光伏发电为主，总装机容量约 3600 万千瓦，占全国发电装机容量的 13.4%。

随着我国持续推进能源供给侧结构性改革，推动能源发展方式由粗放式向提质增效转变，光伏、天然气、风电、生物质能、地热能等分布式能源，已成为我国应对气候变化、保障能源安全的重要举措。

近年，我国的分布式光伏出现了爆发式增长。国家能源局在 2016 年 12 月发布的《太阳能发展“十三五”规划》中提出：继续开展分布式光伏发电应用示范区建设，到 2020 年建成 100 个分布式光伏应用示范区，园区内 80%的新建建筑屋顶、50%的已有建筑屋顶安装光伏发电。根据国家能源局公布的数据来看，2015～2020 年中国分布式光伏发电累计装机容量逐年提升，2018 年已经达到 50.61 吉瓦，截至 2020 年，中国分布式光伏发电累计装机容量达到 78.31 吉瓦(图 4-4)。

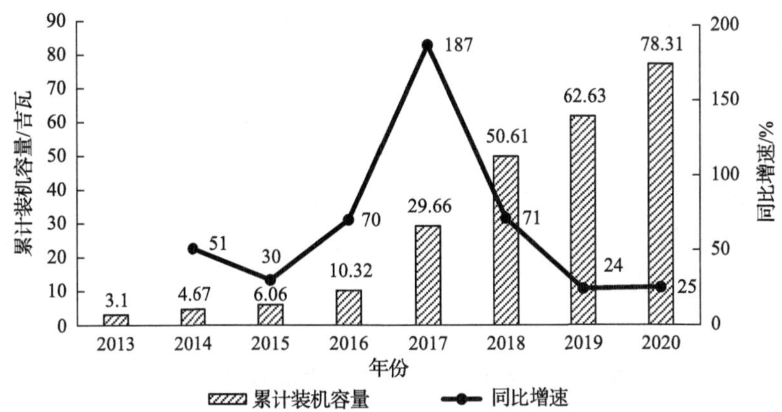

图 4-4　2013～2020 年前三季度中国分布式光伏发电累计装机容量统计及增长情况

数据来源：前瞻产业研究院

相比分布式光伏发电，分布式风电发展相对较慢。专家表示很多体制机制上的问题导致目前分布式风电还很少。参考发达国家，以风电为主的分布式发电只有跟用户侧、需求侧结合，未来才有希望。

2. 分布式发电未来的发展方向和保障措施

分布式发电发展到一定数量和规模时，改变的不仅仅是电力系统结构，更重要的是改变电力工业的运行管理方式。未来电力系统运行应该更类似于现代商业体系，不同类型的发电商、电网企业、售电商和电力用户在政府的监管下，按照政府制定的交易、运行规则，通过传统交易平台或新兴的如网络交易平台等，开展趸售、零售或直购电交易，只是与其他商业模式不同，由于电力需实时平衡的特性，还应设立独立的调度机构及交易平台，处理交易申请，通过调度和辅助服务交易的方式，保障电网稳定运行。

分布式发电小而散的特性决定了难以通过行政命令的方式推进其发展，应通过消除体制机制障碍，为其创造良好的市场化发展环境，吸引不同主体的投资者参与分布式发电的投资、建设和运营。

1) 完善法律法规

修订《中华人民共和国电力法》及相关法规制度，支持分布式能源发展，明确其法律地位，建立健全接入电网及并网运行等相关标准、规范等支持体系，打破电网企业作为唯一购售电主体的垄断地位，允许分布式发电运营商与用户直接交易。

2) 价格财税政策

一是推动电价市场化改革，形成良好的市场竞争环境；二是制定合理的财税政策，通过征收环境税、碳税等，调节高污染、高排放的化石能源发电和低污染、低排放发电方式之间的成本，提高分布式能源的市场竞争力；三是目前部分分布式能源发电成本相比火电仍然偏高，还需国家有针对性地给予补贴和扶持。

3) 鼓励多方参与

分布式能源投资规模小、建设周期短，发展分布式能源应在鼓励中央能源企业参与的同时，调动地方国有、民营和外资企业参与的积极性，大力扶持专业能源服务公司的发展，推动成立一批第三方的专业咨询设计和测试认证机构，打破电网企业对分布式能源入网的一票否决权，形成各方参与发展分布式能源的格局。

4) 通过示范探索电力体制改革方向

在具备条件的工业园区或在可再生能源丰富的县域大力发展分布式发电，使分布式发电在某一区域内占据较大比重，形成分布式发电发展的示范效应。同时，开展电力直接交易，或培育第三方购售电主体参与电力交易，实质性打破垄断，并摸索、总结、完善交易和监管规则，为电力体制改革奠定基础。

4.3.2　新能源汽车的发展前景分析

新能源汽车是指采用非常规的车用燃料作为动力来源(或使用常规的车用燃料、采用新型车载动力装置)，综合车辆的动力控制和驱动方面的先进技术，形成的技术原理先进、具有新技术和新结构的汽车。新能源汽车包括纯电动汽车、增程式混合动力汽车、插电式混合动力汽车、燃料电池电动汽车、氢发动机汽车及其他新能源汽车等。

排放标准和环保标准的提升为新能源汽车的产生奠定了一定的基础，同时也引领了新能源汽车未来的发展。新能源汽车的发展不仅对我国的经济、环境有着巨大的益处，而且为我国汽车行业赶超欧美提供了一个绝佳的机会。新能源汽车作为当今汽车行业的热潮，受到各个国家的高度重视。目前很多国家已经将新能源汽车列入国家重点发展战略中，并为其制定了一系列产业政策推动其更高效地发展。

1. 新能源汽车的发展现状

全球新能源汽车产业高速发展，年产量逐年上升，2019 年突破 200 万辆大关(图 4-5)。2018 年以前，全球新能源汽车产量高增速发展，2019 年增速有所放缓，全球新能源汽车产量约为 217 万辆，2020 年产量约为 255 万辆。

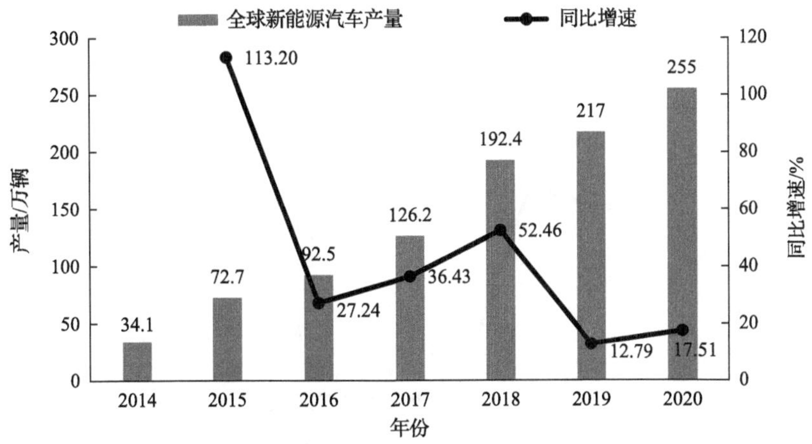

图 4-5　2014～2020 年全球新能源汽车产量情况

数据来源：前瞻产业研究院

根据瑞典咨询机构 EV-Volumes 的数据，2020 年全球共售出约 312.48 万辆新能源汽车，同比增长 41.39%(图 4-6)。其中，中国市场累计销量为 127.19 万辆，占比为 40.7%；欧洲市场累计销量为 136.71 万辆，占比为 43.8%，欧洲市场超越中国成为 2020 年新能源汽车的最大市场。欧洲以外地区新能源汽车销量增长速度较慢，但仍然保持显著的增长趋势。

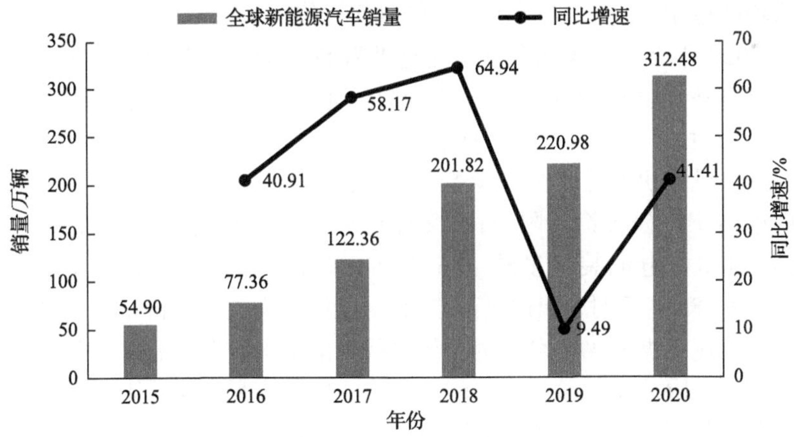

图 4-6　2015～2020 年全球新能源汽车销量情况

数据来源：EV-Volumes

我国新能源汽车市场从 2014 年开始快速发展，新能源汽车产销量大幅上升；随后 2016 年、2017 年受到补贴倒退的影响，产销量增速放缓。2019 年新能源汽车实现产量 124.2 万辆，这是自 2009 年大力推行新能源汽车产业以来出现的首次产量年度下降。我国补贴政策至 2022 年底，行业发展正逐渐恢复中，2020 年新能源汽车产量达到 136.6 万辆，产量较 2019 年有所回升。2014～2020 年，我国新能源汽车销量从 7.5 万辆上升至 136.7 万辆，实现了跨越式发展(图 4-7)。

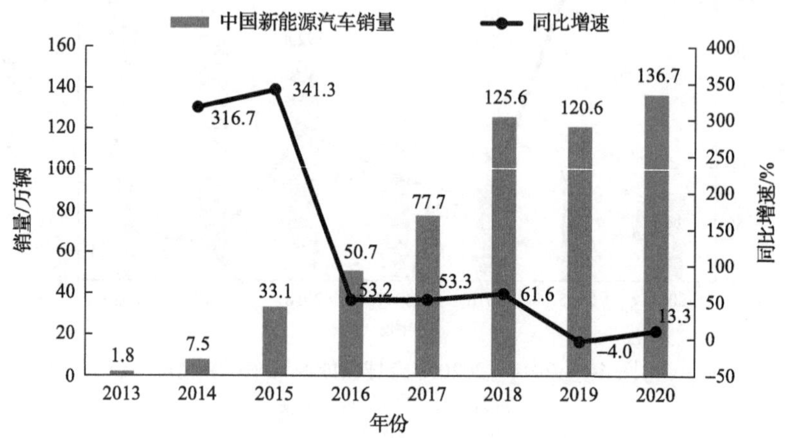

图 4-7　2013～2020 年我国新能源汽车销量情况
数据来源：中国汽车工业协会

目前中国已经成为世界新能源汽车的最大市场之一，新能源汽车生产企业已达 200 多家，各汽车生产企业开始陆续发力。从 2020 年的销量来看，比亚迪股份有限公司(简称比亚迪)、上汽通用五菱汽车股份有限公司、特斯拉(中国)表现突出，销量均超过 10 万辆，以较大优势位居前三位。

截至 2020 年 7 月，全国公共类充电桩为 56.6 万台。如果算上私人充电桩数量，全国充电基础设施(公共+私人)累计数量为 134.1 万台，同比增加 27.6%。而截至 2020 年 6 月，新能源汽车保有量 417 万辆，新能源汽车车桩比约为 3.1∶1，因此充电基础设施仍然是我国新能源汽车发展的短板。

深圳市高工产研咨询有限公司(又称高工产业研究院，GGII)的数据显示，2020 年全球动力电池装机量约 136.30 吉瓦时，同比增长 18%，中国动力电池装机电量为 62.85 吉瓦时，同比仅微增 1%。全球动力电池装机量排名前十位的企业中，中国企业占据 6 席，分别为宁德时代新能源科技股份有限公司、比亚迪、中航锂电科技有限公司、远景动力(AESC)、国轩高科股份有限公司和惠州亿纬锂能股份有限公司，合计市场份额达 41.1%。全球动力电池装机量增幅高于中国的主要原因是欧洲新能源汽车销量超过中国，带动国际电池市场需求进一步增长。

2. 我国新能源汽车发展存在的问题

尽管我国新能源汽车产业发展前景良好，但目前还存在一些问题。

(1)电池问题与充电配套设施落后。据统计，2018 年有几十余起新能源汽车自燃案件，原因多为追求续航里程更长一些，削减电池隔膜的厚度，电池热失控发生自燃。除了电池存在安全问题外，电池的续航里程达不到宣传的效果，续航里程不足并且呈现温度越低续航里程越短的态势，给消费者带来极大的不便。配套设施的建设速度与新能源汽车的生产速度不相符。截至 2020 年 7 月，虽然目前我国充电基础设施（公共+私人）累计数量为 134.1 万台，但是依旧满足不了一车一桩的要求，再加上充电桩功率低、充电时间长、标准不统一、缺乏安全性规范等问题，导致新能源汽车的充电得不到保障。

(2) 售后服务和保值率低。新能源汽车的售后服务水平达不到消费者的要求，一方面是新能源汽车维修技术还不够成熟，大部分维修企业维修设备老旧，跟不上行业发展潮流，不能精确地解决新能源汽车产生的问题；另一方面是新能源汽车维修人才短缺，维修人员的知识储备不够，大多数维修人员还不够了解新能源汽车的维修方法，很多时候新能源汽车出现故障，只能返厂维修，给消费者带来极大的困扰。由于目前的新能源汽车大多为自主品牌且新能源二手车市场没有很成熟，新能源汽车保值率低，甚至低至 20%。

(3) 核心技术和产业集中度不高。众所周知，核心技术决定着新能源汽车的命运。虽然我国是锂电池生产第二大国，但是不得不承认在有关技术方面还不是很成熟，存在电池造价高、续航里程不足、电池充电时间长和电池自燃事件频发等问题。此外，一些关键性技术依靠国外，自主研发能力与新能源汽车的发展步调不一致，技术创新能力不足。目前，我国的新能源汽车企业呈现多而小的局面，其中全国百强企业仅占 30%，产业集中度远远低于美国（集中度为 60%）。虽然投入了大量的资金和技术人才，但是由于产业集中度偏低，产生的效益远不如集中资金和人才所带来的效益。产业集中度偏低会造成资源分散、配置不合理的问题，不利于技术标准的统一，进而不利于形成规模效应。

3. 中国新能源汽车产业未来的发展趋势

新能源汽车市场逐步由政策驱动型向市场驱动型转变。目前，中国新能源汽车领域正在发生一场深刻的变革，可总结为四个转变：①消费结构由乘商并重向以乘用车为主转变；②消费主体由公共领域向私人购买转变；③私人消费区域由限购城市向非限购城市转变；④私人消费生态由被动接受向主动选购转变。这四个转变趋势说明市场因素对新能源汽车发展的推动作用越来越大，新能源汽车市场逐步由政策驱动型向市场驱动型转变。

汽车产业“新四化”大势所趋。由于新能源汽车更适合演变为高级智能移动终端，其将迎来高速发展。汽车产业“新四化”，即电动化、网联化、智能化、共享化，已成为汽车行业公认的未来趋势，不具备“新四化”特征便很有可能被淘汰。预计到 2027 年，在新购车用户中，00 后将占 7.2%，90 后将占 41.8%，80 后将占 35.4%。这几代人是在互联网环境中成长起来的，无网络不生活。因此，汽车必将向高级智能移动终端演变，而新能源汽车将迎来高速发展。

新能源汽车产销将持续快速增长，市场规模将达万亿元。2020 年我国新能源汽车销量为 137 万辆，预计到 2030 年新能源乘用车销量将突破 1300 万辆，新能源大中型客车将成为客车销售主力。2018～2030 年，新能源乘用车和新能源大中型客车带来的市场空间将达 13.9 万亿元。为了跟上新能源汽车发展的步伐，预计 2030 年新能源乘用车保有量在接近 7000 万辆的情况下，其充电服务对应的市场空间在 5100 亿元[7]

新能源汽车行业竞争将越来越激烈，企业立足需要资金和技术，政府需要政策引导。2018 年 4 月 17 日，国家发展和改革委员会宣布，2018 年取消新能源汽车外资股比例限制。同时，越来越多的新兴造车势力正在进入。新能源汽车行业的竞争将越来越激烈，大浪淘沙的过程已然开始。我国新能源汽车行业的健康发展需要以下条件。

(1) 加强电池的研发。新能源电池的高能量密度与安全性这两者很难做到平衡，使得对新型固态电解质电池的研究成为国际关注的焦点。在提高新能源电池高能量密度的同时，采用新型材料，并改善电池的内部结构，使在提高高能量密度的同时，保证电池使用的安全性。目前被业内看好的新型材料有：硅碳复合负极材料、钛酸锂、石墨烯、碳纳米管、动力型镍钴锰酸锂材料、陶瓷氧化铝、水性黏结剂等。其中，水性黏结剂更环保、更经济，极片性能良好，可增大对其的开发力度。同时，还要开发和完善电池的热管理系统，设置更为严格的检验标准，增加电池的检验次数，保证电池的安全性。

(2) 完善配套设施。在现存充电桩的基础上，继续加大对充电桩的建设力度，逐步实现“一车一桩”。利用现存的加油站服务体系，建立和完善新能源汽车充电体系。例如，中国石油化工集团有限公司（简称中石化）目前已经展开尝试，在现存加油站网络下，开展新能源配套设施建设，逐步形成对新能源汽车的能源供应系统。在政府的大力引导下，依靠加油站的管理与服务，建立模范新能源供应体系是大势所趋。除了建设充电桩，完善新能源汽车的能源供应体系外，还要提高新能源汽车充电桩的充电效率，压缩充电时间，解决消费者由新能源汽车充电带来的困扰。

(3) 提高售后服务水平。一是维修企业要更新维修设备，降低对老旧设备的依赖程度，避免出现依靠老旧设备检验新机型的情况；二是要大力培养新能源汽车维修人才，提高维修人员在新能源汽车方面的专业素养；三是设立合理的保险体系，降低新能源汽车的保费；四是各新能源汽车企业提高自身品牌的价值，保证新能源汽车的保值率不会太低；五是设立合理数量的 4S 店，为消费者在使用过程中与厂家有距离较近且确切的联络点，消除消费者新能源汽车出现问题需返厂的顾虑。

(4) 加强政策支持。随着环境问题和新能源汽车的发展，国家的相关政策也在变化。以油耗限制为例，2025 年预计其指标将达到 4 左右，与现在相比，将降低 42%。从 2015 年起，我国的排放标准就已经进行了提升，未来我国要加强执法力度，严格处理排放污染问题。同时要加大对新能源汽车企业的扶持力度，在消费者购买新能源汽车时给予税收减免优惠，当消费者使用新能源汽车时在路权、税收、充电方面给予更多的支持。据相关调查显示，美国政府为消费者购买新能源汽车购置补贴费用高达 7500 美元，并给予赠送充电桩、提供快速通道等优惠支持。还要建立健全新能源汽车《道路机动车辆生产企业及产品准入管理办法》，完善新能源汽车运行机制，促进新能源汽车行业良好地发展。

综上所述，我国现在的新能源汽车行业虽然存在一些问题，但这些问题在其发展中是不可避免的，总体来看，我国新能源汽车的发展态势健康稳定，在低碳环保的趋势下，未来的发展前景一片大好。但是我国的新能源汽车行业的发展任重道远，在现在的技术水平下，努力向着智能化、轻量化、更安全舒适、更方便的方向发展，会实现更大的突破。

参 考 文 献

[1] Jones D, Moore C. Renewables beat fossil fuels: A half-yearly analysis of Europe's electricity transition[EB/OL]. (2020-7-22) [2022-02-19]. https://ember-climate.org/project/renewables-beat-fossil-fuels/#.

[2] REN21. Renewables 2019 Global Status Report[R]. Paris: REN21 Secretariat, 2020.

[3] IRENA. Renewable Energy Statistics 2020[R]. The International Renewable Energy Agency, Abu Dhabi, 2020.

[4] 国家发展和改革委员会. 国家发展改革委关于印发《可再生能源发展“十三五”规划》的通知[R/OL]. (2016-12-10) [2021-10-19]. http://www.nea.gov.cn/2016-12/19/c_135916140.htm.

[5] 叶景丽, 高虎, 王红芳, 等. 电力体制改革框架下可再生能源电价及补贴形成机制研究[R]. 北京: 国家发展改革委能源研究所和国家可再生能源中心, 2017.

[6] 张毅. 美国新能源法对中国汽车业的启示[N]. 经济参考报, 2008-1-2(007).

[7] 中关村创蓝清洁空气产业联盟. 2030 中国清洁空气市场展望(执行概要)[R/OL]. (2018-04-28) [2022-02-28]. http://www.cleanairchina.org/product/9396.html.

第 5 章　环境问题与环境政策

马尔萨斯在其著作《人口论》中，认为人口以指数级别增长的同时，粮食生产只能按照线性增长，因此人口的增长会超过土地的承载力，土地无法为人类供应充足的粮食，最终将导致饥荒和死亡。在他看来，土地资源的有限性是对粮食消费增长的一种绝对稀缺性的约束。

尽管世界整体并未如马尔萨斯预言的那样因为人口爆炸而崩溃，但真实的历史经验证明其观点在某些情况下是正确的，复活节岛(Easter Island)就是这样的实例。在 1722 年 4 月 5 日西方的复活节这一天，荷兰西印度公司的探险家雅各布・罗格文率领太平洋探险队登陆了距智利海岸 2000 多海里的一个小岛，后来这个岛以"复活节岛"的名字为世人所熟知。矗立在海边的巨大石像，显示复活节岛上曾经拥有高度文明，但现在的到访者已经无处寻觅过去的文明踪迹。复活节岛上到底发生了什么？简单的答案就是不断增加的人口，以及建造房屋、制造独木舟和将巨大的石像运往海边的人类活动消耗了大量的木材，毁灭性地破坏了该岛的森林系统。森林破坏导致水土流失，土壤肥力下降，粮食产量大幅下降。面对迫在眉睫的各种资源短缺，岛上的居民发动了战争并最终互相残杀，人口由巅峰时期的一万多人减少到雅各布・罗格文登陆时期的两千多人，摧毁了岛上的文明。

如果我们的祖先能够意识到人类的经济活动对环境的严重影响会降低其子孙后代的生活质量，他们可能会选择一条不同的、可持续性更强的发展道路。由于他们缺乏这样的知识和远见，而在过去未能走可持续性的发展道路，这意味着当代人不得不在更加少的选项中做出艰难的选择。这些选择将考验我们解决环境问题的创造性和社会制度的弹性。随着人类经济活动的规模不断扩大，由这些经济活动引发的环境问题的范围越来越广泛，需要我们对环境问题有更深入的认识，以便能够在技术和制度方面体现出更强的创新性。

5.1　环境和环境问题

5.1.1　环境及其组成要素

1. 环境的定义

通常认为，环境是指影响人类社会生存与发展的外部世界的总和。按照这一定义，环境包括直接或间接影响人类生存和发展的各种自然和社会要素，既包括人类出现以前就存在的、未经人类改造过的诸多自然要素，如空气、阳光、岩石、天然水体、天然森林和野生生物等，也包括经过人类改造过和创造出的事物，如水库、农田、园林、村落、城市、工厂、港口、公路、铁路等，还包括由人类活动形成的诸如政治、经济、文化、宗教等环境要素。

2. 环境要素及其属性

构成人类环境整体的各个独立的、性质各异的而又服从总体演化规律的基本物质组分称为环境要素。环境要素分为自然环境要素和社会环境要素。本书主要关注自然环境要素，包括水、大气、生物、土壤、岩石、阳光等。

环境要素组成环境结构单元，环境结构单元又组成环境整体或环境系统。例如，水组成河流、湖泊和海洋等水体，全部水体又构成水圈(水环境整体)；岩石组成岩体，土壤组成农田、草地和森林等，全部岩石和土壤构成岩石圈或土壤岩石圈；生物体组成生物群落，全部生物群落加上无机环境构成生物圈。

环境要素具有一些非常重要的特点，这些特点不仅是制约各个环境要素间相互联系和相互作用的基本关系，也是人们认识环境、改造环境和保护环境的基本依据。在这些属性中，比较重要的有以下几点[1]。

1) 最差限制律

整体环境的质量不是由环境诸要素的平均状态决定，而是取决于诸要素中处于“最差状态”的那个要素，且不能因其他要素处于优良状态而得到弥补，即环境要素不能相互替代。

2) 环境整体大于诸要素之和

环境整体所表现出的性质，不等于组成该环境的各个要素性质之和，而是比这种“和”丰富和复杂得多。环境诸要素之间相互联系、相互作用形成环境的总体效应，这种总体效应在个体效应的基础上产生了质的飞跃。

3) 相互依赖性

环境诸要素是相互联系、相互依赖的。首先，环境诸要素的相互作用和制约关系是通过能量在各要素之间的传递或能量形式在各要素之间的转换实现的。其次，通过物质循环，即物质在环境要素间的传递和转化，环境要素相互联系在一起。

5.1.2　环境问题

1. 环境问题的定义

概括地讲，环境问题是指全球环境或区域环境由于自然或人类活动所引起的环境数量和质量的变化，以及这种变化对人类生存和发展造成影响的问题。环境问题是当前人类面临的严峻挑战之一。

环境问题是多层次和多领域的，大致可分为原生环境问题和次生环境问题。

原生环境问题由自然因素引起，也称第一环境问题，如火山爆发、地震、海啸、洪水、干旱、山体滑坡等引发的环境问题。人类生产和生活引起生态系统破坏和环境污染，其反过来又危及人类自身的生存和发展的现象称为次生环境问题，也称第二环境问题。次生环境问题包括生态破坏、环境污染和资源浪费等。

生态破坏是指人类活动直接作用于自然生态系统，导致生态系统的生产能力和生态功能显著降低，如过度放牧引起草原退化、滥采滥捕使珍稀物种灭绝、植被破坏引起水土流失等。环境污染是指人类活动产生的废弃物进入自然环境后，对生态系统产生扰乱和侵害，特别是由此引起的环境质量恶化反过来又影响人类自身的生活质量。环境污染不仅包括废弃物造成的直接污染，如工业“三废”和生活“三废”，也包括由物质的物理性质和运动性质引起的污染，如热污染、噪声污染、电磁污染和放射性污染等。环境污染还会衍生出许多环境效应，如二氧化硫造成的大气污染，除了使大气环境质量下降，还会造成酸雨。资源浪费是指资源未能有效配置、未能充分利用或过度消费使用造成的损失。

目前我们所关注的环境问题一般指次生环境问题，本书亦采用这种说法。需要注意的是，有时原生环境问题和次生环境问题难以明确区分，它们之间可能存在着某种程度的因果关系和相互作用。

2. 环境问题的发生和发展

环境问题是随着人类社会和经济的发展而发展的。人类生产力的提高带来人口数量的迅速增长，增强了对生态和环境资源的开发程度，直至现代环境问题发展到十分尖锐的地步。环境问题的发展大致可以分为以下三个阶段。

1) 生态环境的早期破坏

该阶段是一个漫长的时期，从人类出现开始一直延续到第一次工业革命。在靠采集和狩猎为生的时期，人类的过度采集和狩猎就曾对许多物种的生存造成了一定的威胁。新石器时代产生了原始农、牧业，人类摆脱了靠采集、狩猎和迁徙维生的局面，人类社会进入了“刀耕火种”的时代。这无疑是人类改造大自然取得的一个伟大胜利，对于人类的发展起到了重要的作用。但也正是从这时候开始，人类大面积地砍伐森林，开垦土地和草原。落后的生产技术使人类不得不采取“刀耕火种—弃耕—刀耕火种—弃耕”的耕作方式。随着人口数量的增加，这种耕作方式导致的环境问题开始出现。前面提到的复活节岛就是这种情况。我国的黄河流域，曾经森林广布、土地肥沃，是文明的发源地，而西汉和东汉时期的两次大规模开垦，虽然促进了当时的农业发展，但是由于森林骤减，水源得不到涵养，水旱灾害频繁，水土流失严重，沟壑纵横，土地日益贫瘠，给后代造成了不可弥补的损失。

但总的说来，这一阶段的人类活动对环境的影响还是局部的、暂时的，大多数尚未达到影响整个生物圈的程度。

2) 近代城市环境问题

该阶段从第一次工业革命[①]开始直到20世纪80年代发现南极上空的臭氧空洞为止。工业革命是人类历史的一个新起点，此后的环境问题也开始呈现新的特点，并且日益复杂化。18世纪后期欧洲的一系列科技发明和创新大大提高了人类社会的生产力，人类“插上了技术的翅膀”，以空前的规模与速度开采和消耗各种资源。新技术使以英美为代表的西方国家在不到一个世纪的时间内先后实现工业化，并迅速蔓延，在世界范围内形成发达国家和发展中国家的差别。工业化通常伴随着城市化，因此这一阶段的环境问题与工业化和城市化同步发展。由于人口和工业密集、燃煤量和燃油量剧增，发达国家的城市饱受空气污染之苦。继而这些国家的城市周围又出现日益严重的水污染和垃圾污染，工业“三废”、汽车尾气更是加剧了这些污染的程度。20 世纪 30～70 年代，发生了八起震惊世界的环境公害事件，造成了巨大影响(表 5-1)。

表 5-1　20 世纪 30～70 年代前世界八大环境公害

事件名称	发生时间	产生原因	事件后果
比利时马斯河谷烟雾事件	1930 年 12 月	炼焦、炼钢、硫酸等企业排放大量烟气且遇上天气变化，形成一层厚厚的“烟雾棉被”覆盖在整个马斯河谷工业区的上空，有害气体在近地面积累，无法扩散	60 余人死亡，数千人患病
美国多诺拉镇烟雾事件	1948 年 10 月	同比利时马斯河谷烟雾事件类似，污染物在近地面积累	5910 人患病，17 人死亡
英国伦敦烟雾事件	1952 年 12 月	大量工厂生产和居民燃煤取暖排出的废气在近地面积累	5 天内致 4000 多人死亡，事故后的两个月内又因事故患病而死亡 8000 多人
美国洛杉矶光化学烟雾事件	1940～1960 年每年 5～10 月	洛杉矶的 250 万多辆汽车排放的机动车尾气中碳氢化合物、氮氧化物、一氧化碳等在光照作用下形成以臭氧为主的光化学烟雾在近地面积累	烟雾致人五官发病、头疼、胸闷，汽车、飞机安全运行受到威胁，交通事故增加
日本水俣病事件	1952～1972 年间断发生	日本熊本县水俣湾含甲基汞的工业废水污染水体，使水中鱼中毒，人食用鱼后发病	共计死亡 50 余人，283 人受到严重伤害而致残
日本富山骨痛病事件	1931～1972 年间断发生	日本富山县锌、铅冶炼厂等排放的含镉废水污染了神通川水体，两岸居民利用河水灌溉农田，使稻米和饮用水含镉	致 34 人死亡，280 余人患病
日本四日市哮喘事件	1961～1970 年间断发生	日本四日市油冶炼和工业燃油产生的废气，严重污染城市空气	受害者 2000 余人，死亡和不堪病痛而自杀者达数十人
日本米糠油事件	1968 年 3～8 月	日本九州大牟田市一家粮食加工食用油工厂生产米糠油过程中，由于多氯联苯生产管理不善，混入米糠油中，食用米糠油后致人中毒	致数十万只鸡死亡、5000 余人患病、16 人死亡

资料来源：世界八大公害事件. https://www.sohu.com/a/407410929_370001.

① 从农业占优势的经济向工业占优势的经济的迅速过渡称为第一次工业革命，其在 18 世纪 60 年代从英国开始。

20 世纪 60～70 年代，发达国家加大投入治理城市的环境问题，并把污染严重的工业转移到发展中国家，较好地解决了国内的环境污染问题。随着发达国家环境状况的改善，发展中国家却开始步发达国家的后尘，重走工业化和城市化的老路，城市环境问题有过之而无不及，同时伴随着严重的生态破坏。

3) 当代环境问题阶段

20 世纪 80 年代至今是环境问题从局部问题、区域问题发展到全球性问题的阶段。从 1984 年英国科学家发现(并于 1985 年被美国科学家证实)南极上空出现臭氧空洞开始，人类环境问题进入当代环境问题阶段。这一阶段环境问题的特征是，在全球范围内出现了不利于人类生存和发展的现象，集中在酸雨、臭氧层破坏和全球气候变化这三大全球性大气环境问题上①。与此同时，发展中国家的城市环境问题和生态破坏及某些国家的贫困化越演越烈，水资源短缺在全球范围内普遍发生，其他资源(包括能源)也相继出现将要耗竭的信号。这一切均表明，生物圈这一生命支持系统对人类社会的支撑已接近极限，同时也表明环境问题的复杂性和长远性。

总之，环境问题是整个地球在遭到人类掠夺性开发后发生的系统性病变。环境质量恶化，扰乱和破坏了生态系统中各要素之间的内在联系，使人类失去了洁净的空气、水和土壤；生态破坏严重削弱了自然环境对人类社会生存发展的支撑能力。环境问题已经危及全人类的生存和发展。

5.2 环境问题的经济学分析

从根本上讲，环境问题产生于我们的社会经济生活。当这些问题产生和凸显的时候，通常意味着社会经济机制存在着某种缺陷。所以，环境保护不仅仅是纯技术过程，同时也是社会经济机制的改革和完善过程。诸多研究已经证明，如果按国民经济的单位产出衡量，发展中国家的环境问题通常比发达国家更为严重。究其原因，除技术水平落后外，体制缺陷和制度力量薄弱也是极为重要的因素。

5.2.1 环境行为与经济驱动

在影响人的各种行为的因素中，经济原因通常处于最基础的地位。因此，在关于环境问题的社会科学研究中，环境经济学也处于最基础的地位。发达国家政府在制定和调整环境保护政策时，研究的主题从成本收益分析到各阶层的损益分析，基本上都是经济学的。其理由很简单：一方面，经济利益的驱动力是个人环

① 气候变化问题是目前最紧迫的全球性问题。自 1987 年的《蒙特利尔破坏臭氧层物质管制议定书》生效后，各国一致同意禁止使用氯氟烃(CFC)等化学物质，自 2000 年开始，臭氧层已开始恢复。

境行为的基础，研究也就需要从这方面着手；另一方面，任何具体的环境保护举措和政策，都涉及经济资源的配置和经济利益的调整，若缺乏该领域的分析，关于环境保护对策的讨论就成了无本之木。

1. 作为经济资源的环境

经济与自然环境之间的联系是无所不在的，所有经济活动都会对环境产生某种影响，而每种环境变化都会对经济产生冲击。从经济学角度看，环境在我们的生产和生活中起到四方面的作用[2]。

(1) 环境的第一个角色是资源的提供者。环境首先为经济活动提供了原材料和能量。其中，原材料可以通过生产过程转化为消费品，而能量使这一转化过程顺利进行。最终，这些原材料和能量以废弃物的形式回到环境中（图 5-1）。

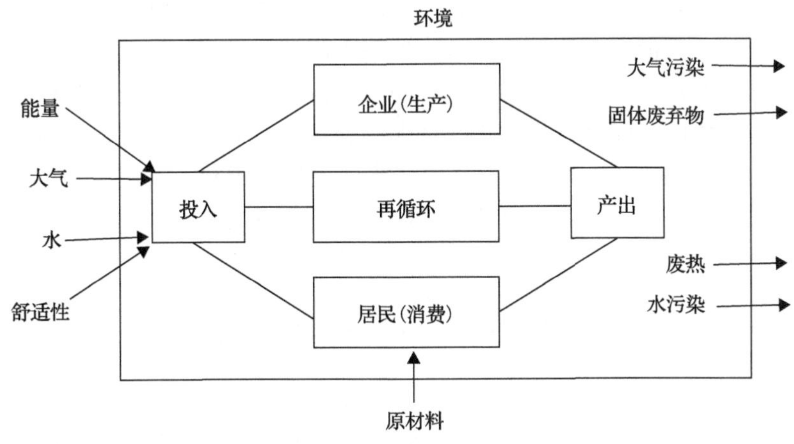

图 5-1　经济系统与环境

(2) 环境的第二个角色是纳污者。废弃物可能来自生产，也可能来自消费。当人们丢弃垃圾或驱车工作时，都会增加废弃物。在某些情况下，废弃物会在环境中以生物或化学方式进行处理。例如，工厂排入河道的有机物可通过微生物的作用，自然地被分解为无机物。其结果是否对河流产生有害影响取决于很多因素，包括河流水体容量的废弃物、水温和流速等。也就是说，河流具有一种有限的同化废弃物的能力。随着污染有机物输入的增加，分解过程将用掉越来越多的溶解氧，河流对鱼类和其他耗氧生物的支持能力下降。同化能力与某些情况下的吸附和稀释作用一起，被称为环境对污染物的自净能力。

同化能力这一概念已经受到了不少批评，因为它意味着废弃物在到达某一固定的排放水平之前不会对环境造成有害的冲击。严格地说，这种说法确实不够准确，真实的情况是，冲击会逐步增加，虽然由于所谓的“阈值”效应，冲击至某一水平后会突然上升，但是这一概念是有用的，它意味着污染上升至某一水平之前，其影响是不重要的。只有有机物浓度很高导致河中的溶解氧下降至某一临界水平之下时，副作用变得显著，鱼类和其他耗氧生物才无法生存。

某些排放到环境中的废弃物，没有什么自然过程能将其变得无害或将其危害减小。它们被称为“积累的”或“持久的”污染物，包括铅和镉这样的重金属，以及一些人工制品如双对氯苯基三氯乙烷(DDT)。这些污染物如果被排放到环境中，不会被化学或生物过程分解，而是在土壤、植物或动物体内积累，这一过程被称为生物积累。

从经济学角度，我们需要认可环境的纳污功能，承认“阈值”的存在，因为这是一种极为宝贵的经济资源。即使不存在自然界中的某种“阈值”，也需要确定一种社会能够容忍的污染限度，因为我们既然生活在工业社会，完全消除污染只能是一种奢望。况且污染物在自然界中的分解确实存在。

(3)环境的第三个角色是舒适的提供者，并具有教育和精神价值。这一观念是被广泛接受的，目前主要的挑战是这类价值很难被计量。我们可以简单地依据新古典经济学认同环境作为舒适的提供者的经济价值。新古典经济学是依靠社会福利判断经济价值的，而社会福利等于个人福利之和。个人福利用效用表示，因此社会福利等于个人效用的总和。个人从消费品和服务中获得效用，也包括从环境中获得产品与服务，以及因为自然环境的存在而获得愉悦。一个抽象的个人效用函数可以表达为

$$U_a = U(X_1, X_2, \cdots, X_n; Q_1, Q_2, \cdots, Q_m)$$

式中，U_a 为 a 的个人效用；$X_1, X_2, \cdots, X_n$ 为生产部门生产的产品和服务；$Q_1, Q_2, \cdots, Q_m$ 为由环境提供的产品和服务。X 产出的增加可能会导致 Q 数量或质量的降低。例如，假定 X_1 是通过汽车提供的服务的效用，但是汽车的生产和使用会导致空气质量 Q_1 下降。在这里，汽车服务的消费增加了效用，但是却降低了空气质量进而导致其效用减少。汽车服务的消费对个人效用的影响是正还是负取决于增加或减少的效用的强度。这一简单的例子说明，将环境用于一种目的可能会导致其服务于其他方面的能力下降，即资源在使用上是存在矛盾的。例如，在山区开采矿产意味着减少其宜人的价值，将河流用于纳污意味着其宜人价值的下降，以及可获得资源(如鱼类)的减少，砍伐森林意味着降低其保持水土的功能并减少其宜人价值等。

(4)环境的第四个角色是提供地球生命支持服务。典型的该类服务包括维持适合生命生存的大气构成、适宜的温度和气候及水和营养物质的循环等。环境经济学对这一方面涉及较少，但并不是因为这一角色不重要，恰恰是因为它极端重要，以至于很难运用经济学常用的原则来讨论相关问题。

环境的前三个作用都可以广泛地使用经济学分析。首先需要讨论经济学中资

源的概念与环境的关系。环境是无数事物复合而成的概念，我们将这些成分称为环境因子。那么，是否每一种环境因子都是资源呢？不同学科对此可能有不同的理解。根据一般理解，环境因子中“有用的”或好的东西就是资源，如空气。但在经济学中，资源是与稀缺这一概念相联系的。当一个人对某种东西的使用影响到另一个人使用时(即前面所述的竞争性)，就意味着产生了稀缺，而只有产生了稀缺，相应的事物才属于资源范畴。

这样的定义相对难以理解。但我们可以以水为例，分析这一定义的合理性。一个地区在人口规模很小且经济发展水平很低时，由于水的供给近乎无限，这时的水不会被视为资源。人们对资源进行配置时，水不在其考虑的范畴内。因为任何人都可以无节制地使用水，且任何人对水的使用不会影响其他人以同样方式使用水，换言之，没有发生水稀缺的现象。在这种情况下，虽然没有人否定水对于生命的价值，但它依然算不上资源。随着人口规模扩大、城市化和污染的加剧，稀缺产生了，于是才产生将水看作一种资源的概念。随着水污染和水短缺问题的加剧，现在的人类社会已将水视为最重要的资源之一。

稀缺可分为相对稀缺和绝对稀缺。对于一种资源，人类可能会有许多相互矛盾的需求。我们将这种因相互矛盾的需求导致的稀缺称为相对稀缺，原则上可以计算出一套正确的影子价格。绝对稀缺意味着对一种资源的所有需求同时增长。导致绝对稀缺的主要原因是经济增长。仍以水资源为例，排污与用水之间的矛盾，航运与水产养殖之间的矛盾，工业、农业、市政和生活用水之间的矛盾是相对稀缺，而所有这些需求一起增长，则将导致绝对稀缺。

承认以上关于稀缺的定义，就应该持有一种广义的资源观。因此那些可以产生稀缺现象的环境因子，理论上都应该被视为资源。指出这一点很有必要，因为许多具有稀缺性的环境因子传统上并不被认为是资源。例如，环境对污染物的同化能力或自净能力在一般观念中并非资源。但如果从经济学的角度看，当环境出现因污染而引起的环境质量下降时，同化能力就成为一种宝贵的资源。因为环境质量的下降意味着这种能力已经出现了稀缺。将环境质量和同化能力看作一种重要的经济资源在理论上是站得住脚的，持有这种广义的资源观有助于一体化地分析经济活动与环境问题的关系。

2. 环境滥用与环境退化

在理论上展开进一步讨论之前，需要直观地分析环境退化的原因。在媒介和科普读物上，环境退化的原因通常被归咎于人口增长、工业化和城市化，但这种看上去正确的观点多少是过于浅表的。严格地说，工业化和城市化是人类没有退路的选择，因为这一发展道路带来了更高的效率，使经济-环境系统能支持不断增大的人口压力。倒退的结果不仅会给人类带来巨大的灾难，也会使生态退化加速。

如果真的实施反城市化计划，现有人口散居于乡村会使更多的自然植被和农田被居住区侵占，无效的资源配置会使人类以更为掠夺性的方式利用环境和自然资源。正如爱德华·格莱泽(Edward Glaeser)在《城市的胜利》中所说的[3]："我搬到郊区的后果是除了伤害环境之外一无所获。我已经从一个相对节俭的城市能源的使用者变成了碳排放大户。我在城市里居住的面积不大的房子可以很容易地提高温度，而我在新英格兰地区居住的通风良好的房子整个冬天需要消耗数百加仑①的燃料油……照明、空调和家用电器的使用，使我的电费支出已经增加了两倍。当然，与大多数不住在城市里的美国人一样，我也依赖上了汽车，每去一次大型的食品杂货店，我都要消耗一加仑的汽油。"他因此得出结论：居住在水泥丛林的城市中实际上比绿草如茵的生活更有利于保护环境。因此号召："如果你真的热爱大自然，请远离它"。所以处理好环境与发展的关系，意味着需要在发展中减少环境成本，甚至使发展道路有利于环境保护，而绝不意味着停止发展。1992 年的《世界发展报告》首次提出了经济发展与环境管理互补的核心思想。1995 年 1 月，世界银行发表的《监督环境进展：工作进展报告》(*Monitoring Environmental Progress: A Report on Work in Progress*)进一步提出："从长期和保持可持续的角度讲，经济发展不能成为环境的敌人。同样的道理，最好的环境保护政策也应该有助于进一步的经济活动。好的环境政策是好的经济政策，反过来也一样[4]。"人类是在与自然环境的斗争中不断发展起来的，经济发展带来了环境问题，但同时又增强了人类解决环境问题的能力。因此，发展中出现环境问题只能通过进一步的发展来解决，因为只有经济发展才能创造出包括适宜环境在内的高度物质文明和精神文明。国际上有一种观点认为，在所有的环境问题中，再没有比"贫穷污染"更严重的问题了。这很容易理解，贫穷地区的资源利用方式效率更低，因而对环境的破坏范围更大。而改变贫穷污染的正确途径正是发展经济。离开发展谈环境，犹如无本之木、无源之水。

反过来我们则可以推断，如果经济发展中出现了明显的环境退化，就意味着经济运行出了问题。从经济学角度来看，虽然各类资源的稀缺性总是存在的，但如果在经济运行过程中某种资源在供给上出现严重问题，通常总是资源配置上发生了严重的扭曲。例如，20 世纪 70 年代波及全球的石油危机，说到底是第二次世界大战后主要工业化国家掠夺式利用廉价石油资源以支撑其高增长的结果。与此类似，环境作为一种经济资源，其退化实际上是资源短缺的另一种表现。当环境发生严重退化时，同样意味着环境资源的配置发生了严重的扭曲。我国环境污染的历史就很能说明这一问题。

---

① 1 加仑=3.78543 升(US)。

我国的环境污染大致是在中华人民共和国成立以后出现的。在中华人民共和国成立初期，工业化处于起步阶段，虽然增长速度很快，但因为起点低，同时也比较注意规划和工业布点的合理性，所以尚未出现明显的工业污染。20 世纪 50 年代后期，全国一下子冒出来 60 多万个简陋的炼铁、炼钢炉，5.9 万个小煤窑，9000 多个小水泥厂，4000 多个小水电厂[5]。这些小企业工艺落后，加上污染控制措施缺位，环境污染迅速蔓延。与此同时，全国范围内出现了毁林、弃牧、填湖开荒种粮的现象，生态环境遭到了严重破坏。

到 20 世纪 60 年代末和 70 年代初，部分地区的环境污染和生态破坏已经非常严重。70 年代中期，全国每年工业污水排放量达到了 3000 万～4000 万吨，而且绝大部分没经过处理直接排放，导致河流、近海污染。生态破坏方面最突出的就是日益严重的水土流失。以湖北为例，20 世纪 60～70 年代，全省产林县由 46 个下降到了 32 个，成林、过熟林蓄积量比中华人民共和国成立初期下降了 50%。由于植被破坏，50 年代后期至 70 年代初期，全省水土流失面积占土地总面积的 1/4，水土流失面积超过百万亩①的县有 10 个，环境破坏和生态退化由此可见一斑。

进入 20 世纪 80 年代后，我国经济持续增长，环境质量的恶化速度趋于减缓。例如，1980～2003 年的工业污水排放量基本控制在 270 亿吨以下（图 5-2），考虑经济快速增长的背景，这一成就实属得来不易。

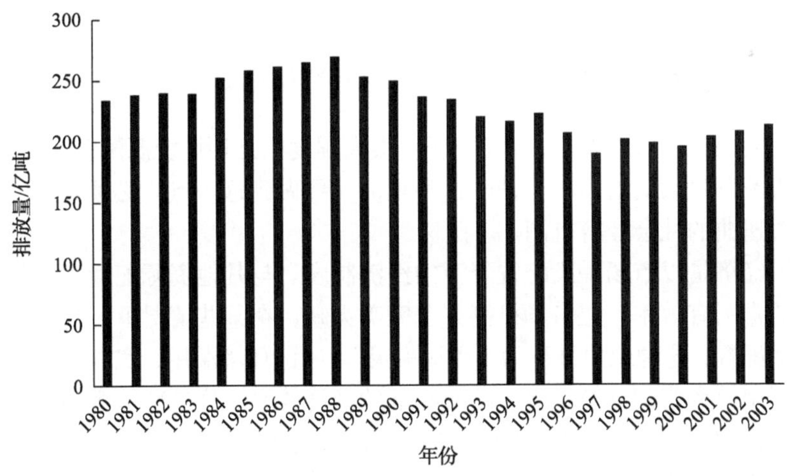

图 5-2　1980～2003 年我国工业污水排放量

改革开放以来环境形势在经济增长的情况下能保持相对稳定的原因有很多。例如，经济结构发生了重大变化，产业结构趋于轻型化，作为主要污染源的重化

① 1 亩≈666.67 平方米。

工业比重下降；政府与社会对环境保护的重视程度不断提高。然而不容忽视的另一个重要因素是，改革开放使我国得以大量引进外资、先进的技术和设备及管理方式。这一切都显著提高了我国国民经济的资源配置效率。

与此同时，环境形势总体上仍在不断恶化。改革开放的前 20 年，水环境和水资源的形势最为严峻，突出表现为水资源短缺和水体污染交织，形成恶性循环。北方水资源数量少、开发利用程度高，因此一方面导致水资源短缺，另一方面又因径流量剧降而导致水体自净能力严重下降，一旦污染增长，水质会迅速恶化，因此问题尤为严重。淮河、黄河、海滦河和辽河诸水系水资源的开发利用率一般都在 50%～60%。以黄河为例，自 1972 年第一次发生断流之后，断流的次数越来越频繁，时间也越来越长。1996 年创下了断流 136 天的记录，1997 年再创纪录。这一现象并非自然因素所致，而是上游工农业用水不断增长导致的。淮河以北其他河流的状况基本类似。例如，海河从 20 世纪 80 年代中期开始入海流量已降至中华人民共和国成立初期的 5%以下，导致天津水资源极为短缺，所以才有了引滦入津工程。一般来说，当河流径流量下降 40%以上时，其自净能力会受到严重影响。北方河流水资源的开发程度都在 50%以上，因此变得极易受到污染排放的冲击。

而这里所谓的水资源“开发”，主体上都属于粗放型低效率的。在缺水的广大北方地区，灌溉方式主要是漫灌。而在工业上，我国主要工业产品单位产出的耗水量全部明显高于西方工业化国家。

5.2.2 环境问题和外部性理论

从前面的讨论可以看出，环境问题在很大程度上是环境资源配置扭曲造成的，因而环境改善最大的潜力在于消除这种扭曲。要做到这一点，必须先弄清楚环境资源配置扭曲的社会经济机制。

市场经济是以市场手段配置资源的经济制度。与其他资源配置方式相比，市场经济通常更有效率。但市场机制并非完美无缺，在某些情况下，它无法实现资源的最优配置，这种现象被称为“市场失灵”。所谓环境滥用，实际上是以牺牲环境资源利用效率为代价换取当前的或局部的经济效率，这是环境滥用在经济方面的基本原因，需要较大的篇幅加以讨论，在此首先研究一个环境经济学上的范例。

一群牧民生活在一片草原上，草原对所有牧民开放。草场是公有的，畜群则是私有的。假定每个牧民都是理性经济人[①]，都力求使个人的眼前利益最大化，每个牧民都会尽可能地增加自己的牲畜数量，因为每增加一头牲畜，他将获得由此

① 理性经济人假定是经济学家在做经济分析时关于人类经济行为的一个基本假定，意思是作为经济决策的主体都充满理性，即所追求的目标都是使自己的利益最大化。具体来说就是消费者追求效用最大化，厂商追求利润最大化，要素所有者追求收入最大化，政府追求目标决策最优化。

带来的全部收入。另外，当草场的畜群承载能力难以长期维持更多牲畜时，再增加一头牲畜就会给草场带来某种损害。但是，这一损害是由全体牧民来分担的。每个牧民都只关注自己的个人收益，会不断增加自己的牲畜，而带来的成本则由大家共同分摊。最终的结果不言而喻，牧场越来越退化，直至最终不能承载任何牲畜。

这则故事是美国学者哈丁(Hardin)1968 年在其著名论文——《公地的悲剧》(*The Tragedy of the Commons*)中提出的描述性模型，现在已被作为环境问题研究中的范例。在经济学中，“公地的悲剧”现象可归于负外部性范畴[6]。

经济的外部性概念是由剑桥大学的马歇尔和庇古(Pigou)在 20 世纪初提出的。作为福利经济学的创始人，庇古更注重对外部性的研究，对其的阐述和应用较多，因而外部性理论甚至又被称为庇古理论。他研究发现，在商品生产或消费过程中有时会存在着社会成本与私人成本不一致的现象，两种成本之差就是外部性成本。

外部性的“外部”是相对于市场体系而言的，指的是那些被排除在市场机制外的经济活动的副产品或副作用，或者说是在价格体系中未得到体现的那部分经济活动的副产品或副作用。这些副产品或副作用可能是有益的，如马歇尔提到的养蜂人的蜜蜂对果农的好处就是一个很好的例子。再如，某个大公司建了一栋非常美丽的办公楼，从而使其成为一个城市的标志性建筑，这也是一种有益的外部性。但是在现实生活中，绝大多数与环境相关的外部性都是有害的，称之为外部不经济性或负外部性。下面为表述方便，外部性和负外部性将不加区别，而将有益的外部性称为正外部性。

如果仔细观察，负外部性几乎比比皆是。其中最典型的莫过于自由排放的污染，这也是庇古得以发现外部性的研究实例。如果某个企业的排放对社会是有害的，同时这种排放又是免费的，由于安装净化设备会增加企业成本，追求利润最大化的企业几乎必然选择自由排放。这时，即使某个企业家具有很强的环境保护意识，只要他找不到在不增加产品成本的前提下减污的途径，激烈的市场竞争还是会迫使他走与其他企业相同的免费污染道路。在这种情况下，假定由此造成的污染已超出环境的自净能力，社会对此有两种选择，一是任由环境恶化，二是出资治理污染。在后一种情况下，很明显是社会替企业承担了减污费用。在前一种情况下，污染给全社会带来了损害(如空气污染会影响公众健康，从而增加医疗支出)，事实上是社会以另一种形式替企业承担了部分成本。所以，这种通过外部性转移的成本又称为社会成本。通过这一例子可以看出，如果这一成本转移是被禁止的，企业必须治理自己产生的污染，那么在治理中产生的成本会在产品价格中体现出来，也就是说，这部分成本在市场体系“内部”得到了体现。而在免费排放的情况下，这部分成本在产品价格中消失了，被转移到市场“外部”，这是外部性最基本的含义。

在现实社会经济活动中，人们较为注意的是那些能够被估计损益的外部性，往往忽略那些不具有市场价值的环境因子——自然资源的外部性。例如，随人口规模扩大而发生的野生动植物栖息地的缩小和生物多样性的缩减。这类问题的特点是很难用损益尺度加以评价，并且往往与市场因素之间只存在间接和模糊的关系，因而很不容易被识别出来。

无疑，外部性的存在是环境恶化的重要原因。当人们可以通过滥用环境来逃避生活和生产成本的时候，对收益最大化目标的追求就会使这种滥用行为迅速扩散。因此，需要研究如何避免外部性的产生和扩展。而研究如何避免外部性的产生和扩展首先需要研究外部性产生的原因。

许多环境因子具有公共物品的性质，如空气，被污染的空气和洁净的空气都是公共物品，两者只是公害和公益的区别。大部分自然资源也是公共物品。因此，部分学者从公共物品的特点出发探讨外部性产生的原因。

第一个原因是非排他性。市场不能有效配置资源的一种情况是：当阻止利用环境资源的做法至少是成本非常高的时候，市场失灵就会发生。当我们对某一环境资源的利用都是合法的，但甲的消费会减少乙从这一资源中的获益，这时，我们就会有赶在对方之前尽可能从这一资源中获取更多利益的动力。如此，对资源的过度使用就会发生，因为市场无法发出这一资源的真实稀缺信号。这种由公地的开放产权导致的非排他性问题很早就被认识到了。这里的公地指环境本身；开放使用(open access)意味着某种财产是没有产权的，所谓“大家的财产是没有人的财产”。

渔场是典型的关于开放进入的资源的例子。在一个团体捕较多的鱼意味着其他团体收获量较少的前提下，所有渔民会有一种动力去增加其捕鱼量。这里，资源的稀缺性价值被忽视了，其结果是过度捕鱼并使资源存量下降到不能自我维持的水平。这方面一个最突出的例子是以前我国南海恶性扩散的电网捕鱼。使用电网捕鱼的危害是显而易见的，在电流的作用区域内，大大小小的水生动物被电流击死击伤，一网打尽，即使得以幸免的动物，其繁殖能力也大为下降。因此，电网捕鱼会导致渔业资源的再生能力大幅度下降甚至枯竭，是一种应禁止的捕鱼实践。但电网捕鱼的收获量比一般捕鱼实践要高很多，使用电网捕鱼的渔民获得很高的短期利益，于是这种有害的实践还是迅速蔓延开来。当地渔业资源在这种行为中不断萎缩，许多地方已到了无鱼可捕的地步，形成了典型的“公地悲剧”。

显然在这种状况下，一个可能的解决方案是所有渔民达成一项关于禁止电网捕鱼的公约，以保护所有人的长远利益。但这时会遇到典型的“囚徒困境”问题。

表 5-2 说明了在一个开放进入的渔场中人们为什么会产生过度捕鱼的动力。假定南海渔场只有渔民甲和乙以捕鱼为生，他们面临着一个选择，要么进行合作，

制定关于禁止电网捕鱼的协议，要么不合作，各自依然使用电网捕鱼。在合作的条件下，每人每天捕鱼 30 吨，但如果甲使用电网而乙使用普通渔网，甲可捕鱼 40 吨，而乙仅可捕鱼 10 吨，反之亦然。如果双方都使用电网，就会导致渔业资源衰退，每人只能获得 15 吨。显然，社会的最优资源利用方式是进行合作，因为这使总的捕鱼量达到 60 吨，高于其他所有选择。

表 5-2　开放进入与囚徒困境　（单位：吨）

捕鱼量(甲，乙)		渔民甲	
		合作	不合作
渔民乙	合作	（30，30）	（10，40）
	不合作	（40，10）	（15，15）

但从技术上讲，每一方的优势策略都是不合作。该优势策略能给参与者较大的回报，而无论其他参与者作何种选择。在这个例子中，不合作的回报是 40 吨＞30 吨(自己不合作，对方采取合作)和 15 吨＞10 吨(双方都持不合作态度，这时的收益比自己单方面采取合作高)。于是甲乙两个渔民都会选择不合作的策略。这种双方都落入不合作的游戏被称为“囚徒困境”。

对这种因开放性使用而导致的“囚徒困境”，理论上可通过公地的使用者达成有约束力的公约或协议解决。但如前面所看到的，不遵守协议对个人是有利的，因此，这种协议会成为一纸空文。避免这种情况发生的必要条件是掌握完全的信息和对违规者的严厉制裁手段。解决非排他性问题的另一途径是有力量足够强大的权威机构。例如，为解决国家之间的跨界污染问题和全球温室气体排放量不断上升问题，有学者主张建立“超政府”机构，这样的机构能够对一国的经济运行进行强有力的干预。因为这样的主张侵犯了国家的主权，所以理所当然地被拒绝了。但关于这种强有力机构的设想在一国内部的某些场合是必要的。如太湖的污染，该流域主要涉及苏浙沪三省(直辖市)，具体涉及苏州、无锡、常州、湖州、嘉兴和上海的几十个县市，还涉及众多职能部门，因此，一种超越地区、级别和部门的、具有强大权威的流域管理机构可能被需要。

第二个原因是非竞争性使用。如果对一种环境资源的消费是非排斥和非竞争的，这就是一种纯粹的公共物品。纯粹的公共物品是人人可以获得的，而且一个人的消费并不影响另一个人的消费。非竞争性意味着向另一个人供应这种物品的边际社会成本为零。

大气是最典型的环境公共物品，对它的使用是非竞争的。一个人的呼吸不会影响另一个人同样的消费活动，因此这个人呼吸的边际社会成本为零。在免费排污的条件下，内在的假设也是相同的。一个企业的排污并不影响另一个企业以同样的方式利用大气。当然，所谓边际社会成本为零的真实含义是这种成本没有被认识和测度，而并非真正为零。

当考虑质量因素时，问题的性质也是类似的。对于生活在一个大气质量很差的城市中的人们来说，一个人对污浊空气的消费并不会减轻另一个人受害的程度。我们可以将环境中好的因素称为“公益”，而坏的因素为“公害”。那么，环境的恶化意味着公益的下降和公害的增加，反过来，环境保护是增加公益而减少公害。但无论怎样，大气的纯公共物品的性质没有改变。

现在的问题是社会产生了改善环境质量的要求。减少公害也就是生产公益，因此可以将其视为一种生产过程。在这一过程中，需求方是明确的，即某个地区的全体成员，那么谁应该是生产者呢？显然，由私人生产这一纯粹的公共物品是不可能的，因为私人生产要求利润，而只有将他的产品销售出去才能获利。但是，他不可能做到这一点，因为他不可能做到将好的空气和坏的空气分开，让那些愿意付钱的消费者呼吸好的空气，而不愿意付钱的人依然呼吸被污染的空气。由于每个人都可以从这一纯粹的公共物品中获益，不可能排斥任何人，这就会产生所谓的“搭便车”现象。所谓搭便车者，是指隐瞒自己的偏好，从而享受不用付费好处的人。“搭便车”现象的存在意味着市场在提供需要的公共物品方面是无能为力的。

强调公共物品特性实际上是强调政府和准政府组织的作用，对于大气质量这样一种非排他和非竞争的公共物品，需要政府通过加大投入改善环境质量，即政府承担提供公共物品的责任，当然，所有纳税人得多交税。

许多纯公共物品具有地方性。虽然一个城市的大气质量会受到外围大气环境的影响，这一城市排放的污染物也会影响到周围甚至千里之外，但其局部环境质量毕竟更多地受到本地污染源的影响。与此相对应，改善局部环境质量应该主要由地方政府负责。在一个大城市内，空气质量因工商业布局、绿化、基础设施和自然条件的不同会有很大的差别。在某些场合下，局部地区环境质量的市场化是可行的。例如，中上阶层的居住区开发由于住户要求更为清新的空气而要求大面积的绿化，在该种情况下，环境改善的任务可由开发公司负责，建成后对绿地的管理和维护可由物业公司负责。

如果希望我国各大水系上游的森林得到有效保护，一个重要前提是必须承认这些森林向全流域甚至向全国提供了公共物品。特别需要指出的是，通常在一个流域中，下游总是较为发达的，而上游较为贫困。但如果上游因改善贫困的开发需求而使森林遭受破坏，下游受到的冲击会是多方面的、长期的和严重的。承认这一点并在此基础上使保护森林的责任被合理地分配，上游政府和下游政府根据受益程度确定各自投入的比重，才能使上游森林得到有效保护，当然，后者的投入更有效的形式应该表现为中央政府的财政转移支付，即中央政府向下游各地方政府征收上游森林保护税，然后投入上游地区。

外部性一个重要的方面是选择某种策略使环境风险在时间和空间上是可以转

移的。可转移外部性意味着通过将环境风险转移到其他地点或通过时间转移到下一代，人们可以保护自己免受外部性的损害。

从物质平衡的观点看，绝大多数环境计划并不减少环境问题，因为它们并不减少社会使用物质的总量。在允许大量废弃物排入环境的时候，这些计划只是将废弃物通过时间和空间转移。例如，美国中西部工业州通过高烟囱减少污染，实际上只是将污染转移到加拿大东部和美国东南部各州。

除虫剂增加昆虫的抗药性，则是将外部性向未来转移。这样，外部性的一种重要的表现方式就是现在经济活动中产生的副作用由未来人口承担，当代人则品尝着前人遗留下来的环境恶化后果，这一现象被称为代际的外部性。当然，许多环境副作用既影响当代，又影响未来，如森林缩减、物种灭绝、水土流失和沙漠化等都属于此种环境副作用。另一种副作用是仅仅对未来人不利，较为明显的例子是当代人对化石燃料的消耗，像美国人那样将整个国家放在汽车轮子上的生活方式对未来而言至少有个机会成本问题，即今天消耗掉的等量石油，在未来可能因技术进步而为人类创造更多的福利。但更大的问题是一旦化石能源枯竭、储量减少且产量下降，而替代能源又未能发展起来，人类面临空前严重的能源危机不是没有可能的。无论如何，今天的挥霍对人类明天的负面影响是显著的。

5.2.3　环境问题和环境产权理论

绝大多数环境滥用现象与“公地的悲剧”有关，即私人对公共资源的滥用。对这一性质的关注导致了环境产权概念的产生。经济学中与环境产权有关的最初思想来自科斯。科斯认为，如果交易成本为零，只要产权明确，无论最初的产权是如何分配的，通过交易总能达到帕累托最优，外部性也就可以消除，这被称为“科斯定理”。

与“公地的悲剧”一样，科斯定理也可以通过故事更好地阐释。一个故事是关于农民与牧人的。农民种了一片地，旁边是牧人的牧场。农民的庄稼有时会受到偷偷溜过来的牲畜的破坏，牧人承认他的牲畜给农民带来了损失，所以，两人面对的是如何处理这一问题。对于农民来说，他的庄稼是在收获后拿到市场上出售，还是被牲畜践踏啃咬后获得来自牧人的补偿两者并没有多大差别，他所希望的是补偿多一些。对于牧人来说，他可以通过雇人、买牧羊犬或修建围栏来防止牲畜越界，也可以干脆通过补偿农民解决问题，他所考虑的是怎样做成本最低。由于这一过程中产权是明确的，两人最终可以通过谈判解决问题。

另一个故事是关于排放废气的工厂与周围居民的。工厂排放的废气给居民造成了损害，按科斯定理，如果产权是明确的，这一问题可通过工厂与居民间的谈判解决。这里涉及的产权或是工厂拥有排污权，或是居民拥有不受污染权。在工厂拥有排污权的情况下，居民要免受或少受废气的干扰，可以给工厂以“贿赂”，使工厂减少排污。工厂从居民那里得到的钱应不少于因减污导致的收益的减少量。反过来，如果居民拥有不受污染权，这时工厂面临的选择或是通过削减产量或治理污染将排放水平降到居民愿意接受的水平，或是给居民经济补偿。也就是说，无论环境产权属于哪一方，只要产权的归属是明确的，问题总能够解决。在理论上，排污的边际成本与边际收益相交的点上会达成平衡。

在科斯定理中，交易成本为零的假设至关重要。在零交易成本条件下，谈判、讨价还价和交易的环节可以无限延长，最终必然可以达到帕累托最优的解决方案。例如，假定在一个小镇上有1000套质量和房租不同的住房，居住者有的愿意住较便宜的，有的愿意住较贵的，房租为市场平衡价格。在这样的条件下，假如交易成本为零(谈判和交易的所有环节涉及的服务免费，居民用于交易的时间成本也短到可以忽略)，最后必定可以达到一种任何人都找不到更好的房子的状态，这就是帕累托最优。在现实中，交易成本为零的状况几乎不存在，而这种成本越大，达到最优配置的可能就越小。假定排污工厂周围有100家居民，工厂和所有这些居民以一种完全平等的地位在一起讨价还价，这一过程至少会存在高昂的时间成本，因而达成最优解的可能也就微乎其微。

但是交易成本为零的假设的不现实并不意味着科斯定理是无法应用于实践的。实际上，帕累托最优本身也是不可能实现的，社会所能追求到的永远只能是某种次优状态。因此，交易成本为零的假设的实际意义是要求尽可能减少交易成本。

将产权与外部性相联系，对于理解外部性起源是重大突破。此后经济学界研究外部性的许多学者倾向于认为“公共资源”的存在是产生社会成本的根本原因。因此，如果一种资源是稀缺的，那么私有化是合理利用和有效保护的基本途径。例如，有学者认为外部性的发生是公共资源出于制度上或技术上的原因其价值属性无法有效私有化的结果。哈丁的《公地的悲剧》也是将外部性归咎于公地的存在。由此产生的对策思路是通过公共资源的私有化来防止对环境的滥用。由于所谓“制度上或技术上的原因”将科斯定理用于环境保护实践有很多复杂的问题需要解决。

5.3 环境管理的政策和模式

环境管理与政策是指政府顺应经济规律和生态规律的要求，运用经济、行政、法律、科技、教育及大众传媒等手段，通过全面系统的规划，对各类组织和个人的社会活动进行监控调节，使经济、社会活动与环境协调发展的一系列管理活动。

环境管理的实质是对人类的活动施加影响，使人类对环境资源进行合理的利用，以达到既使人类的一切基本需要得到满足，又不超过生态系统的容纳极限。也就是说，环境管理的核心问题是遵循生态规律和经济规律，正确处理经济发展与生态环境的关系，最终实现可持续发展。

5.3.1　环境管理的政策

控制环境污染的政策和手段有许多，在此将其分为两类：经济激励手段和命令控制手段。

1. 经济激励手段

1) 排污税

排污税的想法最早是由庇古在《福利经济学》中提出的，他认为应当根据污染所造成的危害对排污者征税，用税收来弥补私人成本和社会成本之间的差距以使两者相等。因此，排污税又称为庇古税。

图 5-3 说明了排污税的作用原理。图 5-3 中使用的是整个经济总体的边际效益和边际成本函数，而不是个人和单个厂商的边际效益和边际成本函数。如果工厂无须考虑其所排放的污染，排放水平将达到直到排放的边际效益为零为止，即未加控制的排放水平 M_1。现在引入排污税，不同污染水平下的税率等于该污染所对应的边际损失的水平。在这种假设条件下，税后边际效益与税前边际效益之差就等于边际损失的数值。只要该税有效实施，利润最大化的行为会导致工厂选择污染排放水平在 M_2，在该点额外增加污染的税后边际效益为零。有效污染水平所对应的税率为 λ，等于该污染水平下每单位污染的边际外部损害值。

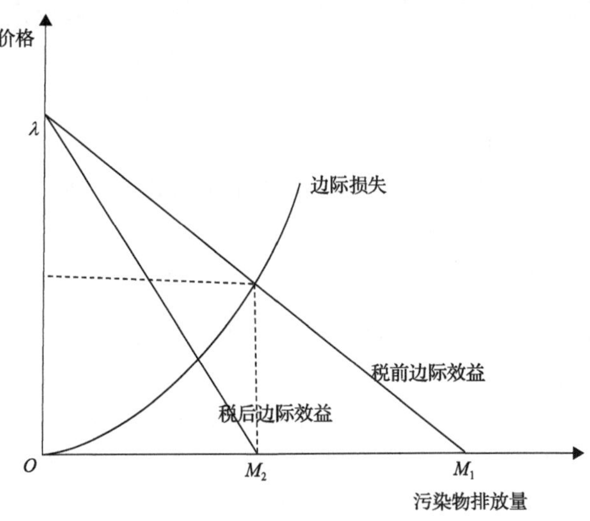

图 5-3　排污税的作用原理

在没有排污税的情况下，企业没有削减污染的经济激励，利润最大化的行为驱使企业必然采取最大污染排放量，对应污染水平为 M_1。如果对排污征税，就产生了削减污染的经济激励。因为企业可能因削减污染而减少交税，只要企业削减污染的边际成本低于单位污染的税率值(税收成本)，对企业来说，就有动力去积极从事削减污染行为。这表明排污税对企业削减污染具有一定的动态激励效果，而且当个人排污者采取成本最小的方式实施污染控制，污染控制的社会成本也应该是最小的。

排污税的有效实施要求对所有的污染排放使用同样的税率，即对不同单位、不同性质的行为必须使用统一的税率。排污税是对排放征税，并不是对产出征税，其作用效果一方面动态地激励企业去减少污染排放，开发污染控制技术；另一方面会刺激市场中替代产品的出现。以汽油为例，增加含铅汽油的税收，一方面会促使汽车厂商开发新技术以减少汽车尾气排放量，另一方面会促使不含铅汽油的广泛使用。通过收税所得资金应该主要用于治理污染和开发新的控制污染技术。

环境经济界公认的排污税最大的缺陷是难以实际操作，困难主要来自难以确定社会成本的准确值。以大气污染为例，要将呼吸系统疾病发病率上升、降低景观质量直至弄脏建筑物等污染影响折合成货币几乎是不可能的。因此，各国的做法一般是确定治理目标(在此之前往往要做民意测验，确定多数公民愿意接受的环境质量和愿意为此付出的代价)，以确定治理成本，然后根据各类污染源的作用大小确定税率。

对某些形式的点源污染，几乎所有发达国家都采用了收取排污费的方式。排污费通常被用于污水、废弃物和噪声领域。在欧洲，环境保护机构相信收费对于治理水污染是有效的，但对大气质量控制并不好，原因是水污染者对收费的可接受性和对污染源的鉴别相对容易。固体废弃物是另一种广泛运用排污费的污染物，因为市政的和工业的固体废弃物必须在堆放前进行处理，所以排污费的形式多采用处理费，其幅度变化是垃圾处理费用的函数。

2)价格手段和税收优惠制度

价格手段和税收优惠制度是指政府通过规定各种比价、差价和对不同性质的产品采取不同的税收水平来调节环境经济活动的政策手段。在市场经济条件下，绝大部分商品的价格由市场来决定，但由于环境问题的特殊性，与环境相关的商品的价格需要政府适当干预。这种手段与排污税最大的不同在于它是直接提高可能产生污染的产品的价格，降低对环境有利的产品的价格，从而达到控制污染的目的，即它是直接对产品(而不是污染物)征税，通过价格的上升来减少对该产品的需求量，从而间接增加对环境有利产品的需求量，以达到改善环境质量的目的。

在国际上，价格手段和税收优惠制度是作用最直接、效果最明显和灵活性最强、被采用最多的一种控制环境污染的手段，通常采取以下几种形式。

(1) 直接对某些产品收费或增加税收，使该产品价格上升。例如，我国曾经对 90 号含铅汽油按出厂价加征 6%的消费税，同时对 70 号含铅汽油按出厂价加征 12%的消费税，使含铅汽油的价格提高。另外，在润滑油、产品的包装物(塑料袋)方面也广泛使用这一手段。

(2) 对那些有利于环境的项目免征税或给予价格补贴促进其发展。例如，对以“三废”为主要原料的工厂和环保产业免征土地税并且给予价格补贴，使这些企业的产品获得一定的价格优势。

(3) 对不同的地段、城市的不同区域采用不同的税收政策。对市中心繁华地段实行高税收，对郊区实行低税收，以刺激工厂迁往郊区，分散污染源，避免产生二次污染。

(4) 制定具体的汽车排放标准，对不利于环境保护的汽车征收较高的销售税，以提高这种汽车的实际销售价格。在日本，实行的是对低排放的汽车、电车和使用替代燃料的汽车减少收费，降低这些产品的市场价格。

(5) 最低限价。主要用于维持和改善某些具有潜在价值的废弃物的市场，以促进该废弃物不被倾倒而被重新利用。例如，废纸回收可以显著地减少焚烧和倾倒家庭的废弃物数量，而废纸市场通常极不稳定，为维持这个市场，可由政府规定最低限价。这种手段在治理城市生活垃圾时有比较明显的作用。

3) 排污权交易制度

科斯提出了污染权和不受污染权的概念，但在他的范例中，人们是在零交易成本的条件下通过面对面谈判解决问题的，而现实中的环境污染问题都是混合污染源对混合受害人，即某种污染物来自多个污染源，而受害者不仅人数众多，而且其受害程度和受害方式也很不一样，所以，通过谈判和讨价还价解决问题几乎不可能。因此，在很长时间内，排污权概念只是被作为产权经济学中的范例在经济学界被讨论，人们并不是很看重其实践意义。直到 1968 年，才由戴尔斯(Dales)在《污染、财富和价格》一书中将其概念引入环境学界，提出在环境容量[①]允许下，政府作为社会的代表和环境资源的所有者，可以出售排放一定污染物的权力(排污配额、排污许可证或排放水平上限等)，污染当事人可以从政府手中购买这种权力，或与持有这种排污权的其他当事人交易。

---

① 环境容量的概念是根据环境管理的需要提出的，1968 年，日本学者首先采用这个概念来控制污染物排放总量。具体而言，环境容量是指在一定的自然、经济条件下，结合区域环境质量目标，某一区域范围内允许排放的污染物的总量。

排污权交易制度与排污税和补贴不同，主要控制的是数量而不是价格，它相当于创造一个产权（排污权）市场，让市场自发配置产权从而达到最优配置。下面通过一个例子来了解这种手段的作用原理。图 5-4 中 Z_A 和 Z_B 分别代表两家工厂 A、B 的污染削减量，工厂 A 的削减成本函数为 $C_A=100+1.5Z_A^2$，边际削减成本函数为 $MC_A=3Z_A$，工厂 B 的削减成本函数为 $C_B=100+2.5\ Z_B^2$，边际削减成本函数为 $MC_B=5Z_B$。假定许可排放总量为 50 单位污染物，污染物仅由 A、B 两家工厂排放，污染削减也只发生在这两家工厂，初始情况下 A、B 两家工厂各获得 25 单位许可排放量，从而可以排放 25 单位污染物。假定在没有任何控制的情况下，A、B 两家工厂的排放量分别是 40 单位和 50 单位。根据分配的许可证，工厂 A 必须削减 15 单位污染物，工厂 B 必须削减 25 单位污染物，这时工厂 A 的边际削减成本为 45，工厂 B 的边际削减成本为 125。在存在可交易许可证市场的情况下，由于工厂 A 的削减成本低于工厂 B 的削减成本，工厂 B 的单位许可价值大于工厂 A，这时两家工厂就会发现如果交易许可证对双方都有利，通过交易一定的许可证，使双方的边际削减成本逐步趋于相同，直到工厂 A 剩余 15 份许可（削减 25 单位）、工厂 B 获得 35 份许可（削减 15 单位），此时两家厂商的边际削减成本相等。

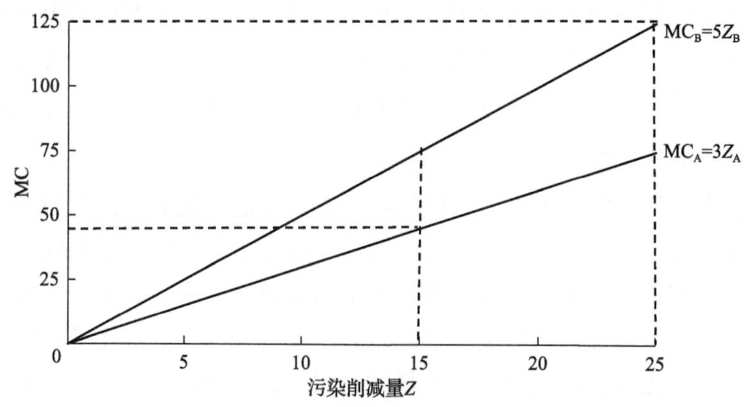

图 5-4　两工厂在可交易许可证体系下的有效削减

实施排污权交易制度的国家的实践表明，实施这种市场化手段可以极大地调动排污企业的积极性，使企业选择更有利于自身发展的方式主动减少污染。更为重要的是，排污权交易可使社会总体削减费用大规模下降。

最早建立排污权交易市场的国家是美国。美国于 1970 年通过《清洁空气法案》(Clean Air Act of 1970)，在该方案的框架下环境保护署(EPA)制定了国家大气环境质量标准和实施行动计划，要求企业的排放必须在规定总量以下。但到 20 世纪 70 年代中期人们发现许多州并没有按照制定的时间表达到国家规定的大气标准。于是国会授予 EPA 拒绝那些未达标州建立新污染源申请的权力，即如果这些州的大气标准不合格，新的需要排污的企业就有因 EPA 不批准而无法建立的危险。但这就使环境保护和经济增长之间的矛盾产生。

于是在 1977 年引入补偿制(offsets)，这是最早的环境产权及其交易制度。该体制允许未达标地区的新建企业可通过为老企业减污而获得相应的排污权。现有企业如果采取措施使其排放水平下降至规定的最低水平以下，也可以获得“减污证书”。如果减污是永久的和定量化的，“减污证书”可以卖给其他企业。补偿制规定，未达标地区新企业购买的排污权必须为其设计标准的 120%，从而通过企业之间的排污许可转让使地区的排污总量下降。随后几年又陆续建立了排污权交易的其他制度。1979 年制定了“泡泡政策”(bubbles)，这一制度规定，企业可以通过购买其他企业的减污证书来补偿自己的减污责任，或者在一个地点有多个污染源的公司可以在一个污染源减污多一些，而另一个污染源减污少一些，总体上实现减污目标。排放交易体系的其他形式还有“节余”(netting)和“银行”(banking)，“节余”是指企业可以通过减少一个地方的排放来增加另一个地方的排放，“银行”是指减污证书可以储存起来以备未来之需或将来再卖。

在这些管理规则被运用之后，EPA 开始认识到排污许可证必须市场化，否则低效率将不可避免。如果没有排污权交易市场，拥有减污证书的企业既不知道有多少企业是其潜在的买主，更不能保证其能以合适的价格将富余的排污权卖出，需要排污权的企业也面临类似的处境。市场体系能够使公众更积极地参与到环境保护中来，以最小的成本实现环境保护目标，能够阻止不必要的行政干预等。同时，EPA 也意识到排污权市场可能产生某些地区的污染过度集中的问题，所以很有必要进行合理的分区。

虽然在 20 世纪 80 年代，美国实际上并不存在排污权交易市场，但其可能的形式却被充分讨论了。例如，排污权的初始分配是政府免费分配还是拍卖。有学者认为，尽管两种手段是相容的，但免费分配还是更受欢迎，政府拍卖排污权的优点在于它能够带来财政收入，但是排污权拍卖会给排污企业带来沉重的负担。

1990 年美国通过了《清洁空气法案修正案》(Clean Air Act Amendments of 1990)，其中一项非常重要的进展是认可了建立可交易排污许可体系的制度创新。在此基础上引入了针对大气污染源(主要是发电厂)中二氧化硫的排放许可项目。这一项目计划削减此类污染源二氧化硫污染的 50%。绝大多数排污权是通过所谓的“祖父条款”方式发放的，即按照企业原有排污量的比重发放，少数由 EPA 持有，以供新企业之需，以及在交易所拍卖。1992 年， EPA 发布了联邦许可证操作规则。

排放许可项目计划 1995～2009 年二氧化硫年排放总量削减 1000 万吨，削减量占 1980 年排放总量的 50%。排放许可项目计划第一阶段从 1995 年开始，主要覆盖美国密西西比河东部排放最为集中的 110 个电厂的 263 个污染最严重的机组；第二阶段从 2000 年开始，将总计大约 3200 个火电机组全都纳入计划，计划将全国每年的排放总量降至 895 万吨。排放许可项目计划取得了显著的效果，参加二氧化硫排污权交易的电厂 1995 年二氧化硫排放量比 1990 年减少了 45%，而未参加交易体系的电厂 1995 年二氧化硫排放量比 1990 年增长了 12%。EPA 预测，要达到控制排放的目标，实施排污权交易政策前每年的治理成本约为 50 亿美元，而排污权交易实施后的实际成本每年仅 20 亿美元。

美国电力企业在交易早期交易量并不大，随着企业在交易方面的经验增多，交易量倍增，从排放许可项目计划实施第一年的 150 万吨增加至三年之后的 840 万吨。二氧化硫配额交易价格在排放许可项目计划实施的前十年相当稳定，在 150～200 美元波动，不过在 2004 年之后波动性增大。2015 年 3 月二氧化硫现货拍卖成交价仅为 0.11 美元。二氧化硫配额价格的主要影响因素是监管政策和环境的变化。

2005 年小布什政府颁布《州际间清洁空气法规》(Clean Air Interstate Rule, CAIR)，要求在 2003 年的排放总量水平的基础上减少 430 万吨的二氧化硫排放(减量超过 70%)，总量收紧导致市场紧张，持续地推动配额价格攀升，2006 年配额价格升至历史最高，达到 1200 美元/吨，随后配额价格突降并快速下跌。配额价格产生戏剧性变化的原因主要有两个：EPA 决定要重新审阅《州际间清洁空气法规》(配额总量有不确定性)；市场猜测此法规面临悬而未决的法律挑战(州政府会对联邦 EPA 的重审提出异议)。果然，2006 年 6 月，北卡罗来纳等州及一些电厂就 CAIR 起诉 EPA，认为此法规下允许的州际配额交易与之前《清洁空气法案》中要求的交易不一致。2008 年 7 月法院的判决结束了 EPA 对 CAIR 的最初实施设想，认为在《清洁空气法案》下，EPA 没有权力忽视污染物排放来源和排放受体之间的关系。法院判决结果出来的当天，二氧化硫配额价格从 315 美元/吨跌至 115 美元/吨。

配额价格的大起大落和监管的失误并不能掩盖二氧化硫排污权交易机制的有效性。美国排污权交易成功证实了总量控制和排污权交易在控制二氧化硫上的成本有效性，可以解决区域和全国性的大尺度环境问题，并能较快达成减排目标。而且，对政策实施效果的研究表明二氧化硫减排还带来了未曾料想的巨大的公共健康收益。如表 5-3 所示，超过 95%的收益是来自人类健康的收益，为 530 亿～

1070 亿美元，因为控制二氧化硫排放大大降低了空气中细颗粒物($PM_{2.5}$)的浓度，进而减少了健康方面的支出。

表 5-3　美国二氧化硫排污权交易制度每年带来的收益(以 2000 年美元计)(单位：亿美元)

收益种类	收益数量
死亡率降低	500～1000
发病率降低	30～70
能见度提高	40～60
生态系统效益	5
收益总计	590～1160
成本	5～20
净收益	585～1140

数据来源：麻省理工学院能源与环境政策研究中心(MIT Center for Energy and Environmental Policy Research 2013 年报告)。

4)押金抵押返还制度

对可能造成污染的产品收一个附加费或押金，当这些产品或产品残留物返还到收集系统中从而使污染得以避免时，该附加费或押金将被退还，借此来刺激此类产品的使用者不随意将脱离使用的污染产品或产品残留物流放到环境中去，达到保护环境的目的。

押金抵押返还制度的影响虽然不及税费等手段那样大，但在一些特殊的污染控制过程中有其优越之处。美国、加拿大、澳大利亚、德国、荷兰、韩国等都曾对金属容器、塑料容器和玻璃瓶等实行了押金抵押返还制度，这些容器的返还率一般在 60%以上，许多国家达到 90%。丹麦对啤酒瓶、软塑料瓶和可循环使用的葡萄酒瓶实行押金抵押返还制度，返还率达到 80%～100%。押金抵押返还制度在我国也已经实行多年，最典型的就是对啤酒瓶、牛奶瓶的抵押返还。

2. 命令控制手段

命令控制型手段是指以政府行政指令和法律法规的形式直接影响当事者的环境行为，这种影响具有强制力和约束力，是将外部力量强加给环境行为当事人，通过行政法律力量来实施的。目前大多数国家中占据主导地位的环境政策都是政府命令控制型的，主要由政府部门直接操作，以行政行为实施，具有浓厚的政府行为的性质。

1)制定有利于环境管理的法规

环境管理的内容包括发展决策、环境保护法规和执法阶段，以及环境服务等许多方面。例如，德国的《循环经济法》完整地体现了减量化、再利用和再循环的 3R 原则，是符合可持续发展要求的废弃物管理法。《循环经济法》的实施，使德国比较好地控制了生活垃圾。德国 1991 年颁布的《商品法》规定：商品包装的生产者和经营者有义务收回和利用使用过的产品。通过《商品法》，德国很好地控制了包装材料污染，同时也节约了一定的资源。

2）规定许可排放量

由于污染控制目标通常以允许排放的总量（或要求削减的量）等方式表达，自然就出现了一类执行这种目标的手段，直接对每个污染源排放污染的数量实施控制。该手段要求环保部门必须了解每个企业的污染削减成本函数，以使所有污染者的边际削减成本相等，而要做到这一点，需要大量地收集信息。所以在现实中，环保部门只规定一个许可排放的总量，可与交易排放许可证制度结合使用。

3）规定最低标准

这种手段是对生产过程或主要设备规定特定的要求，即对潜在污染者规定最低技术要求。例如，规定机动车尾气系统安装催化转化器、对发动机燃料规定最大允许铅含量和规定电厂必须使用烟气脱硫设备等。这种手段一般在那些规定技术已经存在只是尚未被广泛采用的情况下使用，其灵活性一般比较差，也不能提供动态激励的效果，但在控制某种具体污染项目上效果很明显。

德国于 1987 年率先推出环保标志制度，对生产产品全过程的环境行为进行控制管理，依据环境保护标准、指标和规定，由国家制定的认证机构确认，并颁发环境保护标志和证书。目前这种制度在我国的家具生产企业中已经广泛实行，有效地控制了家具生产过程中的污染。

4）规定选址

从法律上规定那些容易对居民造成危害的工厂必须选址在市郊，对那些已经在市区的工厂则实施迁址，以避免对居民造成直接危害。这种手段可以防止污染物空间集聚产生的连锁反应。

5.3.2 环境管理的模式

经济的发展是一个经济效益和环境效益同时发展却又相互矛盾的过程。我们究竟应该选择怎样的发展模式，是“先污染、再治理”，还是“边发展、边治理”，或者是否还有其他更好的发展模式对一个国家来说，是无法回避的问题。

1. “先污染、再治理”的模式

发达国家走过的道路是“先污染、再治理”的模式，选择这种模式有其制度原因和历史的必然性。从制度上分析，在市场经济体制下，企业是经济发展的主要驱动力，利润最大化是企业的生产目的；在利润最大化动机的驱使下，企业只注重经济效益的提高，而不顾社会效益和生态效益，所以发展经济通常以环境破坏为代价。从历史必然性上看，人们对环境的认识有一个逐渐深化的过程：一方面，只有人们生活水平达到一定程度时，才会去关注环境问题；另一方面，只有经济发展到一定阶段时，才有能力去研制和使用控制污染的技术和设备，从而有效地控制环境污染。

国内经济比较发达的地区，如珠三角、上海及苏南地区，某些大工业基地和工业城市已自发地走上了这条道路。在这些地区，工业发展了，人们收入水平提高了，污染也造成了，又开始花大力气去治理环境。

2. “边发展、边治理”的模式

“边发展、边治理”模式又可以描述为“在经济发展的开始阶段，边发展经济、边治理环境”。这里强调的是“经济发展的开始阶段”，因为当经济处于发达阶段时，实施这种模式就会变得简单，所以我们在此只讨论经济发展的开始阶段的“边发展、边治理”模式。

在经济发展的开始阶段，城市的发展会受到有限的资金和宏观政策目标等多元制约，如何分配有限的资源去实现城市经济的快速发展，便成为“边发展、边治理”模式的一个难题。如果在经济发展的开始阶段把治理环境或预防环境被破坏作为一项迫切任务，将不可避免地分散资金的使用，使经济发展的速度降低，影响诸如就业、财政收入等问题的解决。

然而，“边发展、边治理”模式也并非没有可行性。

(1) 在全国或某些地区经济已有一定程度的发展的条件下，对于某些发展较晚的区域或城市，国家或地区可以给予一定的政策支持，采取“边发展、边治理”模式，把这些区域或城市作为整个国家或地区生态和环境的预留地，如海南岛和西部的青藏高原地区。

(2) 在某些城市有充足的资金流入条件下，可以采取这种模式，如一些规模较小的历史文化名城或者环境优美的旅游城市。

3. 以发展环保产业为主导的可持续发展模式

除了上面的两种模式外，还有一种以发展环保产业为主导的可持续发展模式。这种模式强调较早地建立环保产业，并使环保产业随着经济的发展而不断发展，它追求的是更高意义上的经济效益和环境效益的统一。

以发展环保产业为主导的可持续发展模式具有较大的适用性，不管是经济发

展程度较低的地区，还是经济发展程度较高的地区，都可以大力发展环保产业。

4. 现实中的选择

从纯理论上看，上述三种模式中，第三种模式优于第二种模式，更优于第一种模式。但是不是说我们只能选择第三种模式。一个国家或区域环境发展模式的选择必须和它的实际情况紧密联系起来，在考虑既有条件的基础上，理性选择环境发展模式。

总之，在面对现实的环境问题时，我们需要具体问题具体分析，针对不同的环境污染实施不同的环境保护政策。一般情况下，以经济激励手段为主，让市场自动调节可以实现资源的最有效配置；命令控制手段是对经济激励手段的补充，在对待具体问题和推广环境控制技术上能达到独特的作用，而制度手段的实施需要市场机制的完善和人们环境保护意识的提高。在选择环境发展模式时，应结合每个地区自身的条件，尽量做到经济效益和环境效益的统一。

5.4 我国环境管理的机构和基本制度

5.4.1 我国的环境管理机构

我国的环境管理实行的是统一管理与分级、分部门管理相结合的体制。国家的统一管理部门是生态环境部；分级管理机构是县级以上地方人民政府环境保护行政主管部门；分管部门是指依法分管某一类污染源防治或者某一类自然资源保护管理工作的部门。我国现已建立起由全国人民代表大会立法监督，各级政府负责实施，环境保护行政主管部门统一监督管理，各有关部门依照法律规定实施监督管理的环境管理体制。多数大中型企业也设有环境保护机构，负责本企业的污染防治以及推行清洁生产等。

我国政府的生态环境局及其下属各区、县级市的生态环境机构，是对环境保护工作统一实施监督管理的行政机关，也是环境保护法规的执法部门。市、区人民代表大会是环境管理的监督机构。此外，城市的一些其他机构，如公安、水利、林业、绿化、环卫等部门，也承担着一定的环境保护与管理的职能。

5.4.2 我国环境管理的基本制度

环境管理制度是关于环境管理的一系列规范和约束规则的总称。我国环境管理制度的体系框架产生于我国环境保护工作的初创时期，并由《中华人民共和国环境保护法(试行)》(1979 年)中确立的“老三项”制度(环境影响评价制度、“三同时”制度、排污收费制度)和 1989 年第三次全国环境保护会议出台的“新五项”

制度(环境保护目标责任制度、城市环境综合整治定量考核制度、排污申报登记与排污许可证制度、污染集中控制制度、限期治理污染制度)组成。

1. 环境影响评价制度

环境影响评价制度规定，所有建设项目在建设前要做出该项目可能对环境造成的影响的科学论证和评价，提出防治方案，编制环境影响报告书，从而避免盲目建设对环境的损害。我国自 1986 年起正式实施这一制度。从 1987 年起，我国大中型建设项目的环境影响评价制度执行率基本上达到 100%，有力地促进了我国环境保护的实施进程。

2. “三同时”制度

“三同时”制度是指所有新建、改建、扩建的项目，其防治污染的设施须与主体工程同时设计、同时施工、同时投入运行的制度。1988 年，这一制度得以全面实行。“三同时”制度的实行，强化了建设项目的环境管理，有效地防止了新污染源的产生。但该制度在实际执行中仍然存在一些问题，主要是防治污染的设施与主体工程同时运行效率低下、实际调查的“三同时”执行率低于统计上的执行率等。

3. 排污收费制度

我国是世界上第一个在全国范围内对污水、废气、固体废弃物、噪声等各类污染因子实行排污收费制度的国家，实行强制征收原则。它主要包括按一定的标准收取排污费，企业按正常规定缴纳的排污费可以计入生产成本，收取的排污费专款专用，主要补助重点污染源治理等。

4. 环境保护目标责任制度

环境保护目标责任制度是对环境质量从定性管理向定量管理转化的重要制度，规定地方各级人民政府和排放污染的企事业单位的负责人要对环境质量负责。其主要目的是明确一个区域、一个部门甚至一个企事业单位环境保护的主要责任者、责任目标和责任范围，使环境保护真正进入各级政府和企事业单位的议事日程，从而有效贯彻环境保护这一基本国策。环境保护目标责任制度具有明确的时间和空间界限，有数量化的环境质量目标和可分解的环境质量指标，有定量化的监测和控制手段，有配套的考核奖惩办法，从而具有明显的可操作性。这一制度的实施，促进了地方各部门及其责任者加强环境保护工作的积极性。

5. 城市环境综合整治定量考核制度

城市环境综合整治定量考核制度是指对城市环境质量、城市中有关环境保护的各项建设以及实施管理的具体情况和实行城市环境综合整治的成效等，制定量化指标进行考核并每年评定一次的制度。考核的内容涉及社会经济、环境质量、污染控制、环境建设和环境管理共 5 个方面、20 项指标。

6. 排污申报登记与排污许可证制度

排污申报登记与排污许可证制度是我国防治老污染源的一项重要制度，它以改善环境质量为目标，以污染物总量控制为基础，规定排污单位可以排放哪些污染物、污染物的排放量和排放去向。这一制度主要包含了以下四个方面的内容。

1) 排污申报登记

所有排放污染物的单位都必须按规定向环境保护主管部门申报登记所拥有的污染物排放设施、污染物处理设施和正常作业条件下排放污染物的种类、数量及浓度等。

2) 确定本地区污染物总量控制目标和分配污染物总量削减指标

在根据本地的实际情况确定污染物总量控制目标后，再由环境保护部门对申报单位的污染物排放量、排污方式、排放去向及排放时间等做出明确的数量限制和规定。

3) 核放排污许可证

对符合条件的排污单位发放排污许可证，对达不到规定者，要求限期治理，削减排污量。

4) 排污许可证的监督检查和管理

实施排污许可证制度的关键是进行有效的监督管理，而有效的监督管理是通过建立排污许可证的复核、通报以及定期不定期抽查，排污企业自检自查，奖惩等一系列管理制度来实现的。

7. 污染集中控制制度

污染集中控制制度的主要形式是把污染比较严重的企业建设或迁移到同一地区，以利于集中防治污染、缩小危害的范围。具体形式有企业间污水联合处理、同类型污水集中处理、工厂污水预处理后再送城市污水处理厂、建设固体废弃物填埋场及生活垃圾处理场等。其目的在于充分利用环境治理中的规模经济，降低污染治理的成本，从而使一定量的资金产生最大的环境保护效益。

8. 限期治理污染制度

限期治理污染制度是以污染源调查为基础，以环境规划为依据，强制地对污染危害严重的污染物、污染源、污染区域做出在限定的治理时间内完成限定的治理任务并达到限定的治理效果的制度。限期治理污染制度是一种法律程序，不执行限期治理污染决定、不按期完成治理任务是违法行为，将受到法律的制裁。

参考文献

[1] 陈立民, 吴人坚, 戴星翼. 环境学原理[M]. 北京: 科学出版社, 2003.

[2] 张真, 戴星翼. 环境经济学[M]. 上海: 复旦大学出版社, 2007.

[3] 爱德华・格莱泽. 城市的胜利[M]. 刘润泉, 译. 上海: 上海社会科学院出版社, 2012.

[4] World Bank. Monitoring Environmental Progress: A Report on Work in Progress[M]. Washington D. C.: World Bank Group, 1995.

[5] 陈立民, 吴人坚, 戴星翼. 环境经济学原理[M]. 北京: 科学出版社, 2003.

[6] Hardin G. The tragedy of the commons[J]. Science, 1968, 169(3859): 1243-1248.

第6章　全球气候变化与国际合作

6.1　全球气候变化议题的发展历程

地球所获取的热量基本都来自太阳辐射，太阳辐射按照波长可以分为紫外线、可见光和红外线辐射。当太阳光穿过大气层抵达地球时，其中的紫外线被臭氧层吸收，一部分红外线被水蒸气、二氧化碳、甲烷分子吸收，剩下的红外线跟随可见光到达地面，1/3的可见光被地面反射回宇宙，其余的可见光被吸收，当地表冷却时，这些被吸收的光又会以红外线的形式发射出去。一部分红外线再次被大气中的水蒸气、二氧化碳、甲烷等分子吸收，剩下的进入宇宙空间。在这一过程中，原本应该返回宇宙空间的红外线被大气中的各种分子吸收，热量也就被留在了大气中，大气像一个温室一样被加热了，这种效应称为"温室效应"，能引起这种效应的气体称为温室气体。地球大气层和地表这一系统就如同一个巨大的"玻璃温室"，使地表始终维持着一定的温度，创造了适宜人类和其他生物生存的环境。如果大气中没有这一系统，大气层的平均气温大概维持在–18摄氏度，这个温度不但远低于纯水的冰点，甚至一部分海水都会被冻上。

温室气体可以让太阳短波辐射自由通过，同时又能吸收地表发出的长波辐射，这些气体包括二氧化碳、甲烷、氯氟化碳、臭氧、氮的氧化物和水蒸气等。各种温室气体产生温室效应的强度通常用全球增温潜能值(global warming potential，GWP)表示。GWP是指在一定的时间框架内，各种温室气体的温室效应对应于相同效应的二氧化碳的质量。各温室气体特定时间跨度的全球增温潜力值见表6-1。

表6-1　各温室气体特定时间跨度的全球增温潜力值

气体名称	20年	100年	500年
二氧化碳	1	1	1
甲烷	72	25	7.6
一氧化氮	275	296	156
一氧化二氮	289	298	153
二氯二氟甲烷	11000	10900	5200
二氟一氯甲烷	5160	1810	549
氧化亚氮	275	310	256
六氟化硫	16300	22800	32600
三氟甲烷	9400	12000	10000
四氟乙烷	3300	1300	400

研究表明，在第一次工业革命前的人类历史上，地球大气中的二氧化碳浓度从未超过 300ppm[①]。而自第一次工业革命以来，人类不断升级发展需求，温室气体的排放越来越强劲，CO_2 浓度急剧上升。2020 年 11 月，世界气象组织发布的《温室气体公报》指出，2019 年大气中 CO_2 含量出现了突飞猛进的增长，全球年度平均值突破了 410ppm 的重要门槛，未来这种上升趋势仍将继续。2015 年全球 CO_2 浓度突破 400ppm，仅仅四年之后就突破了 410ppm，这样的增长速度在历史纪录上从未见过。自 1990 年以来，长期存在的温室气体的总辐射强迫（对气候变暖的影响）增加了 45%，其中 CO_2 占 4/5。《温室气体公报》指出，人类燃烧化石燃料是 CO_2 增加的主因，包括热带雨林在内的大面积森林消失也导致大气中 CO_2 浓度增加，如 2018 年和 2019 年北半球大范围森林火灾就造成大量 CO_2 排放。此外，另外两种温室气体——甲烷[②]和氧化亚氮的浓度也比过去高出很多。

世界气象组织秘书长佩蒂瑞·塔拉斯表示，当前的 CO_2 浓度与 300 万～500 万年前相当，当时温度升高了 2～3 摄氏度，海平面比现在高了 10～20 米，但当时地球上没有 77 亿居民。关注全球气候变化问题已经迫在眉睫。

美国国家航空航天局（NASA）的数据显示，当前地球吸收的热量比释放的热量更多，即便过去数年出现了强拉尼娜现象和较低强度的太阳活动情况给全球气候降温，但是温度升高的趋势仍在继续。进入 1970 年以来，全球地表温度平均每 10 年上升约 0.18 摄氏度。

通过初步的分析我们可以看出：①自第一次工业革命以来，全球 CO_2 浓度持续上升；②自第一次工业革命以来，地表温度有上升趋势，但这是否是人类造成的？这个议题一直是全球气候变化领域争论的焦点。

6.1.1　全球气候变化议题的政治起源

从气象学角度看，气候变化是指一个特定地点、区域或全球长时间的气候转换或改变，用某些或所有的与平均天气状况有关的特征，如温度、风场和降水量等要素的变化来度量。全球气候变化是指在全球范围内，气候平均状态统计学意义上的巨大改变或者持续较长一段时间（典型的为 10 年或更长）的气候变动。

2006 年美国前副总统艾伯特·阿诺德·戈尔（Albert Arnold Gore Jr）主演了一部名为《难以忽视的真相》（*An Inconvenient Truth*）的纪录片，该片获得第 79 届奥斯卡金像奖最佳纪录片。这是一部有关气候变迁的纪录片，其中特别关注全球变暖现象。片中指出若是尽快采取适当的行动，如减少 CO_2 的排放量并种植更多植物，将能阻止全球变暖带来的影响。2007 年 10 月 12 日，艾伯特·阿诺德·戈尔与 IPCC 同时获得诺贝尔和平奖，获奖的理由是因为对全球气候变化的关心与

---

① $1ppm=10^{-6}$。

② 甲烷是一种长效温室气体，其排放 60%来自畜牧、利用化石燃料等人类活动。

贡献。

在艾伯特·阿诺德·戈尔的纪录片上映一年之后，英国一个电视节目制作人马丁·德金(Martin Durkin)拍了一部和他唱反调的片子——《全球变暖的大谎言》(*The Great Global Warming Swindle*)，这部纪录片采访了多位科学家，用大量证据否定了“人为全球气候变化”的说法，直指它为“谎言、当代最大的骗局”。《全球变暖的大谎言》指出：全球暖化的背后其实是一个由狂热的反工业化环保分子创造出来的高达数百亿美元的全球产业，这个有利可图的产业获得了那些用恐慌的故事来获取研究基金的科学家的支持，又被政治家和媒体大肆渲染。《全球变暖的大谎言》试图说明全球变暖是由太阳辐射的变动引起的，与人类排放温室气体无关，而且环保主义者在以此名义干扰发展中国家的发展。

两部纪录片分别代表着在全球气候变化议题中的两种思想：人为全球变暖派(anthropogenic global warming，AGW)和自然全球变暖派。前者认为人类活动使大气层的 CO_2 含量迅速增加，温室效应加强使地球升温，导致灾难性的气候，这一观点最早由英国政府提出并推动，后续代表人物和组织包括 IPCC 和艾伯特·阿诺德·戈尔等人；后者主张地球正处于一个正常的气候变化周期，人类活动有影响，但并非最主要的影响因素。

英国推动全球变暖的议题有着深刻的政治背景。曾经的日不落帝国，自第二次世界大战之后，在国际上的影响力逐渐下降。1942 年的《贝弗里奇报告》试图引入带有凯恩斯主义色彩的社会福利政策来弥补 150 年的两次工业革命造成的社会伤痕，这种政策在美国及欧洲大陆国家都不同程度地发挥了比较有效的促进经济整体提升的作用。但英国却是一个例外，自从 19 世纪 70 年代以后，英国在产业升级方面就乏善可陈，不仅未能将自己在 20 世纪 20 年代新出现的一些“新经济”优势拳头产品(汽车、发动机等)的潜力充分发挥出来，而且老经济部门(英格兰中部的采煤工业和西北部的纺织工业)一直在经济总量和就业人口上占据较大比重，到 20 世纪 70 年代末，一些老工业部门如采煤工业(此时已经国有化)已经变成老大难问题。1979 年初，英国发生了震惊世界的“愤怒的冬天”(winter of discontent)社会抗议活动。整个英国垃圾遍地，臭气熏天。卡拉汉工党政府在这种混乱的局面下失势，黯然下台。态度强硬的铁娘子撒切尔夫人靠着社会公众对于社会失序的不满，出任英国首相。

撒切尔夫人上台后，奉行新自由主义的经济政策，一方面将很多国有企业私有化，包括汽车、飞机引擎、煤炭、电信等行业；另一方面想要发挥英国被耽误的但还有一定潜力的科技产品，最先被想到的就是核电技术，但在当时核能发电成本远高于燃煤发电成本，开发核能遭到工党的强烈反对。1984 年，英国发生了煤矿工人大罢工，在这场罢工中，工人有一些粗野行为，产生了大量的社会失序事件，舆论逐渐有利于撒切尔政府而不利于煤矿工会。撒切尔政府赢得了整顿采煤工业的主动权，对煤炭工业进行了全面的关停并转及私有化。当然，这也造成了英格兰煤炭地区的大批人口失业。人类活动的碳排放导致全球变暖并引发生态灾难，为削弱煤炭产业和工党及推销英国被认为还具有一定竞争力的核电技术提供了正当性。

1988 年 9 月，撒切尔夫人在英国皇家学会(The Royal Society)发表演说，宣称温室气体导致气温升高和海平面上升是人类面临的重大危机。在她的支持下，英国水文局局长霍顿(John Houghton)与鲍林联手在联合国启动了 IPCC 并任首任主席。1990 年，英国气象局哈德利中心(Hadley Center)成立，与东英吉利大学的气候研究中心(Climate Research Unit，CRU)成为后来 20 年为“人类活动导致全球变暖”的社会运动提供主要“科学证据”的核心力量。

6.1.2　IPCC 的评估报告

IPCC 第一次气候变化评估报告完成于 1990 年 8 月。第一工作组的报告——《气候变化：IPCC 的科学评估》中提出过去一百多年里，全球平均气温已经上升了 0.3～0.6 摄氏度，并且全球平均最暖的五个年份都出现在 20 世纪 80 年代。与此同时全球海平面平均上升了 10～20 厘米。过去一百年来气候变暖幅度与气候模式的预测值基本一致，而且与自然的气候变率也一致[1]。1992 年发布的补充报告认为，人类活动排放的大气污染物，正在使大气中的温室气体浓度显著增加。这些温室气体使地球温室效应加强，气候变暖，而且过去增强的温室效应有一半以上是 CO_2 的贡献，今后可能依然如此[2]。

IPCC 第二次气候变化评估报告有 2000 多位专家参与了报告的起草和评审工作。第一工作组的报告——《气候变化 1995：气候变化的科学》中指出，在过去几十年里，能够反映人与地球气候之间关系的两个重要因素已经变得很明确：第一，包括燃烧矿物燃料、土地利用和农业活动在内的人类活动，已经导致了大气温室气体浓度的增加，自第一次工业革命(1765 年)以来，大气中的 CO_2、CH_4 和 N_2O 的浓度已经增加了很多，CO_2 从约 280ppm 增加到 360ppm，CH_4 从 700ppb①增加到 1720ppb，N_2O 从 275ppb 增加到 310ppb。同时人类活动产生的其他温室气体的浓度也在增加。第二，一些人类群体面对因江河流域和沿海平原等敏感地区人口密度增加而产生的灾害，如风暴、洪水、干旱等，已经变得更加脆弱。由于上述两个因素的影响，地球上的某些地区可能会出现更多极端高温、洪水、干旱，火灾、虫害事件，使包括初级生产力在内的生态系统的组成、结构和功能发生重大变化。IPCC 认为必须要减少 60%以上的人类活动温室气体排放从而把 CO_2 浓度稳定在目前的水平上(以防止局势进一步恶化)[3]。

① $1ppb=10^{-9}$。

IPCC 在 2001 年发表了第三次气候变化评估报告。第一工作组的报告——《气候变化 2001：自然科学基础》中指出，越来越多的观测表明，我们正面临一个变暖的世界，气候系统正发生各种变化。在 20 世纪，全球平均地表温度增加 0.4～0.8 摄氏度，这是近 1000 年来温度增加最多的一个世纪。其中陆地增温比海洋大，20 世纪 90 年代为仪器观测时期以来温度最高的十年。全球平均海平面高度在 20 世纪上升 0.1～0.2 米，全球海洋热含量从 20 世纪 50 年代末开始上升。极端天气频繁出现，如地面温度日较差减小、北半球大陆降水增加 5%～10%、暴雨事件增加、高温天气增加及冷日或有霜日减少等。由于人类活动的影响，大气的温室气体和辐射强度不断增加，预期将继续影响地球的气候。2000 年大气中 CO_2 浓度为 368ppm，CH_4 浓度为 1750ppb，N_2O 浓为 316ppb；对流层 O_3 浓度 1750～2000 年增加了 35%±15%(因地区而异)，平流层 O_3 浓度 1750～2000 年明显减少[4]。现在大气的 CO_2 浓度值是过去 42 万年间的最大值，也可能是过去 2000 万年的最大值①。

全球气候变化及相关的极端事件对生态系统、海平面上升、环境和社会经济有关部门的不利影响所造成的经济损失在过去 40 年内平均上升了 10 倍(考虑通胀)。新的更有力的证据表明，过去 50 年的增暖大部分由人类活动造成，可靠性为 60%。这种人类活动产生的气候信号是由气候变化检测方法和气候模拟共同发现的。2000～2100 年 100 年间，由人类活动造成的温室气体的排放将继续增加(由目前每年矿物燃料燃烧排放 63 亿吨碳增加到 2100 年年排放 50 亿～350 亿吨碳)，全球平均地表温度预测将上升 1.4～5.8 摄氏度，这比 IPCC 第二次气候变化评估报告的预测值 1.0～3.5 摄氏度更高，也可能是近 10000 年内增温最显著的速率。降水将产生季节性和南北性移动，其中干旱和半干旱区将变得更干。海平面将上升 0.09～0.88 米；北半球雪盖和海冰范围将进一步缩小；一些极端事件(如高温天气、强降水、亚洲季风降水变化、中纬度风暴、热带气旋强风、旱涝事件)发生的频率会增加。未来全球气候系统将继续发生以全球变暖为中心的显著变化，而且由于气候系统的惯性，这种变化将会持续几百年甚至几千年。社会经济系统响应的时间比自然生态系统响应的时间要快，约几十年，而自然生态系统的响应时间要长很多[5]。

IPCC 于 2007 年发布第四次气候变化评估报告。第一工作组的报告——《气候变化 2007：自然科学基础》显示：最新、更多、更强的证据表明气候系统的变暖已经是不争的事实。这些事实主要包括全球平均地表温度变化、平均海平面变化和北极圈冰雪变化等。关于气候变化的成因，最近研究事实表明，自第一次工业革命以来人类活动使大气中温室气体浓度明显增加，远远超过工业化以前几千

① 美国路易斯安那州立大学的研究团队通过研究银杏等古代植物的化石遗骸发现，从现在往前上溯 2300 万年的时间里，二氧化碳的浓度大多在 230～350ppm 波动。

年的浓度水平。另外，数值模拟和归因技术证明已经观测到最近 50 年以来大部分全球平均温度的升高很可能是过多的人为温室气体浓度增加导致的。这里，“很可能”表示这个结论可靠性在 90%以上。可以预测，未来 100 年，全球地表温度可能会升高 1.6～6.4 摄氏度。在此背景下，很可能会发生一些突然事件或不可逆转的影响，包括极地部分冰盖进一步融化造成几米幅度的海平面上升，淹没或改变低洼地区海岸线分布，20%～30%的物种会因为变暖进一步增大灭绝的危险性。减缓气候变化行动产生的宏观经济代价，会随着温室气体浓度水平的目标提高而上升，即稳定温室气体浓度的目标要求越高，则成本越大。如果目标是在 2050 年把全球 CO_2 浓度稳定在 710ppm，则全球平均宏观经济代价是 1%GDP。如果把目标确定在 445ppm 水平，我们会付出 5.5%GDP 的经济成本[6]。

2013～2014，IPCC 发布了第五次气候变化评估报告。第一工作组的报告——《气候变化 2007：自然科学基础》中指出，气候系统的暖化是毋庸置疑的，自 1950 年以来，气候系统观测到的许多变化是过去几十年甚至千年以来史无前例的，人类活动极有可能是 20 世纪中期以来全球气候变暖的主要原因，这个结论的可靠性在 95%以上。1880～2012 年，全球海陆表面平均温度呈线性上升趋势，升高了 0.85 摄氏度；2003～2012 年的平均温度比 1850～1900 年的平均温度上升了 0.78 摄氏度；在过去一个世纪里，全球的海平面已经上升了 0.19 米，这主要是由于冰层融化及海水因为温度升高而膨胀。在 1993～2010 年，海平面上升的速度是 1901～2010 年的两倍。现在，全球 66%地区的海平面将比 1986～2005 年高出 0.29～0.82 米，比 2007 年的预期范围(0.18～0.59 米)高。目前大气中温室气体的浓度已上升到过去 80 万年来的最高水平。自前工业时代以来，CO_2 浓度已经增加了 40%，主要来自化石燃料的排放，其次则来自土地的开发利用。科学家提醒，如果没有积极有效的温室气体排放政策，到 21 世纪末，全球气温将比前工业时代至少上升 1.5 摄氏度。第二工作组的报告——《气候变化 2014：影响、适应和脆弱性》还明确指出：人类对气候系统的影响是明确的，21 世纪末期及以后时期的全球平均地表变暖主要取决于累积 CO_2 排放，即使停止 CO_2 排放，气候变化的许多方面仍将持续许多世纪[7,8]。

2021 年 8 月，IPCC 发布了第六次气候变化评估报告的第一部分——《气候变化 2021：自然科学基础》，综合报告将于 2022 年全部完成。已公布的报告显示，1850～1900 年以来，全球地表平均温度已上升约 1 摄氏度，从未来 20 年的平均温度变化来看，全球温度升高预计将达到或超过 1.5 摄氏度。该报告对未来几十年内超过 1.5 摄氏度的全球升温水平的可能性进行了新的估计，指出除非立即、迅速和大规模地减少温室气体排放，否则将升温限制在接近 1.5 摄氏度甚至是 2 摄氏度将是无法实现的。该报告预测，全球升温 1.5 摄氏度时，热浪将增加，暖季将延长，而冷季将缩短；全球升温 2 摄氏度时，极端高温将更频繁地达到农业生产和人体健康的临界耐受阈值。但这不仅仅是温度的问题。气候变化正在给不同地区带来多种不同的组合性变化，而这些变化都将随着进一步升温而增加，包括干湿的变化、风和冰雪的变化、沿海地区变化和海洋的变化[9]。

6.2 气候变化的国际谈判和合作

全球气候变化问题具有广泛的外部性和典型的全球性，因此，其最大的挑战在于要求人类必须采取最大限度的合作。基于 IPCC 的研究，在联合国的主导下，全球气候变化问题逐渐步入并占据了国际政治、经济与外交舞台的重要位置。

6.2.1 全球气候变化的利益团体

在全球气候变化的问题上，主要有三个利益集团：第一个利益集团是欧盟，这个集团是碳减排的积极推动者；第二个利益集团是以美国为首，包括日本、加拿大、澳大利亚、新西兰、俄罗斯等被称为伞形集团(Umbrella Group)；第三个利益集团是发展中国家集团，通常为 77 国集团加中国[10]。但这些利益集团从来都是不稳定的，如英国撒切尔夫人在保守主义时代曾经把环保组织看作是英国的敌人，但后来英国积极投入到环境政治中，目前已经和德国一样，成为“碳政治”的领导者。

在全球气候变化的博弈中，起作用的不仅仅是“世界主义”的理念，更重要的是国家的实际利益，如小岛屿国家担心被淹没的亡国危险，而 OPEC 则担心新能源的开发利用直接影响全球石油价格，同样地，欧盟国家之所以极力推动“碳政治”不仅仅是由于政治理念，也与其现实利益有关。

1) 欧盟

在应对气候变化的行动中，欧盟作为发起者，一直是推动气候变化谈判最重要的政治力量，在节能减排立法、政策制定、行动和技术方面一直处于领先地位。一方面，其担心全球变暖危及欧洲冬暖夏凉的气候；另一方面，由于其人口稳中有降，经济成熟而稳定，技术和管理先进，其能源消费需求相对饱和，在温室气体减排方面比较具有优势。大力推进气候变化谈判进程，维持在国际事务中的主导地位，符合其政治上的战略利益。《联合国气候变化框架公约》(UNFCCC)及《京都议定书》的制定及通过，都与欧盟的积极推动有密切关系。

2) 伞形集团

伞形集团是在《京都议定书》谈判过程中形成的、由非欧盟成员国组成的发达国家松散联盟，包括日本、美国、加拿大、澳大利亚、挪威、新西兰、俄罗斯、乌克兰和哈萨克斯坦等国。伞形集团中期减排目标低，且以一些发展中国家参与减排为前提条件。其中，最不积极的美国在奥巴马执政后态度有所转变。不过，美国一直都未核准《京都议定书》，且特朗普执政后还退出了《巴黎协定》。日本、澳大利亚等国新政府态度也有很多转变，但国内反对势力的强大让这些国家在气候问题上仍然难以积极进取。

3）发展中国家集团

广义的发展中国家集团在很多正式场合中称为“77 国集团+中国”。77 国集团是广大发展中国家的一个松散的磋商机制，其宗旨是在国际经济领域中加强发展中国家的团结与合作，推进建立新的国际经济新秩序，加速发展中国家的经济社会发展进程，维护发展中国家的民族独立和国家主权。截至 2020 年 12 月，77 国集团共有 134 个正式成员。中国虽然不是 77 集团的成员，但一贯支持其正义主张和合理要求。20 世纪 90 年代以来，中国同 77 国集团的关系在原有的基础上有了较大的进展，并形成了“77 国集团+中国”的新型合作模式。在碳减排领域，发展中国家集团具有相似的特点和相近的利益诉求，即要求发达国家率先承担减排义务，向发展中国家提供资金、技术和能力建设支持，反对发展中国家承担量化减排义务。

虽然“77 国集团+中国”在国际气候谈判中经常作为一个整体表达立场，但因其成员国较为多元，对气候变化的观点也有所不同，其中小岛屿国家联盟（Alliance of Small Island States，AOSIS）和 OPEC 国家因其资源禀赋的特殊性，在碳减排立场上又有其特殊性。

AOSIS 成立于 1991 年，是由受全球变暖海平面上升威胁最大的几十个小岛屿及低海拔沿海国家组成的国家联盟。该联盟目共有 39 个成员（包括 4 个低地沿海国家：几内亚比绍、伯利兹、圭亚那和苏里南）和作为观察员的 4 个属地及两个小岛屿。联合国环境规划署针对 47 个小岛屿发展中国家进行的环境脆弱性分析表明，有 34 个国家处于很脆弱或极其脆弱的行列，共 44 个国家具有环境脆弱性，只有 3 个国家面对气候变化仅存在一定的风险，而没有一个国家被认为是对气候变化具有较强适应力的。气候变化对世界上其他国家来说可能只是长期的负面影响，但对于小岛屿国家来说，却是迫在眉睫的生存危机，因此在所有的国际碳减排利益集团中，AOSIS 最为关注和支持国际碳减排进程，提出的减排目标也最为激进，要求世界各国大力削减温室气体排放。在 2009 年哥本哈根气候大会上，AOSIS 呼吁全球到 2050 年碳减排 85%。

OPEC 不是正式的谈判集团，但其成员国在碳减排上立场一致，同时也代表了其他一些以石油产业为主导的国家（如阿曼苏丹国、叙利亚等）的利益取向。在全球气候变化问题上，OPEC 国家缺少参加的动力，因为他们担心削减碳排放会伤害到石油产业，多数采取消极观望的态度，即便参与到相关的国际协议中，也多是出于对国家利益的考虑，与应对气候变化本身无关。

AOSIS 和 OPEC 国家虽然都是国际气候谈判中特点鲜明的利益集团，但并非气候谈判的主角。这一方面是因为 AOSIS 和 OPEC 国家的利益诉求都很明确且坚决，立场决定因素也很容易分析和理解，并不容易随着谈判的发展而改变，因此其他利益集团一般不会将他们作为主要的谈判对象。另一方面，两个集团无论是面积、人口还是经济实力都比较弱小，在国际社会上的影响力也较小，不具备独立参与博弈角逐的能力。更重要的是，AOSIS 和 OPEC 国家在很多核心谈判问题上，如发达国家应在碳减排中做出表率及支持发展中国家减排和应对气候变化等，和其他发展中国家具有相同的立场。

总体而言，应对全球气候变化的问题，国际上可以主要划分为发展中国家和发达国家两大阵营，欧盟、伞形集团和发展中国家集团三大利益集团。其中，欧盟的减排立场最为激进(如承诺2020年碳排放在1990年的水平上减少20%以上)，对发展中国家比较宽容，同时也是对发展中国家减排援助的主要提供者；伞形集团的减排意愿弱于欧盟国家，承诺的减排目标较低，主张采用碳排放强度削减、扩大灵活执行机制等更具弹性的减排方式，强烈要求发展中国家强制减排；发展中国家集团面临经济发展的主要任务，坚持“共同但有区别的责任原则”，愿意承担强度下降的减排目标，但反对本国承担量化减排任务，要求发达国家率先承担减排义务，并向发展中国家减排提供资金、技术与能力建设支持。

6.2.2 应对气候变化的国际合作

1992 年 5 月 9 日联合国政府间谈判委员会(INC)就气候变化问题达成的 UNFCCC，于 1992 年 6 月在巴西里约热内卢举行的联合国环境与发展大会上通过，1993 年 12 月 22 日满足生效条件，1994 年 3 月 21 日正式生效。UNFCCC 是世界上第一部为全面控制二氧化碳等温室气体排放，以应对全球气候变化给人类经济和社会带来不利影响的国际公约，也是国际社会在应对全球气候变化问题上进行国际合作的一个基本框架。

UNFCCC 诞生至今已三十年，应对气候变化的国际进程既有成功的经验，也有失败的教训，经历了起起伏伏，整体上呈现出阶段性波浪式前进的特点。人们也逐渐认识到全球气候变化问题的复杂性和长期性特征，解决气候变化问题不是一蹴而就的，需要一个循序渐进的过程。如果将 1990 年的 UNFCCC 谈判启动作为应对气候变化国际合作的政治进程的开始，这 30 多年的历程可以按照 UNFCCC、《京都议定书》、“巴厘路线图”、“德班平台”和《巴黎协定》划分为五个阶段[11]。

1. 1990～1994 年 UNFCCC 诞生和生效阶段

这是气候谈判和合作进程最为高效的阶段。1990 年 12 月联合国大会决定成立一个联合国政府间谈判委员会拟定公约文本。1991 年 2 月联合国政府间谈判委员会召开第一次会议，经历 5 次会议，不足 15 个月的时间于 1992 年 5 月形成最终文本。UNFCCC 文本于 1992 年 6 月在巴西里约热内卢举行的联合国环境与发展大会上开始公开签署，1993 年 12 月 22 日即满足生效条件并于 1994 年 3 月 21 日正式生效。从进程启动到 UNFCCC 生效历时仅三年左右。

如此高效最主要的原因是得益于当时国际社会对于环境与发展问题的高度关注，UNFCCC 作为 1992 年联合国环境与发展大会的重要成果之一，与《生物多样性公约》和《联合国防治沙漠化公约》并称为“环境三公约”。1987 年世界环境与发展委员会发布《我们共同的未来》报告，1990 年 IPCC 发布了第一次气候变化评估报告，国际社会对于可持续发展和应对气候变化问题寄予了高度的期望和热情。虽然 UNFCCC 的达成和生效仅用了很短的时间，但这并未影响其实质内容的质量，UNFCCC 文本体现了各方极高的政治智慧，达到了求同存异的目的，为未来应对气候变化的国际合作打下了良好的框架基础。其中最为重要的成果体现在公约目标、基本原则和各方承诺这三个方面。

UNFCCC 第二条明确提出其目标是：“将大气中温室气体的浓度稳定在防止气候系统受到危险的人为干扰的水平上。这一水平应当在足以使生态系统能够自然地适应气候变化、确保粮食生产免受威胁并使经济发展能够可持续地进行的时间范围内实现。”这段话精炼地概括了两层重要的含义。首先，应对气候变化的最终目标是稳定大气中温室气体的浓度以避免由人为因素引起气候变化所带来的风险。其次，所要规避的风险包含三个主要方面：第一，变化的速度要能够使生态系统自然地适应；第二，确保粮食生产免受威胁；第三，还要考虑经济的可持续发展。

UNFCCC 的另一项重要的成果是建立了国际合作应该遵循的基本原则，包括公平原则、共同但有区别的责任原则、预防原则、成本有效性原则、考虑特殊需求和国情原则、可持续发展原则和鼓励合作原则。这些基本原则较为全面地考虑到了应对气候变化国际合作的各个方面，为此后 20 多年气候变化国际合作进程向正确的方向发展提供了保障。其中“共同但有区别的责任原则”对后续全球气候谈判影响最大。由于注意到“历史上和目前全球温室气体排放的最大部分源自发达国家(表 6-2)，发展中国家的人均排放仍相对较低，发展中国在全球排放中所占的份额将会增加，以满足其社会和发展需要”，UNFCCC 的公平原则规定：“发达国家应当率先采取行动应对气候变化及其不利影响，发展中国家，尤其是那些易受气候变化影响的发展中国家的具体需要和特殊情况应当得到充分考虑”。根据发达国家和发展中国家“共同但有区别的责任”和各自的能力及社会经济条件，

UNFCCC 将所有国家分为附件一国家①、附件二国家②和非附件一国家，其分别承担不同的责任。附件二国家基本是由 OECD 国家构成，是经济高度发达的经济体。附件一国家包括附件二国家和独联体及东欧一些经济转型国家，一般也称为发达国家。非附件一国家则由发展中国家构成，一般情况下认为两者代表相同的概念。

表 6-2　不同国家对全球碳排放的贡献指标比较

	世界	附件一国家	附件二国家	非附件一国家
1900～2005 年累计 CO_2 排放量/10^6 吨	1092769	808799.7	632929.2	275213.2
对世界 CO_2 总排放贡献率/%	100	74.0	57.9	25.2
2005 年世界人口比重/%	100	19.6	12.7	80.4
1900～2005 年人均累计 CO_2 排放/(吨/人)	169.9	641.5	717.6	53.2
2005 年人均 CO_2 排放/(吨/人)	4.22	11.25	12.86	2.32
2005 年人均能源消费/(油当量/人)	1.78	4.81	5.54	1.00

数据来源：Climate Analysis Indicators Tool（CAIT）Version 1.0。

其中，缔约方需要承担的主要义务包括：提供所有碳源和碳汇的国家清单；制定、执行、公布国家计划，包括减缓气候变化及适应气候变化的措施；促进减少或防止温室气体人为排放技术的开发应用；增强温室气体的吸收汇，制定适应气候变化影响的计划；促进有关气候变化和应对气候变化的信息交流；促进与气候变化有关的教育、培训和提高公众意识等。

UNFCCC 要求发达国家作为温室气体的排放大户，要采取具体措施限制温室气体的排放，并向发展中国家提供资金以支付他们履行公约义务所需的费用。具体义务包括：①附件一国家应带头根据 UNFCCC 的目标，改变温室气体人为排放的趋势。制定国家政策和采取相应的措施，通过限制人为的温室气体排放及保护和增强温室气体碳汇，减缓气候变化。②到 2000 年，个别地区或共同地区使 CO_2 等温室气体的人为排放恢复到 1990 年的水平，并定期就其采取的政策措施提供详细信息。③附件二所列发达国家应提供新的和额外的资金，支付发展中国家为提供国家信息通报所需的全部费用。④附件二所列发达国家应帮助特别是易受气候变化不利影响的发展中国家缔约方支付适应这些不利影响的费用。⑤附件二所列

① 附件一国家：澳大利亚、奥地利、白俄罗斯、比利时、保加利亚、加拿大、捷克、斯洛伐克、丹麦、欧洲共同体、爱沙尼亚、芬兰、法国、德国、希腊、匈牙利、冰岛、爱尔兰、意大利、日本、拉脱维亚、立陶宛、卢森堡、荷兰、新西兰、挪威、波兰、葡萄牙、罗马尼亚、俄罗斯、西班牙、瑞典、瑞士、土耳其、乌克兰、英国、美国。

② 附件二国家：澳大利亚、奥地利、比利时、加拿大、丹麦、欧洲共同体、芬兰、法国、德国、希腊、冰岛、爱尔兰、意大利、日本、卢森堡、荷兰、新西兰、挪威、葡萄牙、西班牙、瑞典、土耳其、英国、美国。

发达国家应促进和资助向发展中国家转让无害环境的技术，以及支持发展中国家的自身技术开发能力。

发展中国家缔约方承担编制碳源和碳汇国家清单的义务，制定并执行包括减缓和适应气候变化措施及在适当情况下的区域计划，并向缔约方会议提交有关履约的信息通报。但 UNFCCC 特别强调，发展中国家能在多大程度上有效履行其在本公约中的义务，将取决于发达国家对其在本公约下所承担的有关资金和技术转让的承诺的有效履行。UNFCCC 确定建立一个在赠予或转让基础上提供资金和用于技术转让资金的机制，并确定全球环境基金（GEF）为公约资金机制的一个临时经营实体，同时保留今后增加其他机构作为经营实体的可能性。提供资金的范围最初集中在为发展中国家缔约方编写国家信息通报提供经费，之后转移到提高发展中国家能力的活动上，如加强机构、培训、研究和教育等，资助发展中国家旨在加强履行公约研究和技术能力的活动，增进对气候变化和相应措施的公众意识和教育，资助发展中国家根据本国优先发展顺序确定和实施针对气候变化问题的计划，以及对气候变化的不利影响的研究和适应能力等方面。公约同时还指出，需充分考虑经济和社会发展，以及消除贫困是发展中国家首要的和压倒一切的优先事项。

UNFCCC 是第一个全面控制 CO_2 等温室气体排放以应对全球变暖给人类经济和社会带来不利影响的国际公约，其象征意义和里程碑意义是巨大的。UNFCCC 中确定的很多原则和机制也为各国开展合作奠定了基础，开启了全球范围内共同应对气候变化的新篇章。尤其考虑到发达国家的责任和发展中国家的现实需求，对发展中国家参与国际气候变化合作确立了许多公平、务实的基调，为未来气候谈判中发展中国家的利益提供了重要保障。但 UNFCCC 中的规定大多是原则性、指导性的，对于减排指标、发达国家应对发展中国家提供的援助责任没有明确的规定，即使在之后的历次缔约方大会（COP）[①]上对这些进行了补充，但缺乏约束力一直是 UNFCCC 的主要问题。

这一阶段，国际社会对应对气候变化抱有非常乐观的态度。这一方面是由于受到全球关注环境与发展大背景的影响；另一方面发达国家和发展中国家在发展水平上尚存在巨大差距，发达国家对于承担责任率先采取行动并没有过多的担心。美国当时虽为第一大排放国，但一直在发挥着积极性的引导作用。各国基本认为只要发达国家能够率先行动，气候变化问题是在未来几十年是可以得到解决的。但是，20 多年来的发展历程证明，解决气候变化问题是长期而复杂的，新兴经济体崛起对世界力量格局的影响使发达国家对于应对气候变化有了新的关切。这使 UNFCCC 建立的发达国家和发展中国家的基本框架遭到了前所未有的挑战。

① UNFCCC 规定自 1995 年起每年召开缔约方大会，以评估应对气候变化的进展。

2. 1995～2005 年《京都议定书》诞生和生效阶段

在 UNFCCC 生效一年之后，第一次缔约方大会于 1995 年 3 月 28 日～4 月 7 日在德国柏林召开，会上各方通过了第 1/CP1 号决定(即《柏林授权书》)，决定启动一个进程来强化附件一国家的承诺。根据这一授权成立的柏林授权特设工作组从 1995 年 8 月至 1997 年 10 月间共组织召开了 8 次会议。最后的谈判一直持续到 1997 年底于日本京都召开的 UNFCCC 第三次缔约方大会,《京都议定书》最终达成。

《京都议定书》的达成既朝着 UNFCCC 的既定方向迈出了关键一步，也继承了 UNFCCC 谈判的高效节奏，这在当时无疑是应对气候变化国际进程的一个重大胜利。《京都议定书》的第一项重要成果体现在它首次确定了具有法律约束力的量化减排指标，不但设置了发达国家的集体目标，即在 2008～2012 年第一承诺期内二氧化碳排放量在 1990 年的水平上减少 5.0%，同时，每个国家还确定了各自的减限排目标(表 6-3)。

表 6-3 《京都议定书》附件一国家的减排目标 (单位：%)

缔约方	量化的限制或减少排放的承诺(基准年或基准期百分数)	缔约方	量化的限制或减少排放的承诺(基准年或基准期百分数)	缔约方	量化的限制或减少排放的承诺(基准年或基准期百分数)
澳大利亚	108	希腊	92	挪威	101
奥地利	92	匈牙利	94	波兰	94
比利时	92	冰岛	110	葡萄牙	92
保加利亚	92	爱尔兰	92	罗马尼亚	92
加拿大	94	意大利	92	俄罗斯	100
克罗地亚	95	日本	94	斯洛伐克	92
捷克	95	拉脱维亚	92	西班牙	92
丹麦	92	列支敦士登	92	瑞典	92
爱沙尼亚	92	立陶宛	92	瑞士	92
欧洲共同体	92	卢森堡	92	乌克兰	100
芬兰	92	摩纳哥	92	英国	92
法国	92	荷兰	92	美国	93
德国	92	新西兰	100	斯洛文尼亚	92

《京都议定书》的第二项重要成果是其确立发达国家履约的三种灵活机制——排放权贸易(emissions trading)机制、联合履约(joint implementation)机制和

清洁发展机制，可以说这是《京都议定书》最为重要的成果。

排放权贸易机制：是指一个发达国家，将其超额完成减排义务的指标，以贸易的方式转让给另外一个未能完成减排义务的发达国家，并同时从转让方的允许排放限额上扣减相应的转让额度。

联合履约机制：是指发达国家之间通过双边项目级的合作实现的减排单位，可以转让给其中一个发达国家缔约方，同时必须在转让方的“分配数量”配额上扣减相应的额度。

清洁发展机制：是指发达国家通过提供资金和技术的方式，与发展中国家开展项目级(减少温室气体排放或者通过碳封存或碳汇作用从大气中消除温室气体)的合作，通过项目所实现的“经核证的减排量”(CER)，可用于发达国家缔约方完成在《京都议定书》第三条下的减排或限排承诺。

这三种灵活机制源于 UNFCCC 所倡导的成本有效原则，即通过经济手段为承担减排义务的缔约方提供履约的灵活性。从实施效果来看，这三种灵活机制的设立不但达到了其最初的设计目的，即证实了经济减排手段的有效性；而且取得了巨大的额外效应，因为清洁发展机制的开展大大提高了发展中国家应对气候变化的意识以及更大范围开展减排行动的信心，另外清洁发展机制产生的效果对于后续“巴厘路线图”进程的启动也起到了很好的推动作用。

《京都议定书》的第三项重要成果是其法律形式。《京都议定书》包含了一个具有法律约束力的国际协议所应具有的要素，包括目标和时间表、灵活机制、机构设置、核查规则、生效条件、履约机制等，是一个理论上完备的法律文书，几乎可以作为环境类议定书的范本。然而其最终在实践中的失败使后续寻找一个兼顾理论完整与现实可行的法律形式面临着巨大的挑战。

在《京都议定书》的谈判过程中，美国已经强烈和明确地表达出其对具有法律约束力的量化减排目标及发展中国家不承担实质性减排义务的关切。1997 年 6 月的“伯德-哈格尔决议”以 95 票全票通过，明确提出美国政府不得签署同意任何“不同等对待发展中国家和工业化国家的、有具体目标和时间限制的条约”。这基本宣告了《京都议定书》不可能通过美国国会的核准。而当时的克林顿政府签署《京都议定书》之后并未打算正面解决核准问题，而把这个问题留给了下一届的小布什政府。代表着石油工业利益的小布什政府在 2001 年明确宣布美国将不准备核准《京都议定书》。受此影响，气候变化国际合作进程进入了一个很长的低潮期。

《京都议定书》达成之后，国际社会面临着两大重要任务：第一个重要任务是如何保证《京都议定书》的有效实施，虽然《京都议定书》已经达成，但有诸多技术性细则需要进一步完善，特别是涉及核查规则、灵活机制实施细则、履约机制等。这些技术性问题消耗了大量的时间，特别是如何使用碳汇成为其中争议最大的问题之一。从 1998 年的《布宜诺斯艾利斯行动计划》开始，经过了 2000 年海牙和平会议戏剧性的失败，通过 2001 年 7 月的波恩续会，谈判一直持续到 2001 年底才通过了《马拉喀什协定》，一揽子地解决了这些问题。第二个重要任务是《京都议定书》达成之后，如何进一步强化 UNFCCC 下的承诺，也就是发展中国家的承诺问题。1998 年的第四次缔约方大会上，各方就此问题展开了激烈的交锋，虽然最终各方同意现有承诺不足以实现该公约最终目标，发展中国家坚持应该强化发达国家的承诺而不是要求发展中国家承担新义务。最后，关于承诺审评的进程无法形成任何结论，一直到今天其仍作为历次缔约方大会中悬而未决的议题之一。这也破坏了 UNFCCC 进程最初的设计理念，成为 UNFCCC 进程转入低潮期的重要影响因素。

新的进程受阻又加上美国拒绝核准《京都议定书》，进入 21 世纪后，国际社会在应对气候变化问题上的热情遭到极大的打击，挽救《京都议定书》成了保全 UNFCCC 进程的首要任务。根据规定，《京都议定书》在“在不少于 55 个《公约》缔约方、包括其合计的二氧化碳排放量至少占附件一所列国家 1990 年二氧化碳排放总量的 55%的附件一所列国家已经交存其批准、接受、核准或加入的文书之日后第 90 天起”开始生效。直到 2001 年 11 月，只有 43 个国家核准了《京都议定书》，而且其中多为小岛屿国家，没有任何主要的附件一国家和较大的发展中国家。2002 年 5 月 23 日当冰岛通过《京都议定书》后，首先达到了“55 个国家”的条件。2002 年 9 月，包括欧盟、日本等主要附件一国家和中国、印度等较大的发展中国家在内的 93 个国家核准了《京都议定书》，但是核准《京都议定书》的附件一国家 1990 年温室气体排放量仅占所有附件一国家的 37.1%，距离 55%的条件还有很大差距。2002 年 12 月，新西兰和加拿大等国也核准了《京都议定书》，核准《京都议定书》的附件一国家 1990 年温室气体排放量占所有附件一国家的 43.9%。美国拒绝核准《京都议定书》之后，占 1990 年附件一国家温室气体排放量 17.4%的俄罗斯是否核准成了《京都议定书》能够生效的关键。经过欧盟和俄罗斯之间的多次政治博弈，最终俄罗斯于 2004 年 12 月 18 日核准了《京都议定书》，该条约在 90 天后于 2005 年 2 月 16 日开始强制生效。2005 年《京都议定书》生效后的第一次缔约方大会终于在加拿大的蒙特利尔召开，《马拉喀什协定》的多项决议终于得以最终通过。

根据《京都议定书》第 3.9 条的规定，各缔约方要在第一承诺期结束前 7 年开始审议后续承诺期的承诺目标。《京都议定书》历经磨难最终还是在这一时间点前生效，因此启动后续承诺期减排目标的审议马上成为《京都议定书》生效后的第一次缔约方大会的重要议题。单纯审议附件一国家在《京都议定书》后续承诺期的目标显然不是发达国家希望看到的，因此虽然这一进程如期启动，但是一直无法取得实质性的进展。而发达国家特别是欧盟一直在蓄势启动一个新的进程，力图将发展中国家和美国的承诺纳入其中。

总体上讲，这一阶段呈现出虎头蛇尾的特征，《京都议定书》的达成无疑是这一阶段最大的政治性胜利。从整个气候变化谈判进程来看，这一阶段最大的成果还是美国拒绝核准《京都议定书》之后国际社会对这个问题的反思。从 UNFCCC 到《京都议定书》的顺利达成，人们认识到在应对气候变化问题的困难方面缺乏充分的估计，估计过于乐观。而 2000 年之后，气候变化进程进入低潮期，人们开始从理想化逐渐转向现实化，这一阶段的反思从长期来看有益于气候变化国际合作进程的健康发展。同时，在技术层面，大量具体的实施细则得到了确立，2005 年后清洁发展机制在发展中国家的成功实施，对促进可再生能源的发展和增强发展中国家应对气候变化的意识与可行性做出了巨大的贡献，这些都为新进程的启动打下了良好的基础。

3. 2006～2010 年“巴厘路线图”进程阶段

这是《京都议定书》遭受挫折之后启动的一个新的进程。2007 年底在巴厘岛召开的联合国气候变化大会在正式启动这一进程之前，已经经过了将近两年的酝酿期。在 2005 年底与《京都议定书》第一次缔约方大会一起举行的 UNFCCC 第十一次缔约方大会上，各方在启动《京都议定书》后续承诺期目标审议的同时，同意在 UNFCCC 进程之下启动一个“应对气候变化的长期合作行动的对话”，通过研讨会的方式来讨论如何进一步推动应对气候变化的国际合作行动。显然，如果没有一个新进程，《京都议定书》第二承诺期也不会有任何进展。这个“应对气候变化的长期合作行动的对话”设定了四个主题：推动可持续发展目标的实现、适应、全面实现技术的潜力和充分发挥基于市场的潜力，但并未设定任何时间表。到 2007 年，除了 UNFCCC 的谈判之外，各种关于气候变化的非正式对话也在其他场合不断举行，包括八国集团首脑会议(简称 G8 峰会)和联合国大会。正是在联合国大会关于气候变化的非正式主题对话下，很多国家提出在 2007 年底的联合国气候变化大会建立一个路线图，启动一个新的关于之后 2012 年的谈判进程。

“巴厘路线图”是 UNFCCC 进程经过十年酝酿之后取得的一个重要成果，对于进一步推进应对气候变化的进程有非常积极的意义，它的成功之处体现在两个方面。第一个重要成果是两轨形成。关于两轨，第一层的理解是《京都议定书》第二承诺期谈判特设工作组和长期合作行动特设工作组的双轨安排；第二层的理解是巴厘行动计划下发达国家减缓承诺和发展中国家适当减缓行动的双轨安排。一直以来 UNFCCC 首先强调的是发达国家率先行动，客观地讲，应对气候变化同样需要发展中国家采取力所能及的行动，这一理念在“巴厘路线图”中得到进一步明确。这使当时的第一排放国美国重新回到进程中来，而双轨安排和防火墙的建立也确保发展中国家在讨论未来行动目标时有了安全保障。

第二个重要成果体现在应对气候变化问题五大构件——减缓、适应、技术、资金和共同愿景的确立。UNFCCC 进程启动以来，尽管适应、资金和技术也都有提及，但减缓一直作为应对气候变化的核心元素。随着对应对气候变化问题认识的不断深入，适应、资金和技术的作用不断凸显，特别是对于发展中国家而言，如何适应气候变化及解决应对气候变化的资金和技术需求的问题迫在眉睫。同时共同愿景作为对 UNFCCC 最高目标的扩展和延伸，与减缓、适应、资金、技术一起，构成了应对气候变化的五大构件，UNFCCC 的原则和思想得到了进一步地丰富和延伸。

“巴厘路线图”进程虽成功启动，但后续进展并不顺利。发达国家和发展中国家谈判伊始就在谈判组织上产生了极大的分歧，消耗了大量的谈判资源才确立了五大构件的框架。“巴厘路线图”的谈判围绕五大构件主要涉及三大问题：首先是区分的问题，发展中国家坚持其国家适当减缓行动和发达国家存在本质的区别，发展中国家的行动应该建立在发达国家提供支持的基础上，发达国家则开始试图打破发展中国家的阵营，要求在发展中国家内部进行区分。其次是发达国家行动可比性问题，主要针对的是非《京都议定书》缔约方美国与《京都议定书》缔约方的目标可比性。最后是如何保证发展中国家减缓行动的可测量(measurable)、可报告(reportable)和可核实(verifiable)的“三可”(MRV)。

这个阶段，协议的具体设计逐渐开始由自上而下(top-down)的方式向自下而上(bottom-up)的方式演化。尽管共同愿景的谈判中各方存在较大的分歧，但最终还是能够形成一个明确的全球目标，即相对灵活而全面的 2 摄氏度温控目标。自下而上趋势的形成还体现在各方对于法律形式的讨论上。旨在落实《京都议定书》的《巴厘行动计划》并未明确最终成果的法律形式，因为同时涉及《京都议定书》第二承诺期和长期合作行动两轨，各方在此问题上的立场较为混乱，虽然进行了一系列非正式磋商，但最终未能形成一致意见。其中澳大利亚提出的基于国家计划的建议相对比较系统和完整，奠定了承诺加审评的基调。另外，美国一直力推 MRV 规则的建立，也起到了进一步完善承诺加审评模式的作用。

“巴厘路线图”进程也受益于气候变化在国际政治舞台上认可度的大幅度提升。哥本哈根气候大会举办之时，气候变化成为标志性的全球性议题，在政治上达到了一个前所未有的高度，甚至超过了 1992 年在巴西里约热内卢召开的联合国环境与发展大会。从实质内容上讲，《哥本哈根协议》是一个反映了各方共识的文本。2 摄氏度目标、共同但有区别的责任原则、两轨安排、300 亿美元的快速启动资金、1000 亿美元的长期资金目标、绿色气候资金、技术机制、审评等内容都完整地反映在《哥本哈根协议》中，这些实际上也是《坎昆协议》中最为重要的元素。最终哥本哈根气候大会的失败并不是案文的失败，而是程序上的失败。最后的矛盾焦点不是反映在案文上，而是协商一致与大国主导之间的矛盾。以往气候变化问题上的分歧反映出的都是南北之间的分歧，而这次会议第一次出现小国集体力量与超级大国之间的角力，最终小国集体力量成了胜利者。

从哥本哈根气候大会上可以清晰地看出国际政治格局对气候变化的影响。随着新兴经济体的发展，除了固有的南北矛盾外，其他矛盾也在逐渐显现。但是，世界力量格局的改变还不足以引起质的改变，哥本哈根气候大会上小国集体力量与超级大国之间的角力反映了这一点。哥本哈根气候大会后，最终有 188 个国家赞成《哥本哈根协定》，只有 5 个国家表示反对。虽然哥本哈根气候大会在气候变化进程中被定义为失败的象征，但哥本哈根气候大会带来的积极意义仍不能否定。哥本哈根气候大会将气候变化带入了新的阶段，标志着气候变化成为重要的全球性议题。《哥本哈根协定》反映出来的实质内容实际上也决定了未来相当长一段时间内应对气候变化国际合作的趋势。

哥本哈根气候大会的失败沉重打击了气候变化的多边进程，但正是由于《哥本哈根协定》的大国主导因素，这种失败的打击实际上远小于美国拒绝核准《京都议定书》。多边进程中大国主导作用是决定性因素，有了大国的支持，坎昆会议及《坎昆协议》很快就以气候变化进程挽救者的身份出现。在罗列气候变化国际进程里程碑时，人们找到的可能只有《坎昆协议》而不是《哥本哈根协定》，但坎昆会议和《坎昆协议》形式上的意义远大于实质内容。《坎昆协议》很大程度上是《哥本哈根协定》的重生。由此，虽然形式上尚未结束，但是“巴厘路线图”进程基本告一段落。

纵观整个“巴厘路线图”进程，其最大的成果在于美国重新以积极的姿态回归应对气候变化的主流进程及发展中国家采取实质性行动的积极性得到激发，国际社会对应对气候变化问题的重要性的认识得到前所未有的提高，在很多国家应对气候变化问题都被主流社会所认识，并开始开展务实的行动。当然，“巴厘路线图”进程的最终成果仍存在不少问题，其中主要问题是《坎昆协议》所建立起来的承诺加审评模式缺乏一个有力的法律形式，整个协议过于松散，很难保证行动的力度和应对气候变化的有效性。因此在“巴厘路线图”尚未完全结束之前，新一轮的谈判进程就开始酝酿。

4. 2011～2014 年“德班平台”进程阶段

“德班平台”进程与“巴厘路线图”进程有很紧密的联系，其在一定程度上是“巴厘路线图”进程的延续。尽管《京都议定书》最终并未取得成功，但在理论上仍然是一个较为完备的法律文书。与《京都议定书》相比，《坎昆协议》不但形式上像一个中间产品，实际效果也很难达到应对气候变化的要求。在公约网站关于《坎昆协议》的介绍中就明确提出《坎昆协议》下各方提交的承诺只能达到2摄氏度目标的60%。应对气候变化的国际合作还需要进一步加强。《坎昆协议》之后，各方还就《巴厘行动计划》最终成果的法律形式进行了进一步地探讨，曾寄希望于在"德班平台"能够进一步强化法律形式，但也是无果而终。

新的进程能够于2011年的德班气候大会启动还是早于多数人的预期。因为当时《京都议定书》第二承诺期还未最终确定，启动新进程所需要的发达国家和发展中国家之间的信任不够充分。大多数人认为新进程应该在《巴厘行动计划》和《京都议定书》两轨谈判完成之后启动，毕竟距离2020年还有相当长的一段时间。新进程在德班启动，主席国南非起到了很大的作用。作为发展中国家，南非之所以如此积极地推动新进程，不单是出于气候变化问题上的考虑，主要原因还是其从"巴厘路线图"进程开始之后，应对气候变化使其在国际上的关注度大幅度提高，通过在气候变化上的表现可以强化其在国际政治舞台上的地位。

虽然"德班平台"进程的主要目的是讨论如何加强2020年后应对气候变化的国际合作，但其授权本身还是受到诸多《坎昆协议》未能解决问题的影响。其一是要在"德班平台"下继续讨论如何提高2020年前的行动力度，特别是减缓行动的力度。其二是成果的法律形式。"德班平台"授权中用了三个词来描述最终成果的法律形式：议定书、法律文件、具有法律效力的一致同意的成果，体现了各方对法律形式的重视及存在的分歧。由于"德班平台"进程启动之时，"巴厘路线图"进程仍处于收尾阶段，其中最为重要的《京都议定书》第二承诺期问题还没有达成最终的结果，以及发展中国家对于发达国家在《京都议定书》问题上的拖延极为关切，"德班平台"进程的推进缺乏最基本的政治信任。

在"德班平台"启动后的一年中，各方主要就如何理解德班授权展开激烈的争论。在2012年的多哈气候大会之前，发展中国家特别是基础四国(巴西、南非、印度和中国)在维护《京都议定书》第二承诺期问题上表达了坚定的立场。最终在多哈气候大会上通过了《京都议定书多哈修正案》一揽子决议，对《京都议定书》第二承诺期做出决定：设定了2013年1月1日～2020年12月31日的温室气体量化减排指标，要求发达国家在2020年前大幅度减排，帮助发展中国家提高应对气候变化的能力，从2013年开始继续增加出资规模。

和以往历次谈判进程一样，如何界定各方的承诺还是争论的根本所在。和以往历次谈判所不同的是，在"德班平台"谈判伊始，发达国家就明确表示要重写UNFCCC的意图。各方围绕着"德班平台"是否应该遵循UNFCCC原则展开了激烈的争论，尤其是"共同但有区别的责任原则"。发达国家认为现在世界形势发生了很大的变化，应该动态地使用和理解UNFCCC原则。大部分发展中国家坚持

“德班平台”应该遵循 UNFCCC 的原则和规定，“德班平台”的结果是加强 UNFCCC 的实施而不是重写 UNFCCC。发达国家意图将发展中国家和发达国家的承诺同质化，提出了“承诺光谱”的概念。认为所有承诺在性质和法律效力上是一样的，但是具体目标可以根据具体情况有所区别，其意图是为了打破 UNFCCC 建立起来的附件一和非附件一的区别及“巴厘路线图”建立起来的发达国家和发展中国家的防火墙。以基础四国为代表的大部分发展中国家还是坚持防火墙的基本立场，继续按照 UNFCCC 规定界定各方承诺。与此同时，发展中国家中的一小部分国家，在发达国家的鼓动之下，立场开始软化，开始淡化防火墙的概念。

为了打破关于承诺原则性争论的僵局，2013 年的华沙气候大会上提出了“国家自主贡献”(INDC)的概念，要求各方尽快开展国内的准备工作，确定各自在新协议下的承诺目标。这一概念本意是旨在加速谈判进程，但实际上的效果和预期有很大的差距。由于关于各方承诺尚面临一些原则性分歧，各方在准备承诺目标时具有极大的灵活度，缺乏一个基本规则依据。虽然“自下而上”已经成为气候变化国际合作行动的主导思路，但是由于“自主贡献”缺乏最为基本的界定，过度“自下而上”的模式使华沙气候大会达成的共识的实际效果大打折扣。一定程度上出现了“木已成舟”的局面。发展中国家明确提出发达国家的承诺需要包括资金、技术和能力建设的支持，而欧盟等发达国家则更希望建立一个强化的审评机制，以持续提高各方贡献的力度。

在 2014 年的利马气候大会上，各方对于国家自主贡献的范围和事前审评展开激烈的讨论，最终并未达成任何实质性结果。国家自主贡献的范围基本仍留给缔约方自己决定，UNFCCC 将不对提交的贡献方案进行正式的事前评审。利马气候大会真正成了一次过渡性会议，唯一具有实质意义的成果是发达国家承诺对于全球环境基金的注资超过 100 亿美元，保证了“德班平台”最终阶段的谈判向巴黎气候大会推进所需要的基本动力。

5. 2015 年至今的《巴黎协定》阶段

2015 年 12 月，UNFCCC 第 21 次缔约方大会在巴黎召开，最终达成了覆盖近 200 个国家和地区的全球减排协议——《巴黎协定》。它改变了《京都议定书》自上而下分配减排指标的传统模式，基于华沙气候大会提出的国家自主贡献减排体系，建立了“提出、报告、实施、盘点”的一整套机制。该协议虽然不具备强制性和惩罚性，但由于相对松散、灵活，各国能够根据本国实际情况提出方案并付诸行动，成为自下而上推动全球治理的典范。在具体执行上，该协定做出以下重要规定：一是要求把全球平均气温较工业化前水平升高控制在 2 摄氏度以内，并努力把控制在 1.5 摄氏度以内；二是首次确立了以五年为周期的评审机制，所有缔约方都将在同一体系中汇报其减缓和资金等情况；三是要求发达国家为发展中国家提供资金支持，在 2020 年前每年向发展中国家提供 1000 亿美元应对气候变化的支持资金。《巴黎协定》生效的条件是获得至少 55 个国家批准，且这些国家产生的温室气体排放达到全球排放量的 55%。2016 年 4 月 22 日，包括中美在内的 175 个国家共同签署了《巴黎协定》，该协定于 2016 年 11 月 4 日正式生效。《巴黎协定》的签署和生效打破了之前的气候谈判僵局，凝聚了全球应对气候变化的努力，最大限度地实现了全球共识，具有里程碑式的意义。

《巴黎协定》是一个制度框架，其生效后，国际社会仍需解决一些重要问题，即制定具体的实施规则和方案。2016 年 11 月，UNFCCC 第 22 次缔约方大会在摩洛哥马拉喀什召开，各缔约方代表达成《马拉喀什行动宣言》，明确了各国履约和采取行动的政治意愿，是国际社会向气候变化宣战的再次承诺，标志着全球进入“落实和行动”的新时代。此次气候大会就《巴黎协定》实施的后续谈判给出了时间表和路线图，通过了数十个与《巴黎协定》相关的倡议或计划，确定 2018 年为制定和实施《巴黎协定》规则手册的最后期限。各方一致同意将致力于达成一份涵盖减排量衡量和核算、气候资金、技术开发和转让等的规则手册，同时敦促发达国家确保 2020 年前实现每年向发展中国家提供 1000 亿美元应对气候变化支持资金。

2017 年 11 月，UNFCCC 第 23 次缔约方大会在德国波恩举行。此次会议虽在波恩举办，但德国只是名义上的东道主，真正的主席国是南太平洋小国斐济。斐济受国内承办能力所限，UNFCCC 秘书处所在地波恩承接了此次大会。此次大会通过了名为“斐济实施动力”的一系列成果，就《巴黎协定》实施涉及的各方面问题形成了谈判案文，为 2018 年完成《巴黎协定》实施细则谈判奠定了基础。此次大会是在美国宣布计划退出《巴黎协定》的背景下召开的[①]，各缔约方摒除了美国因素，重申了落实协定、加强气候行动的承诺。但发达国家与发展中国家也就履行 2020 年前气候承诺与行动展开了激烈博弈，博弈焦点有两个：一是 2020 年前发达国家每年向发展中国家提供 1000 亿美元应对气候变化支持资金不到位；二是 2012 年通过的《京都议定书多哈修正案》迄今仍未生效，其中包含部分发达国家第二承诺期（2013～2020 年）的量化减排指标。发展中国家敦促发达国家首先尽快兑现 2020 年前的承诺，而发达国家则避重就轻，执意讨论 2020 年后《巴黎协定》的实施。最终，大会确定了促进性对话方式，将 2020 年前气候行动列入未来谈判议程。

---

① 2017 年 6 月 2 日，美国总统特朗普宣布美国将退出《巴黎协定》。根据规定，美国政府必须在《巴黎协定》正式生效三年后才能正式启动退出程序，退出进程需时一年。2019 年 11 月 4 日，特朗普政府正式向联合国递交退约通知，2020 年 11 月 4 日，美国正式退出《巴黎协定》。2021 年 2 月 19 日，拜登政府宣称，正式重新加入《巴黎协定》。

2018 年 12 月，UNFCCC 第 24 次缔约方大会在波兰卡托维兹举行。与会各方如期完成了《巴黎协定》实施细则谈判，达成长达 150 多页的《巴黎规则手册》，就国家自主贡献、减缓、适应、资金、技术、能力建设、透明度、全球盘点等制定了一套详细的技术规定，并加强了各方的资金承诺和行动，以确保《巴黎协定》能在 2020 年如期上路及落实。但大会仍留下一些分歧有待进一步谈判：一是关于温控目标。小岛屿国家和最不发达国家支持将温控目标由 2 摄氏度降至 1.5 摄氏度以内，部分国家则坚持 2 摄氏度标准，认为执行 1.5 摄氏度标准将极大限制其发展空间。二是有关碳排放权交易市场机制。《巴黎协定》允许各国通过"碳市场"或"碳交易"，按照其允许的温室气体排放量进行交易，并承认有必要就此问题制定全球规则。各缔约方需通过谈判建立起一个统一的核算机制，确保减排数据不会出现双重计算。巴西极力反对制定清楚的条规来防止重复计算，希望利用本国大面积的雨林得到双倍的"碳信用"，并且保留其在《京都议定书》规则下积攒的大量尚未使用的"碳信用"，但欧盟国家等认为此举存在不透明、重复计算等问题。磋商最终无果而终，该议题被推至 2019 年继续谈判。

2019 年 9 月，第 74 届联合国大会开幕期间，秘书长安东尼奥·古特雷斯牵头召开了联合国气候行动峰会。此次峰会召开的背景是全球气候变暖加剧，各国应对气候变化的承诺和行动与实际需要相比仍具有较大差距。安东尼奥·古特雷斯把对抗气候变化称为"人类生死存亡之战"，他敦促各国提高雄心并加速行动，强调各国领导人带着"具体的承诺而不是华丽的辞藻"来参会。最终，70 个国家宣布将在 2020 年前提升国家自主贡献目标，77 国、10 个地区和 100 多个城市承诺在 2050 年前实现碳中和，即达成二氧化碳净零排放(排放量与消除量对等)。

尽管各国在 2019 年联合国气候行动峰会上展现了加强承诺和行动的雄心，但定于 2019 年底召开的 UNFCCC 第 25 次缔约方大会却命途多舛。气候大会每年在不同地区轮流举行，2019 年落脚拉美和加勒比国家共同体地区。原承办国巴西改变态度，于 2018 年 11 月宣布因财政预算和政府换届撤回承办申请，随后智利宣布接替承办。但 2019 年 10 月 30 日，智利宣布因国内局势动荡无法举办气候大会，此时距原定会期仅有一个月时间，全球气候治理进程面临严重冲击。此时西班牙主动请缨，慷慨提议将全力保障气候大会按原定时间(2019 年 12 月 2～13 日)在马德里举行，同时智利将继续担任本届大会的主席国。此次大会将着重解决卡托维兹气候大会遗留的一些议题，之后《巴黎协定》及其实施细则将进入执行阶段，正式拉开 2020 年后全球气候治理进程。

6.2.3　当前全球气候变化治理面临的挑战

《巴黎协定》签署以来，尽管多方均致力于提升承诺和行动，但全球气候治理仍面临着赤字扩大、动力衰减、矛盾多发的挑战，具体包括以下六方面[12]。

第一，全球气候变暖加剧与减排“赤字”高企的矛盾突出。一方面，全球碳排放在经过了2014～2016年三年的平稳期后，于2017年重新进入上升期，2018年全球温室气体浓度再创纪录，且上升趋势仍未得到逆转。由气候变化引发的自然灾害不断增多，2019年夏季北半球多国高温创纪录，南美亚马孙雨林火灾触目惊心，南北极冰盖加速消融，喜马拉雅冰川加速消退，海洋热浪与超强台风肆虐，生物多样性急剧减少，全球气候安全威胁与日俱增。2018年10月IPCC发布的《全球升温1.5℃特别报告》显示，在全球气温升高1.5摄氏度的情况下，世界中纬度地区的极端高温将比目前的高温增加3摄氏度，北极在21世纪就可能出现夏季无冰的情形，现存70%～80%的珊瑚礁将消失。另一方面，各国国家自主贡献力度仍显不足。2018年11月，联合国环境规划署发布的《2018年排放差距报告》指出，当前各国的国家自主贡献承诺不足以弥合到2030年实现气候目标的排放差距。要实现全球升温控制在2摄氏度以内的目标，各国国家自主贡献需要较现有水平提升3倍，而要实现全球升温控制在1.5摄氏度以内的目标，则需要提升5倍。

第二，发达国家政治意愿不足。近年来全球气候治理遭遇的最大挫折莫过于美国退出《巴黎协定》的决定。2017年特朗普宣布美国将退出《巴黎协定》，并于2020年11月4日正式退出《巴黎协定》，理由是该协定将使美国工人、企业和纳税人的利益严重受损。美国退约之举给全球气候治理进程带来了相当负面的影响。对其自身而言，作为全球最大经济体及第二大温室气体排放国，美国不再履行自主减排承诺，将使减排国际行动大打折扣；对国际而言，美国不再履行资金援助承诺，使发达国家每年1000亿美元的出资目标难以实现，严重影响发展中国家应对气候变化的努力，且美国退约的连锁负面效应已显现，近年巴西、墨西哥等国的气候立场均有所倒退。除美国外，其他发达国家在兑现向发展中国家提供资金的承诺方面也存在较大差距，不仅数额远未达到标准，且大量已提供的资金都是贷款而非赠款，大部分还需要烦琐的审批流程。

第三，发达国家企图重构“共同但有区别的责任原则”。《巴黎协定》守住了UNFCCC对发达国家和发展中国家关于“共同但有区别的责任原则”的区别安排，但在具体操作中如何体现“共区原则”面临诸多挑战。卡托维兹气候大会制定的《巴黎协定》实施细则中，发展中国家虽仍享有一定灵活性，但所有国家都被纳入量化减排框架，其中详细的技术规定对所有缔约方都是相同的。对此，一些西方媒体认为，这是对“共区原则”的重大突破，甚至要求中国等发展中大国逐步承担与发达国家相同的国际责任。美国等发达国家企图重新解释“共区原则”的内涵，刻意模糊发展中国家和发达国家的责任区别，在资金援助上通过设定资格门槛，变相排除中国，在国家自主贡献范围上只主张涉及减缓责任，逃避资金、技术、能力建设、透明度等责任。欧盟则有意设计一个包含详细数据的统一表格，在 2020 年后用同样的标准对发达国家和发展中国家的减排情况进行盘点，企图模糊发达国家的历史责任。尤其在更新国家自主贡献时，欧美国家企图参照 WTO 改革，推动发展中国家“毕业标准”，中国的发展中国家地位面临着“被毕业”的风险。

第四，发展中国家阵营出现分化。一直以来代表发展中国家的“77 国集团+中国”是一个超大的谈判集团，随着各方出现一些特定的、多角度的关切，集团内部出现分裂和重组。近年来，不仅出现了“立场相近发展中国家”（LDMC）这样相对保守的集团，其强烈要求发达国家履行减排承诺和对发展中国家的支持，还出现了拉丁美洲和加勒比独立协会（Asociación Independiente de Latinoaméricayel Caribe, AILAC）这样充当南北两个阵营桥梁的集团。AOSIS 由于对国际资金和技术等援助的要求十分迫切，近年来日益转向欧盟，与发展中大国的谈判关系渐行渐远。“基础四国”尽管在气候变化谈判中的根本利益一致，但具体利益的分歧也十分明显，巴西、印度在市场机制和碳信用监管规则上各持己见，巴西新政府立场明显后退。

第五，国际碳市场机制发展方向不明。国际碳市场机制将在 2020 年后的气候制度中发挥至关重要的作用。碳交易早在《京都议定书》时期便得到确认，《巴黎协定》下的国际碳市场机制则包括“合作方法”和“可持续发展机制”两种路径，前者以“国际转让的减排成果”（ITMOs）为国际排放单位在国家间开展碳交易，后者是与 CDM 一脉相承的核证减排机制，目前这两者之间的关系并不明确，CDM 向“可持续发展机制”的过渡问题也成为争议的焦点。一种观点认为所有类型的 CDM 减排活动都可以申请过渡，另一种观点则认为只有符合一定条件的减排活动才能申请过渡。中国、巴西等发展中大国在过去的 CDM 下均注册了大量项目，未来若设定条件只允许特定地区或类型的项目过渡，将对发展中大国的减排能力建设造成大量浪费。

第六，全球气候治理主导权争夺暗流涌动。当前，《巴黎协定》尚未得到正式执行，围绕气候治理的新倡议已层出不穷，一些国家甚至企图另起炉灶。法国力推《世界环境公约》，现已提交联合国大会并进入谈判阶段。该公约拟确定“谁污染谁付费”“公众知情原则”“预防环境损害原则”等新标准，法国希望借此巩固其在全球气候治理领域中的领导地位。欧盟则积极争取主导国际碳交易体系和定价权。美国在宣布正式启动退出《巴黎协定》程序的同时，宣布将提出有关气候保护议题的一种“务实和可行的模式”，强调该模式将兼顾可再生能源和化石能源。

6.3 全球气候变化的中国应对

在全球碳减排格局中，中国的角色极其重要而又极其特殊。根据 IEA 公布的数据，2006 年我国人均二氧化碳排放量为 4.55 吨，首次高于同期世界平均水平 4.24 吨（图 6-1）。尤其需要指出的是，国际社会更为关注的是我国二氧化碳排放量的快速增长。庞大的人口规模和持续增长的经济发展势头使中国快速增长的二氧化碳排放量令人无法忽视。

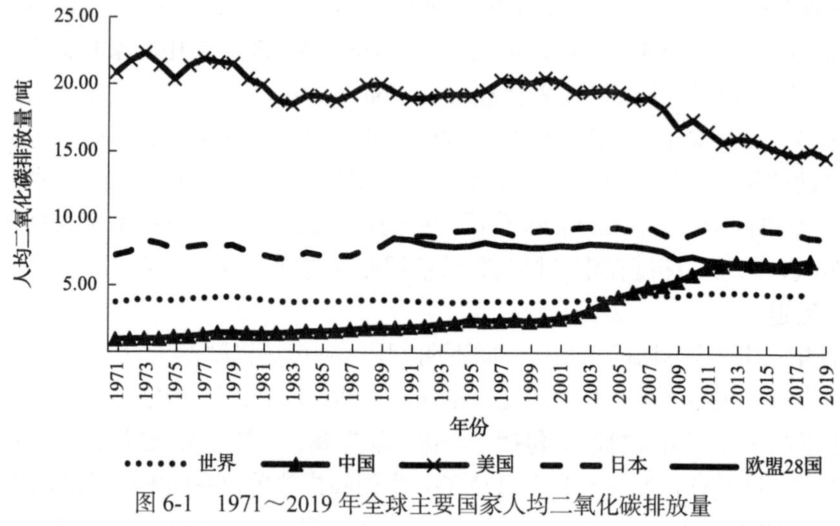

图 6-1 1971～2019 年全球主要国家人均二氧化碳排放量

6.3.1 中国在全球气候变化治理中面临的挑战

面对这个关乎中国、关乎世界、关乎未来的重大问题，作为全球能源消费大国、碳排放大国、全球气候变化的受害者和 UNFCCC 的发展中国家签约国，中国所应承担的责任不言而喻。2006 年我国的二氧化碳排放量已经超过美国成为世界第一大碳排放国，进入 21 世纪之后，二氧化碳排放量更是直线上升（图 6-2）。2019 年我国二氧化碳排放量占全球的 28.76%，未来经济的发展趋势将使我国在能源消费和全球气候变化的国际博弈中承受巨大的压力。

尽管在碳减排问题上我国面临巨大的国际压力，但是基于我国当前的能源结构和经济发展阶段分析，实现二氧化碳的总量减排是非常困难的。首先，二氧化碳减排是经济问题，实质上就是一个能源问题和发展问题。能源关系到人民福祉

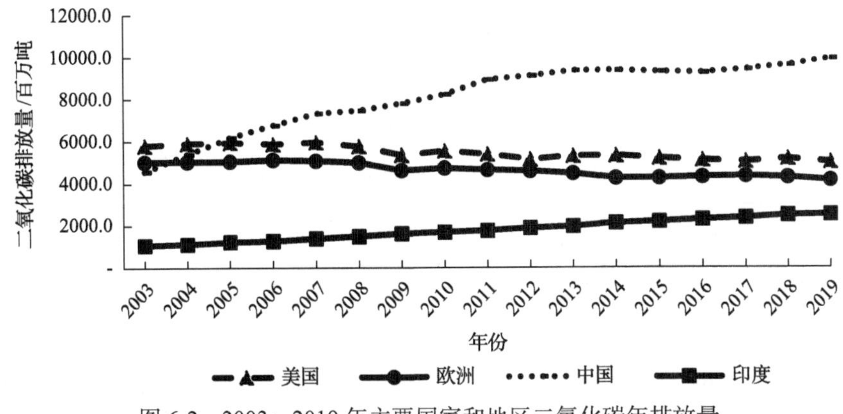

图 6-2　2003～2019 年主要国家和地区二氧化碳年排放量

和社会繁荣，充足而相对廉价的能源持续供应，是国家发展的基石。迄今为止尚没有一个国家其发展不是通过大量的耗能实现的。所以经济问题争的就是能源问题。排放是在使用化石能源中产生的。中国科学院院士丁仲礼的课题组通过研究发现，所有发达国家从不发达进入发达这一发展过程中，无一例外地出现过人均二氧化碳排放高峰期。美国在 1973 年、英国在 1971 年、德国和法国在 1979 年分别达到人均二氧化碳排放高峰，高峰之后二氧化碳排放略有下降或基本保持不变。并且这些国家在发展过程中都经历过碳排放的高速增长期，美国在 1901～1910 年的人均二氧化碳年排放增长率平均为 5.04%，德国在 1947～1957 年为 9.89%，日本在 1960～1970 年高达 11.98%。其次，我国的基础设施建设与发达国家的差距还很大。要解决住房、交通等基本问题都需要大量的能源，必然会排放大量二氧化碳，我国人均二氧化碳排放量囊括了大量的制造业、交通等属于基础设施的建设需要。最后，由于我国“富煤、缺油、少气”的资源禀赋，要调整能源结构面临较大挑战。一方面周期很长，另一方面新能源的探索工作并不是那么简单。现在中国大量地使用高碳基的煤实属一种无奈的选择，因为我国能源结构中煤炭是储量最丰富的能源。

总体而言，经济的发展需要廉价和丰富的能源支撑，而当前最廉价的能源恰恰是高碳基的煤炭和石油。换句话说，二氧化碳的排放权相当于发展权。另外，从经济发展阶段来看，我国当前无法实现二氧化碳的总量减排，但可以实现强度减排。

6.3.2　中国应对全球气候变化的举措

我国作为一个负责任的大国在全球气候谈判和实施的进程中发挥了重大作用，并且以自己的方式在应对全球气候变化时从中央到地方采取了很多措施（表 6-4）。

表 6-4 中国为应对全球气候变化采取的措施

年份	措施/文件名称	主要内容
2005	《中华人民共和国国民经济和社会发展第十一个五年规划纲要》	提出单位国内生产总值能源消耗降低 20%左右、主要污染物排放总量减少 10%的约束性指标
2007	《中国应对气候变化国家方案》	到 2010 年，实现单位国内生产总值能源消耗比 2005 年降低 20%左右
2007	胡锦涛在亚太经合组织第十五次领导人非正式会议上的讲话	发展低碳经济，加强研发和推广节能技术、环保技术、低碳能源技术，增加碳汇，促进碳吸收技术
2008	《中国应对气候变化的政策与行动》	坚持节约资源和保护环境的基本国策，以控制温室气体排放、增强可持续发展能力为目标
2009	胡锦涛在联合国气候变化峰会开幕式上的讲话	继续采取强有力的措施，争取到 2020 年单位国内生产总值二氧化碳排放比 2005 年有显著下降
2009	国务院常务会议	到 2020 年我国单位国内生产总值二氧化碳排放比 2005 年下降 40%～45%，作为约束性指标纳入国民经济和社会发展中长期规划
2014	《国家应对气候变化规划（2014—2020 年）》	到 2020 年，单位国内生产总值二氧化碳排放比 2005 年下降 40%～45%，非化石能源占一次能源消费的比重达到 15%左右，森林面积和蓄积量分别比 2005 年增加 4000 万公顷和 13 亿立方米；低碳试点示范取得显著进展；适应气候变化能力大幅提升；能力建设取得重要成果；国际交流合作广泛开展
2014	《中美气候变化联合声明》	中国计划 2030 年左右二氧化碳排放达到峰值且将努力早日达峰，并计划到 2030 年非化石能源占一次能源消费比重提高到 20%左右
2015	《强化应对气候变化行动——中国国家自主贡献》	中国确定到 2030 年，单位国内生产总值二氧化碳排放比 2005 年下降 60%～65%；2020 年，非化石能源占一次能源消费比重达到 15%左右，并计划到 2030 年非化石能源占一次能源消费比重达到 20%左右
	《中美元首气候变化联合声明》	中国将推动绿色电力调度，优先调用可再生能源发电和高能效、低排放的化石能源发电资源。中国承诺将推动低碳建筑和低碳交通，到 2020 年城镇新建建筑中绿色建筑占比达到 50%，大中城市公共交通占机动化出行比例达到 30%
2020	习近平主席在第七十五届联合国大会一般性辩论上的讲话	中国将提高国家自主贡献力度，采取更加有力的政策和措施，二氧化碳排放力争于 2030 年前达到峰值，努力争取 2060 年前实现碳中和

另外在全球气候变化合作方面，中国正在成为重要的引领者。中国在达成和履行《巴黎协定》方面做出了巨大贡献，这既顺应了中国“创新、协调、绿色、开放、共享”的发展理念，也充分展现了中国在国际社会中负责任的大国态度。

第一，节能减排成效显著。近年来，中国在国内绿色发展方面的扎实行动和成效令世界瞩目。中国提出 2020 年和 2030 年气候行动目标，实施《国家应对气候变化规划(2014—2020 年)》，加快建立绿色生产和消费的法律制度和政策导向，建立健全绿色低碳循环发展的经济体系，设立国有自然资产管理和自然生态监管机构，构建政府为主导、企业为主体、社会组织和公众共同参与的环境气候治理体系，积极落实减排承诺，强化气候适应。中国坚持能源清洁低碳的发展方向，大力发展可再生能源，坚持节约优先，落实“十三五”能耗总量和碳排放强度“双控”制度，推动清洁能源装备制造技术不断升级。当前，中国已成为利用清洁能源第一大国，水电、风电、光伏发电装机规模和核电在建规模均居世界第一，清洁能源投资连续 9 年位列全球第一，累计减少的二氧化碳排放也居世界第一。近年来，中国碳排放强度持续下降，截至 2018 年底，碳排放强度比 2005 年累计下降 45.8%，基本扭转了温室气体排放快速增长的局面；森林覆盖率达 22.96%，森林蓄积量比 2005 年增加 45.6 亿立方米。2016～2018 年，中国单位 GDP 能耗累计降低 11.35%，节约能源约 5.4 亿吨标准煤，为落实“十三五”控制温室气体排放目标和 2030 年国家自主贡献奠定了坚实的基础，也为应对全球气候变化做出重大贡献。

第二，稳步推进全国碳市场建设。2012 年以前，中国碳市场发展较为缓慢，以参与 CDM 为主，随着后京都时代的到来，中国开启了碳市场建设工作，对建立中国碳排放权交易制度做出了相应的决策部署。从 2013 年 6 月开始，深圳率先开展碳排放权交易，其他试点地区也纷纷先后启动市场交易。2017 年 12 月《全国碳排放权交易市场建设方案(发电行业)》印发，标志着全国碳排放权交易正式启动，首批纳入全国碳市场的 1700 余家发电企业，年排放总量超过 30 亿吨二氧化碳当量，约占全国碳排放量的 1/3。2021 年 1 月生态环境部印发的《碳排放权交易管理办法(试行)》，共纳入发电行业重点排放单位 2162 家，年覆盖约 45 亿吨二氧化碳排放量。国家碳排放交易体系于 2021 年 7 月 16 日正式启动，截至 2021 年 12 月 31 日，碳排放配额累计成交量 1.79 亿吨，累计成交额 76.61 亿元。履约完成率为 99.5%,全国碳市场第一个履约周期(2021 年 1 月 1 日—2021 年 12 月 31 日)顺利收官。

第三，深化气候领域南南合作。中国坚持发达国家应为其历史排放承担相应的责任，向发展中国家提供技术和资金支持，同时中国也自愿向发展中国家提供能力范围内的气候援助，作为发达国家资金的“补充”。早在十多年前，中国对外援助项目就已经涵盖了气候变化领域。2012 年以后，中国气候援助更上了一个大台阶。国家发展和改革委员会于 2012 年宣布，将气候变化援助金额翻番，每年的气候南南合作资金支出约 7200 万美元。2015 年 9 月，习近平主席承诺出资

200 亿元人民币建立“中国气候变化南南气候合作基金”[①]，以帮助广大发展中国家应对气候变化。在巴黎气候峰会上，基金的资助范围进一步明确：2016 年起中国将在发展中国家开展 10 个低碳示范项目、100 个减缓和适应气候变化项目及提供 1000 个应对气候变化培训名额(即“十百千计划”)。中国应对气候变化事务特别代表解振华指出，2011～2018 年，中国政府累计安排 7 亿元人民币，通过开展节能低碳项目、组织能力建设活动等帮助其他发展中国家应对气候变化[②]。中国还将继续在南南合作框架下通过赠送应对气候变化物资、支持制定应对气候变化政策规划、推广气候友好型技术等，为最不发达国家、小岛屿国家和非洲国家等发展中国家应对气候变化提供资金、技术和能力建设，帮助发展中国家提高应对气候变化的能力，为应对全球气候变化做出更多贡献。2018 年，国家国际发展合作署成立，整合原分属商务部、外交部和财政部的对外援助职能，被外界视为对标美国国际开发署(USAID)和英国国际发展部(DFID)的发展援助机构。此举将加强中国对外援助的战略谋划和统筹协调，推动援外工作统一管理，改革优化援外方式，更好地服务国家外交总体布局等。

第五，积极参与多边气候议程与行动。中国在气候谈判中始终是不可或缺的一股正能量。《巴黎协定》的达成就离不开中国与美国、法国、印度等相关大国的广泛沟通与合作。在近年《巴黎协定》具体实施规则的谈判过程中，中国更是展现出负责任的大国姿态，积极推动《巴黎协定》尽快步入正式执行阶段。美国宣布退出《巴黎协定》后，中国第一时间表态，无论别国气候政策如何变化，中国应对气候变化的决心、目标和政策行动不会改变。2019 年，中法领导人签署了《中法生物多样性保护和气候变化北京倡议》，表达了坚决支持《巴黎协定》的意志，并呼吁所有国家兑现承诺、加强行动。金砖国家领导人第十一次会晤后，五国共同发表宣言，称将坚持“共区原则”和各自能力原则，还将致力于推动第 25 届联合国气候变化大会取得成功，争取就《巴黎协定》工作计划所有剩余议程取得平衡和全面的成果。

在十九大报告中，习近平总书记两处提到“应对气候变化”，四处提到“低碳”，并指出中国要“引导应对气候变化国际合作，成为全球生态文明建设的重要参与者、贡献者、引领者”[③]。在二十大报告中，习近平总书记指出中国要“积极参与应对气候变化全球治理”[④]，这可以说是对中国参与全球气候治理历史性作用的客观

① 习近平在气候变化巴黎大会开幕式上的讲话(全文). (2015-12-01) [2020-12-30].http://news.cnr.cn/native/gd/20151201/t20151201_520645766.shtml.

② 解振华：中国累计安排 7 亿元帮助其他发展中国家应对气候变化. https://www.ccchina.org.cn/Detail.aspx?newsId=71202&TId=251.

③ 习近平: 决胜全面建成小康社会 夺取新时代中国特色社会主义伟大胜利——在中国共产党第十九次全国代表大会上的报告.(2017-10-27) [2021-01-05]. http://www.gov.cn/zhuanti/2017-10/27/content_5234876.htm.

④ 习近平: 高举中国特色社会主义伟大旗帜 为全面建设社会主义现代化国家而团结奋斗——在中国共产党第二十次全国代表大会上的报告.(2022-10-25) [2023-02-13].http://www.gov.cn/xinwen/2022-10/25/content_5721685.htm.

真实评价。总体而言，中国正在用自己的切实行动，同其他负责任的国家一道为全球气候治理做出积极的贡献。

参考文献

[1] Houghton J T, Jenkins G J, Ephraums J J. Climate Change: The IPCC Scientific Assessment[M]. Cambridge: Cambridge University Press，1990.

[2] Mc W J, Tegart G, Sheldon G W. Climate Change 1992: The Supplementary Report to the IPCC Impacts Assessment [M]. Canberra: Australian Government Publishing Service, 1992.

[3] Houghton J T, Meira Filho L G, Callander B A, et al. Climate Change 1995: The Science of Climate Change[M]. Cambridge: Cambridge University Press, 1995.

[4] Houghton J T,Ding Y, Griggs D J, et al. Climate Change 2001: The Scientific Basis[M]. Cambridge: Cambridge University Press, 2001.

[5] McCarthy J J, Canziani O F, Leary N A, et al. Climate Change 2001: Impacts, Adaption, and Vulnerability[M]. Cambridge: Cambridge University Press, 2001.

[6] Solomon S, Qin D H, Manning M, et al. Climate Change 2007: The Physical Science Basis[M]. Cambridge: Cambridge University Press, 2007

[7] Stocker T F, Qin D H, Plattner G K, et al. Climate Change 2013: The Physical Science Basis[M]. Cambridge: Cambridge University Press， 2013.

[8] Field C B, Barros V B, Dokken D J, et al. Climate Change 2014: Impacts, Adaptation, and Vulnerability[M]. Cambridge: Cambridge University Press, 2014.

[9] IPCC. AR6 Climate Change 2021: The Physical Science Basis[R/OL].（2021-08-06）[2021-10-27]. https://www.ipcc.ch/report/ar6/wg1/#FullReport.

[10] 张文磊. 基于国家利益分析的国际碳减排合作研究[D]. 上海：复旦大学, 2011.

[11] 张晓华, 祁悦. 应对气候变化国际合作进程的回顾与展望（上）[R/OL].（2015-08-13）[2021-10-20]. http://www.ncsc.org.cn/yjcg/fxgc/201508/t20150813_609657.shtml.

[12] 韩一元.《巴黎协定》以来的全球气候治理进程[J]. 国际研究参考, 2019,（11）: 1-6.

第 7 章　低碳经济发展政策

7.1　低碳经济和低碳产业

随着全球人口和经济规模的不断增长，人们逐渐认识到化石能源使用带来的环境问题，不只是细颗粒物、光化学烟雾和酸雨等的危害，大气中二氧化碳浓度升高导致的全球气候变化也得到了广泛的认可。人为排放的二氧化碳等温室气体，与全球气候变化有密切关系，其反过来又影响到人类自身的生存和发展。降低碳排放强度、减少二氧化碳排放总量成为保护我们的生存环境的客观要求。

过多过滥、粗放式地使用资源使单位能源消耗与单位资源消耗过高，会进一步加快和加深资源枯竭的程度。从世界能源储量看，化石能源还可以开采利用较长时间，如在现有技术经济水平和开采强度下（2020 年），煤炭的储采比为 132 年，石油和天然气约 50 年；海水中的氢能则是取之不尽、用之不竭的未来资源。尽管如此，我们也应该看到，如果考虑到环境成本，人类使用化石能源的总成本越来越高。因此，很多国家把应对气候变化的重点放在节能、开发利用可再生能源、发展电动汽车等领域的技术开发上，正是出于对能源资源可持续利用的考虑，研究开发第三代核电技术、节能技术、太阳能风能等可再生能源的开发利用技术、氢能技术、电动汽车等，成为各国加大投入的领域。

在此背景下，"碳足迹""低碳经济""低碳技术""低碳发展""低碳生活方式""低碳社会""低碳城市""低碳世界"等一系列新概念、新政策应运而生。而能源与经济乃至价值观转变的结果，可能为逐步迈向生态文明走出一条新路，即摒弃 20 世纪的传统增长模式，应用创新技术与创新机制，通过低碳经济模式与低碳生活方式，实现经济社会可持续发展。

7.1.1　低碳经济

1. 低碳经济概念的提出

低碳经济概念的雏形可追溯至 1992 年的《联合国气候变化框架公约》和 1997 年的《京都议定书》。"低碳经济"一词最早出现于 2003 年英国能源白皮书——《我们能源的未来：创建一个低碳经济》，该书中提出：到 2050 年，英国的二氧化碳排放量达到 1990 年的 60%，建立一个低碳经济体。2006 年 10 月，前世界银行首席经济学家斯特恩主持撰写的《气候变化经济学——斯特恩报告》中提出，以全球每年 1%的 GDP 投资就可以避免每年 5%～20%的经济损失，呼吁全球向低碳经济转型。

2. 低碳经济的定义

低碳经济是指通过能源技术和减排技术创新、产业结构和制度创新及人类生存发展观念的根本性转变，推动提高能效技术、节能技术、可再生能源技术、温室气体减排和捕获技术的开发与利用，促进整个社会经济朝低能耗、低污染、低排放（“三低”）和高效能、高效率、高效益（“三高”）的模式转型。

低碳经济要实现经济发展与碳排放“脱钩”。如果化石燃料使用及二氧化碳排放量的增长低于经济增长，就属于相对“脱钩”；如果是零增长或负增长，就属于绝对“脱钩”。

低碳经济以减少温室气体排放为目标，构筑以低能耗、低污染、低排放为基础的经济发展体系，包括低碳能源系统、低碳技术和低碳产业：低碳能源系统主要发展风能、太阳能、核能、地热能和生物质能等清洁能源；低碳技术涉及电力交通、建筑、冶金、化工、石化等部门及在可再生能源及新能源、煤的清洁高效利用、油气资源和煤层气的勘探开发、碳捕获与封存等领域开发的有效控制温室气体排放的新技术；低碳产业就是以低能耗、低污染、低排放为主要特征的产业[1]。

7.1.2　低碳产业体系

1）低碳能源产业

低碳能源产业主要是开发和发展低碳基能源，以替代传统以煤炭和石油等为主体的高碳基化石能源。低碳基能源主要包括核电、天然气等清洁能源和可再生能源。在清洁能源中，核能具有高效、无污染等特点，是一种清洁优质的能源。天然气是低碳基能源，燃烧后无废渣、废水产生，具有使用安全、热值高、洁净等优势。太阳能、风能、水能、生物质能、地热能等可再生能源对环境的污染和温室气体排放远低于化石能源，甚至可以实现零排放。地球上各类低碳基能源都很丰富，目前已具备大规模开发的资源和技术条件，具有很大的产业发展潜力。

2）低碳交通运输业

发展新能源和电动汽车及电气轨道交通是交通低碳化的重要途径。电气轨道交通是以电力为动力，以轨道为行走线路的交通工具，是理想的低碳运输方式。城市电气轨道交通分为城市电气铁道、地下铁道、单轨、导向轨、轻轨、有轨电车等多种形式。

3) 低碳工业

低碳工业主要是发展节能工业，重视绿色制造，鼓励循环经济。通过调整产业结构，促使工业结构朝着节能降碳的方向发展，建立健全绿色低碳循环发展的经济体系。在制造业中，综合考虑环境影响和资源效益的现代化制造模式，其目标是使产品从设计、制造、包装、运输、使用到报废处理的整个产品生命期中，对环境的影响最小，资源利用率最高，从而使企业经济效益和社会效益协调优化。低碳工业的实质是能源高效利用、开发清洁能源，核心是能源技术和减排技术创新、产业结构和制度创新。

4) 低碳建筑业

低碳建筑业主要是在建筑业中应用低碳建筑，用可再生能源替代化石能源。世界各国建筑能耗中排放的二氧化碳占全球排放总量的 30%～40%。低碳建筑就是在建筑材料与设备制造、施工建造和建筑物使用的整个生命期内，减少化石能源使用，在建筑规划、设计、建造和使用过程中，通过可再生能源的应用、自然通风采光的设计、新型建筑保温材料的使用、智能控制等降低建筑能源消耗，合理有效地利用能源。

5) 低碳农林种植业

低碳农林种植业包括植树造林，发展生态农业、有机农业等。植树造林在吸收碳排放和改善生态的同时，具有一定的经济效益。发展生态农业、有机农业以生态环境保护和安全农产品生产为主要目的，大幅减少化石燃料、化肥和农药使用量，减少农业生产中的碳排放量。通过使用有机肥替代化肥，利用生物技术防治病虫害，减少农药的使用量。

6) 低碳服务业

低碳服务业主要是发展绿色服务、低碳物流和智能信息化。绿色服务充分考虑自然环境的保护和人类的身心健康，从服务流程的设计、耗材、产品、营销、消费等各个环节节约资源和能源、防污和减污，以达到经济效益和环境效益的统一。低碳物流要实现物流业与低碳经济互相支持，通过整合资源、优化流程、施行标准化等实现节能减排。智能信息化通过服务智能信息化，降低服务过程中对有形资源的依赖，将部分有形服务产品采用智能信息化手段转变为信息服务形式，减少服务活动对生态环境的影响。

7.1.3　低碳经济的发展路径

1. 各国为发展低碳经济采取的战略行动

低碳经济理念已经得到世界各国的认可并已付诸行动，各国还制定了一系列的行动计划。表 7-1 展示了一些国家为实现低碳经济而采取的战略行动。

表 7-1 一些国家为实现低碳经济实施的计划

国家或地区	低碳经济计划
澳大利亚	从 2019 年 7 月 1 日起实施名为“减少碳污染计划”的限额与交易机制，承诺到 2020 年在 2000 年的基础上实现 25%的碳减排
巴西	执行一项“国家能效政策”，到 2030 年实现 1060 亿千瓦时/年的节能目标，相当于当年减少碳排放 3000 万吨
哥斯达黎加	到 2021 年实现碳中和
法国	2016 年发布《法国国家低碳战略》，承诺到 2030 年温室气体排放量比 1990 年减少 40%，到 2050 年减少 75%
英国	2019 年的《气候变化法案》要求有一个独立的专家委员会制定具有法律约束力的五年碳预算。该法案要求通过英国和国外的行动到 2050 年在 1990 年的基础上实现至少 80%的减排，2020 年在 1990 年的基础上减排 34%，如果能够达成全球气候变化协议，这一目标将提高到 42%，英国还承诺不新建没有碳捕获与封存技术的燃煤电，以实现 25%碳捕获的目标，到 2025 年实现 100%的碳捕获
墨西哥	计划到 2019 年建立一个限额与交易的国内机制，减少特定产业部门(水泥和炼油等)的排放，政府还承诺到 2050 年在 2019 年的基础上减少 50%的碳排放
挪威	目标是到 2030 年实现碳中和。已经投入 1.4 亿欧元在选定的欧盟国家实施为期五年的碳捕获与封存项目
南非	制定了最迟在 2020～2025 年把温室气体增速降低一半的计划。采取各种经济和政策措施，逐步使排放趋于稳定乃至减少
瑞典	2000 年，瑞典讨论了一个到 2050 年在 1990 年的基础上减排 50%的目标。瑞典政府表示该国应该采取国际行动，把温室气体浓度稳定在 550ppm 水平以下。到 2050 年应该把瑞典的人均排放降低到 4.5 吨二氧化碳当量以下。然而与当前的排放水平相比，这仅仅实现了 40%的减排。2019 年度预算中有 70 亿克朗，用于从 2009～2019 年的气候和能源行动
美国	美国政府提出到 2020 年在 2019 年的基础上实现 14%～15%的减排。《美国清洁能源与安全法案》呼吁建立一个绝对上限，可以覆盖 85%的美国经济，到 2020 年在 2019 年的基础上减排 17%，到 2050 年在 2019 年的基础上减排 80%。该法案要求电力公共事业部门到 2020 年要利用可再生能源和能效方式满足 15%的能源需求，到 2025 年对清洁能源技术和能效的新投资达到 900 亿美元
欧盟	承诺到 2020 年在 1990 年的基础上减排 30%，2019 年的欧盟气候和能源一揽子政策又制定了 3 个 2020 年要达成的目标：能源消费量在先前预期基础上减少 20%；可再生能源在总能源消费中的比例提高到 20%；从可持续生产的生物燃料中获取的汽油和柴油比例提高到 10%

有一些国家为实现表 7-1 中设置的低碳计划，还制定了其他的保障措施。例如，英国从 2001 年 4 月开始征收气候变化税(climate change levy，CCL)，旨在帮助英国在实现国内和国际温室气体减排目标的同时促进英国国内企业有效利用能源，开发绿色新能源技术。针对电气行业的气候变化税率为 0.00485 英镑/千瓦时(自 2011 年 4 月始)。英国开征气候变化税的初衷并不是为了增加政府的财政收入，而是秉持税收中立的原则，并将其贯彻到税收收入再返还的实践中，以减少气候变化税对市场经济运行所产生的负面干扰。英国政府主要通过三个途径将气候变化税的收入返还给企业：一是所有被征收气候变化税的企业为雇员缴纳的国民保险金减少

0.3%，这样能够降低企业因缴纳气候变化税而增加的负担，在一定程度上缓解了企业的抵触情绪，而政府获得的税收收入也恰好可以被用来抵减社会保险税带来的财政支出；二是通过“强化投资补贴”项目鼓励企业投资节能和环保技术或设备；三是成立碳基金，为产业与公共部门的能源效率咨询提供免费服务、现场勘察与设计建议等，并为中小企业在提高能源效率方面提供贷款，支持短时间的能源效率提升活动。英国的气候变化税一年筹措 11 亿～12 亿英镑，其中，8.76 亿英镑以减免社会保险税的方式返还给企业，1 亿英镑补贴节能投资，0.66 亿英镑拨付给碳基金。

2007 年 5 月，日本首相安倍晋三将“低碳社会”作为日本未来的发展方向，同年 6 月日本内阁通过《21 世纪环境立国战略》，正式将“低碳社会”作为 2050 年的重点发展目标。2009 年鸠山由纪夫政府将减排目标设定为 2020 年温室气体排放总量在 1990 年的基础上减排 25%；将建设“低碳社会”和“稳定、健康、长寿社会”作为核心目标。从表 7-2 可以看出，低碳社会的建设是个复杂的系统工程，需要政府、企业和居民共同参与，通过多种途径来充分调动各方减排的积极性。

表 7-2　2050 年日本低碳社会情景的十二大行动

<table>
<tr><th>行动名称</th><th>说明</th><th>预期减排目标</th></tr>
<tr><td>舒适与绿色的建筑环境</td><td>有效利用太阳能与能源效率的建筑环境设计；智能建筑</td><td rowspan="2">住宅行业：
0.48 亿～
0.56 亿吨 CO_2</td></tr>
<tr><td>无论何时何地，
使用合适的器具</td><td>使用先进与合适的器具；减少器具的初始成本并提高效用</td></tr>
<tr><td>提高地方的季节性食品供应</td><td>以季节性、安全、低碳的当地食物为烹饪原料</td><td rowspan="3">工业部门：
0.3 亿～
0.35 亿吨 CO_2</td></tr>
<tr><td>可持续建筑材料</td><td>使用当地的可再生建筑材料与产品</td></tr>
<tr><td>商业与工业中的环境教育</td><td>企业着眼于建立并经营低碳市场，通过能源效率生产系统，供应低碳、高附加值的产品和服务</td></tr>
<tr><td>迅捷通畅的物流保障</td><td>网络式的无缝物流系统与供应链管理，充分利用交通运输与信息通信等基础设施</td><td rowspan="2">交通部门：
0.44 亿～
0.45 亿吨 CO_2</td></tr>
<tr><td>友好的城市步行设计</td><td>城市设计要有友好的短途与行人(自行车)交通道路以提高公共交通的效率</td></tr>
<tr><td>低碳电力</td><td>通过大规模的可再生能源、核能电站及装备有碳捕集与封存设备的化石(或生物)燃料火电厂来供应低碳电力</td><td rowspan="3">能源转化部门：
0.81 亿～
0.95 亿吨 CO_2</td></tr>
<tr><td>满足当地需求的本地可再生能源</td><td>提高本地可再生能源的利用，如太阳能、风能、生物质能及其他类型能源</td></tr>
<tr><td>下一代能源</td><td>开发完全不产生碳排放的氢能或发展以生物质能为基础的能源供应系统所需的基础设施</td></tr>
<tr><td>鼓励消费者做出快速而又合理选择的商标</td><td>为了让消费者聪明地选择低碳产品和服务，应该宣传能源利用与 CO_2 成本的相关信息</td><td rowspan="2">交叉部门</td></tr>
<tr><td>低碳社会的领导能力</td><td>为建设低碳社会而进行人力资源开发并认识这种非凡贡献的作用</td></tr>
</table>

数据来源：Fujino J, Kainuma M. 2050 Japan and Asia Low-Carbon Society (LCS) Scenarios and Actions[R]. Tokyo: National Institute for Environmental Studies ,2009.

2. 国外低碳城市的建设实践

发达国家的经验表明，随着城市化进程与后工业化社会的到来，交通和居住能耗将逐步上升，甚至取代工业成为城市能耗主体。城市综合服务功能能够有效降低碳减排成本，最大限度地扩散碳减排成果。城市不仅是未来的主要碳源，也是碳减排资源的汇聚地和新兴低碳产业的孕育地。因此很多国家在致力于建设低碳城市方面进行了诸多实践。

2005 年 10 月，由当时的伦敦市长利文斯通提议，18 个世界一线城市的代表在伦敦聚会商讨全球气候变化问题。会议上，与会代表共同发表公报，承诺将通过彼此间的协作来应对气候变化。此后，此组织成员逐步扩充至 40 个世界级大城市，被称为“C40”，截至 2021 年，C40 共有 97 个成员城市。2009 年 3 月，韩国首尔承办了第三届 C40 首尔世界大城市气候变化峰会，发布了《首尔宣言》，要求各城市在市政运营及城市开发过程中，要确切掌握各自的碳排放情况，通过政策、计划、项目的制定来减少碳排放，同时还要采取措施尽量消除已排放温室气体造成的影响。《首尔宣言》还要求各城市履行“气候变化行动计划”，制定温室气体的阶段性减排目标、各自的行动计划及具体时间表。此后，这些 C40 城市纷纷提出自己的减碳行动计划和减碳目标，如悉尼计划在 2030 年使温室气体排放较 2006 年减少 70%，哥本哈根将在 2025 年全部使用非化石燃料[2]。一些城市还围绕低碳城市的建设目标，在建筑、能源、运输、废弃物利用等方面进行了积极实践。

作为“低碳经济”最早的践行者，英国首都伦敦市提出了很多先进理念并进行了诸多尝试。2004 年，伦敦市长办公室颁布了《给清洁能源的绿灯：市长的能源战略》(*Green Light to Clean Power: The Mayor's Energy Strategy*)，拟定了降低能源消耗和碳排放的 2050 目标，并促成了推动这些目标实现的相关合作伙伴关系的建立，如“能源伙伴”(以可再生能源与能源效率为主)、“氢能伙伴”(以燃料汽车为主)及“气候变化伙伴”(以降低风险，提高气候变化适应能力为主，有机结合碳减排行动)等。2006 年正式成立伦敦气候变化署(现已并入伦敦发展署，London Development Agency)——一个负责落实市长在气候变化方面的政策和战略的市政府直属官方机构。在此后的《伦敦计划》(*The London Plan: Spatial Development Strategy for Greater London.*)修订中，将可持续发展、气候变化整合到伦敦的中长期发展计划中，如要求能源的清洁生产及使用 20%当地可再生能源，同时还寻求垃圾回收、水资源管理的方法，以及综合应对气候变化所需采取的措施。

2007 年 2 月，伦敦市政府正式颁布了《行动今日，保护明天：市长的能源战略与气候变化行动方案》(*Action Today to Protect Tomorrow: The Mayor's Climate Change Action Plan*)，设定了城市减碳目标和具体实施计划，主要集中在《伦敦计划》未覆盖的三个重要领域，包括现有房屋储备、能源运输与废弃物处理和交通三部分。《行动今日，保护明天：市长的能源战略与气候变化行动方案》成为伦敦迈向低碳城市的里程碑。其目标是 2025 年比 1990 年基准年减少碳排放 60%，其中 35%是通过伦敦的直接行动实现，25%是通过英国政府承担。在该行动计划中，伦敦指出了推进低碳城市建设的几个重点方向，如下所述。

(1)家庭碳排放：主要措施是实施“绿色家居计划”，即补贴阁楼和空心墙的隔热改造费用；通过市场宣传提高市民对于减少碳排放和节能的认识；向市民提供家庭节能和碳减排的咨询服务；同节能基金合作，提供一站式的咨询服务，帮助市民实施节能措施和采用微型可再生能源；为愿意付费的部门提供能效改善、微型可再生能源和节水措施的量身定制能源审计与项目管理服务；提供提高伦敦社会住房能源效率的计划；加强在安装和服务节能及微型可再生能源产品和系统方面的技能培训。

(2)商业和公共部门活动的碳排放：主要措施是实施“绿色组织计划”，即构建“更好的建筑伙伴关系”，帮助和鼓励商业业主升级他们的建筑，尤其是在例行翻修时；实施“绿色组织徽章计划”，通过和客户合作，改变员工行为和改进建设行为来减少碳排放。通过游说活动来支持这两项活动，推动节约能源和选用清洁能源。

(3)新建设和开发的碳排放：要求新发展计划优先采用分布式能源，特别是利用热电冷联供系统；在城市规划中进一步强调能源效率，市长规划决策组和环境组将增加对能源效率的考虑；在整个大伦敦行政区强调能源效率，将其作为新建房屋优先考虑的因素。

(4)能源使用碳排放：在伦敦市内加快发展热电冷联供系统；加快发展将废弃物转化为能源；推动小中型可再生能源的发展；推动大型可再生能源(风能、潮汐能)的使用；加快对新能源的投资；支持碳封存。

(5)地面交通碳排放：鼓励伦敦市民改变出行方式，用公共交通、步行和自行车来替代私家车出行；提高交通工具的能源效率；推广低碳汽车和能源；引进碳价格制度，根据二氧化碳排放水平，向进入市中心的车辆征收费用。

(6)航空碳排放：积极影响欧盟和国际航空政策，如列入欧盟碳排放交易计划和征收航空燃油税；与航空公司合作来逐步减少碳排放；限制机场跑道的进一步扩张；教育市民改用其他交通方式；政府以身作则，减少不必要的航空出行。

(7)政府相关碳排放：提高建筑物的能源效率；最大限度地使用分布式能源；鼓励公务员养成节能习惯；最大限度地减少交通碳排放；严格执行政府绿色采购政策，选用低碳技术和服务。

3. 中国的低碳经济发展路径

中国是一个发展中大国，经济发展迅速，目前已成为世界第二大经济体、第一大能源生产国和消费国。中国发展低碳经济，符合全球“低碳化”的发展趋势。需要特别指出的是，就我国的现状和当前所处的发展阶段而言，虽然我们已坚定地选择了落实碳减排、走低碳发展之路，但前进道路上的曲折与艰辛将是他国未曾有过的。展望未来，我国碳减排的困难主要表现在以下三个方面[3]。

第一，在发展新能源、清洁能源等替代能源方面存在的困难不容忽视。“富煤、缺油、少气”的资源禀赋使我国能源消费具有明显的“高碳”特征。为了尽早扭转能源消费与高碳排放双增长的局面，我国在发展新能源、清洁能源方面态度积极且付出了大量努力，但不容忽视的是，我国在这一领域的发展并不具有显著优势。

如果我国铀矿资源的勘探与开发速度跟不上需要，则大力发展核电将使我国在原料获取方面受制于国际市场。如果我国在核心技术方面长期不能取得长足进展、相关的配套设施建设的滞后状态难以尽快转变，则风电与太阳能产业在我国未来的能源结构中扮演怎样的角色将具有相当大的不确定性。水资源的开发与我国土地资源的稀缺性、生态敏感区保护的目标冲突依旧，对国际性河流的开发会引起邻国的关注。

由此可见，从自然资源禀赋特征来看，我国以煤为主的能源结构特点在可预见的未来是难以改变的。在高碳背景之下，我国温室气体排放量的削减将遭遇比发达国家更大的困难。

第二，我国当前所处的经济快速成长期加剧了碳减排的难度。目前，我国正处在工业化中后期和与之相对应的高速城市化建设时期。在未来二十年，我国的工业化、城市化和现代化仍将处于快速发展阶段。考虑到中国经济的规模和成长性，当前及未来密集的城市建设加大了我国对高能耗产品的需求。不论是新城建设还是旧城改造，都将拉动全社会对水泥、钢材、有色金属等高能耗产品的消费增长，从而使我们这个时代具有高碳排放的特征。可以预见，只要这一建设高潮期续存，我们就难以降低经济活动对高耗能行业的需求。

2018 年，中国人均二氧化碳排放量约为 6.84 吨，不仅超过了世界人均水平 4.42 吨，而且超过了欧盟 28 国平均水平 6.14 吨。但是为了使当前的 14 亿中国人过上高质量的生活，能源消耗与碳排放的增长都将不可避免。巴黎气候大会上，中国承诺二氧化碳排放力争于 2030 年前达到峰值，努力争取 2060 年前实现碳中和。

就其他国家的经验而言，任何国家在建设高潮期都是利用廉价化石能源在尽可能短的时间内实现城市面貌的全面更新。在这一时期，试图以价格高昂的新能源替代化石能源的做法缺乏可行性——不但是资金与技术均显匮乏的发展中国家做不到，即使是发达国家在历史上也未曾做到。因此，要求我国在当前的建设高潮中，放弃廉价的煤而使用昂贵的清洁能源、新能源等非但不合理，且存在巨大的现实困难。

第三是转变经济增长方式困难。虽然转变经济增长方式被认为是解决问题的根本之策、长远之计。但是，由于这一问题涉及社会经济活动的各个领域，与诸多深层次的改革相联系，消除经济增长方式的粗放性是十分困难的。

总之，我国能源结构高碳基的特点在短期内难以改变。化石能源消耗量、碳排放量上升的局面在短期内难以扭转。在这样的背景下，我国选择低碳经济道路既是一个负责任的大国对人类未来的庄严承诺，同时又意味着具有山一般沉重的压力。对于如何使国家既保持较快的发展速度，又实实在在地遏制碳排放的增加，我们面临着前所未有的严峻挑战。这要求我们在社会经济发展的所有领域充分发掘低碳经济的潜力。

传统意义上，我国在低碳经济相关领域的工作的推进思路具有工程和技术导向的特点，这意味着碳减排聚焦于节能改造工程和新能源技术上。但如前所述，我国的碳减排异常艰难，仅仅局限于新能源技术和单位产品能耗的下降是远远不够的。必须从发展目标和发展方式开始，将生产生活的所有细节均纳入低碳经济的范围。

特别要指出的是，我国确定的碳减排方式是强度减排，也就是追求单位 GDP 碳排放强度的下降。对此，不能仅仅理解为是因为我国无法实现总量减排而采取权宜性减排策略。强度减排不仅符合我国当前特定发展阶段的基本国情，更为我国有效开展碳减排开辟了广阔的空间。在该模式下，我们至少可以从以下方面推进碳减排。

(1)技术进步。不仅包括新能源、清洁能源技术、能效技术的开发和应用，也包括广义的技术进步。任何技术进步都会在不同程度上带来能效水平的提高，因此，在社会经济生活的任何领域，技术进步带来的能效改善的涓涓溪流，最终会汇集成碳减排的浩浩大江。

(2)人的进步。意味着劳动者劳动技能水平的普遍提高，以及社会经济活动组织与管理的完善。所有这些都会带来巨大的节能效应。

(3)低碳基能源对高碳基能源的替代。用更为优质、高效、低排放的能源替代传统能源被认为是实现低碳发展的重要路径，但使用价格相对较高的新能源、清洁能源则要求经济运行质量有重大的提高。

(4)走出“微笑曲线”底部。重视产品质量、服务质量和消费质量及品牌价值，力争在国际经济分工中处于更为有利的地位。在企业、行业和国家层面均如此。

(5)更为有效的公共物品和公共服务。加大公共物品与公共服务的供给，能有效缓解人们因追求生活质量的提高而对包括能源在内的自然资源所形成的压力。其成功实施取决于生活方式与生活观念的转变及由此决定的发展目标。

从逻辑上讲，所有这些路径综合起来就是发展方式转型。唯有启动发展方式转型才能确保发展低碳经济顺利实现。就当前的情况而言，低碳经济是发展方式转型的抓手，为发展方式转型提供强大动力。我国所提出的强度减排目标、应对气候变化的方案等的主线就是低碳经济与发展转型紧密结合，以低碳经济促发展转型，寓低碳经济于发展转型之中。

7.2　碳减排的政策设计

《京都议定书》认定二氧化碳、甲烷和氢氟碳化物等六种气体为温室气体，其中以二氧化碳为主，目前各国所采取的温室气体减排政策也主要是针对二氧化碳而言。目前发达国家广泛采用的碳减排政策以实施碳排放权交易和征收碳税为主。截至 2017 年 9 月，世界上共有超过 40 个国家、25 个省(州)和城市实行了碳排放权交易或碳税减排政策，覆盖全球 25%的温室气体排放量。

7.2.1　国家和区域碳排放清单编制

碳排放清单是应对气候变化的一项基础性工作。通过碳排放清单可以识别出温室气体的主要排放源，了解各部门排放现状，预测未来减排潜力，从而有助于制定应对措施。根据《联合国气候变化框架公约》的要求，所有缔约方应按照 IPCC 国家温室气体排放清单指南编制各国的温室气体排放清单[4]。

温室气体排放清单编制工作必须在一定的规范指导下进行。目前，国家和企业层面的清单编制规范已经相对统一。IPCC 于 1995 年第一次公布、2006 年完善的《IPCC 国家温室气体排放清单指南》，是其成员国编制国家清单规范的方法学指南，为世界上绝大多数国家所采用。

《IPCC 国家温室气体排放清单指南》覆盖能源活动、工业生产过程、农业、土地利用变化和林业及废弃物处理五个领域。其方法学的一般结构为：选择方法(包括决策树和方法层级定义)、选择排放因子、选择活动数据、完整性、建立一致性时间序列。该方法学提供的清单编制思路有两种：

一种是基于消费量的“参考方法”，是自上而下的，碳排放量基于各种化石燃料的消费量，用各种燃料品种的单位发热量、含碳量及燃烧各种燃料的主要设备的平均氧化率，扣除化石燃料非能源用途的固碳量等参数综合计算得到。

另一种是基于国民经济各门类的“部门方法”，是自下而上的，碳排放量是基于分部门、分燃料品种、分设备的燃料消费量等活动水平数据及相应的排放因子等参数，通过逐层累加综合计算得到。

为了满足计算精度的需要，IPCC 在“部门方法”中创造了“层级”概念，不同层级表示不同的排放因子获取方法，从层级 1 到层级 3，方法的复杂性和精确性都逐级提高。“参考方法”的优点包括易于获取数据、计算方法能够保证清单的完整性与可比性等，缺点是难以确定排放主体的减排责任。与之相反，“部门方法”的优点是能够明确部门减排责任，缺点是时间消耗长、工作量大、难以保证可比性。

与国家及企业(组织)清单相比，城市层面的清单编制还没有形成统一的方法学。世界范围内已经编制完成的城市清单，主要依据IPCC国家温室气体排放清单指南、国际地方政府环境行动理事会(International Council for Local Environmental Initiatives, ICLEI)推出的“温室气体排放方法学议定书”(IEAP)及曼彻斯特大学公布的“温室气体地区清单协定书”(GRIP)提供的方法学编制。国家发展和改革委员会于2011年公布的《省级温室气体清单编制指南(试行)》是我国目前指导温室气体清单编制的方法学规范[5]。

核算温室气体为二氧化碳、甲烷、氧化亚氮、氢氟碳化物、全氟化碳和六氟化硫六种，计算出各自的排放量后再折合成二氧化碳当量。

碳排放估算分为能源活动、工业生产过程、农业、土地利用变化和林业、废弃物处理五大部门，每一个部门包含一组相关的过程、源和汇。

能源活动温室气体清单和报告编制的范围主要包括化石燃料燃烧活动产生的二氧化碳、甲烷和氧化亚氮排放；生物质燃料燃烧活动产生的甲烷和氧化亚氮排放；煤矿开采和矿后活动及石油和天然气系统产生的甲烷逃逸排放；电力调入、调出导致的间接排放。

工业生产过程清单和报告编制的范围主要包括水泥、石灰、钢铁、铅锌冶炼生产过程的二氧化碳排放；己二酸生产过程的氧化亚氮排放；硝酸生产过程的氧化亚氮排放；一氯二氟甲烷生产过程的三氟甲烷排放；铝生产过程的全氟化碳排放；镁生产过程的六氟化硫排放；电力设备生产过程的六氟化硫排放；半导体生产过程的氢氟烃、全氟化碳和六氟化硫排放；氢氟烃生产过程的氢氟烃排放。

农业清单和报告编制的范围主要包括稻田、动物肠道发酵、动物粪便管理系统的甲烷排放；农用地、动物粪便管理系统的氧化亚氮排放。

土地利用变化与林业清单和报告编制的范围主要包括森林和其他木质生物碳储量的变化，以及森林转化为非林地的二氧化碳排放。

废弃物处理清单和报告编制的范围主要包括城市固体废弃物处理、城市生活污水和工业生产废水的甲烷排放、生活污水和工业生产废水的氧化亚氮排放。

核算方法：

$$\text{温室气体排放量/吸收汇}=\text{活动水平数据}\times\text{排放因子}$$

源和汇的排放因子是指与活动水平数据相对应的系数，用于量化单位活动水平的温室气体排放量或清除量，如单位燃料燃烧的二氧化碳排放量、单位面积稻田甲烷排放量、万头猪消化道甲烷排放量等。

7.2.2　碳排放权交易体系

与第 5 章提到的可交易的排污许可类似，碳排放权交易体系就是将二氧化碳排放权作为商品进行买卖，这是目前一些国家在发展低碳经济过程中常用的经济手段。

碳排放权交易市场有两种类型，分别是强制减排市场(管制市场)和自愿减排(VER)市场。强制减排市场有基于配额的交易(allowance-based transactions)和基于项目的交易(project-based transactions)两种类型，前者一般是“总量控制—交易”(cap-and-trade)体系下的国家(地区)或企业开展碳排放配额的交易，这是全球碳市场的主体，通常是现货交易；后者是指履约的发达国家在联合履约机制和清洁发展机制下分别与其他发达国家和发展中国家开展碳减排项目合作，分别产生减排单位和经核证的减排量的交易，通常以期货方式预先买卖。自愿减排市场相对宽松，目前市场规模较小，尚未形成统一的国际标准，主要的参与者是一些比较大的企业或机构。

1. 欧盟的碳排放权交易体系

目前，世界上已有很多国家和地区建立了碳排放权交易体系，其遍布欧洲、北美、大洋洲和亚洲地区。其中欧盟碳交易机制(the US emission trading scheme，EU-ETS)、美国区域温室气体行动、澳大利亚新南威尔士州温室气体减排体系及日本东京都碳排放权交易体系是交易最为活跃、发展最为成熟的碳排放权交易体系，已经成为其他国家建立碳排放权交易体系的典范。其中 EU-ETS 最具代表性。

EU-ETS 是世界上第一个多国参与的碳排放权交易体系，是欧盟为了实现《京都议定书》确立的二氧化碳减排目标于 2005 年建立的气候政策体系。EU-ETS 是欧盟气候政策的核心部分，以限额交易为基础，提供了一种以最低经济成本实现减排的方式。

它将《京都议定书》下的减排目标分配给各成员国，参与 EU-ETS 的各国，必须符合欧盟温室气体排放交易指令的规定，并履行《京都议定书》减量承诺，以减量分担协议作为目标，执行温室气体排放量核配规划工作。各成员国根据减排目标，为本国设置一个排放量的上限(即国家计划)，确定纳入排放交易体系的产业和企业，并向这些企业分配一定数量的排放许可权——欧盟排放配额(EUA)。各企业通过技术升级、改造等手段减少二氧化碳排放，如果企业的实际排放量小于分配到的排放许可量，那么它就可以将剩余的排放权拿到排放市场上出售，获取利润；反之，它就必须到市场上购买排放权。由此，EU-ETS 创造出了一种激励机制，它激发私人部门最大可能地以成本最低的方法实现减排。欧盟试图通过这种市场化机制，确保以最经济的方式履行《京都议定书》，把温室气体排放限制在所希望的水平上。超额排放二氧化碳的企业会受到惩罚。在试运行阶段，企业每超额排放 1 吨二氧化碳，将被处罚 40 欧元；在正式运行阶段，罚款额提高至每吨二氧化碳 100 欧元，并且还要从次年的企业排放许可权中将该超额排放量扣除。

EU-ETS 共分为三个阶段实施，每个阶段的目标、交易机制、覆盖的行业范围等都不一样。第一阶段是试验阶段，从 2005 年 1 月 1 日至 2007 年 12 月 31 日。此阶段的主要目的并不在于实现温室气体的大幅减排，而是获得运行总量交易的经验。仅选择二氧化碳一种温室气体，设置了被纳入体系的企业的门槛，大约覆盖 11500 家企业，其二氧化碳排放量占欧盟的 50%。第二阶段是从 2008 年 1 月 1 日至 2012 年 12 月 31 日，时间跨度与《京都议定书》第一承诺期一致。欧盟借助所设计的排放交易体系，正式履行对《京都议定书》的承诺。第三阶段为发展阶段，时间从 2013 年 1 月 1 日至 2020 年 12 月 31 日，时间跨度与《京都议定书》第二承诺期一致，该阶段的目标是保证欧盟碳排放总量下降的速度达到每年 1.74%，以实现到 2020 年时在 1990 年的基础上减排 20%的目标。

该体系所覆盖的成员国在排放交易体系中拥有相当大的自主决策权，这是欧盟碳排放交易体系与其他总量交易体系的最大区别。欧盟碳排放交易体系分权化治理思想体现在排放总量的设置、分配、排放权交易登记等各个方面，某种程度上可以被看作是遵循共同标准和程序的多个独立交易体系的联合体。

EU-ETS 的运行有较好的成效。反映碳排放许可权稀缺性的价格机制初步形成，其在进一步运用总量交易机制解决气候变化问题方面积累了丰富的经验，促进了欧盟碳金融产业的发展，提升了欧盟在新一轮国际气候谈判中的话语权，但是也存在一些如配额过剩、对其他地区的转移、内幕交易等问题。例如，过高的上限使得 EU-ETS 在 2007 年底第一阶段结束之际，实际二氧化碳排放量比设定配额还要低 7%。2014 年，整个 EU-ETS 中仍有约 13 亿碳排放许可过剩。过剩的供应压低了污染者的排放成本，导致配额价格持续下跌。至 2014 年，碳排放交易价格基本在 4.3～5 欧元/吨。极低的配额价格使生产者以微小代价即可获得大量碳排放许可，反而不利于减排技术的进步。

2. 中国碳排放权交易市场

2011 年 10 月，《国家发展改革委办公厅关于开展碳排放权交易试点工作的通知》发布，批准北京、天津、上海、重庆、广东、湖北及深圳开展碳排放权交易试点。2013 年 6 月 13 日，深圳市启动国内首个碳排放权交易平台，标志着中国碳市场建设迈出了关键性的一步，其他地区先后启动了碳排放权交易试点。各试点分别确定了纳入控排的企业范围，如表 7-3 所示。

表 7-3　各试点的交易范围

地区	纳入行业	纳入标准	数量
深圳	工业(电力、水务、制造业等)和建筑	工业：5000 吨以上(2014 年 3000 吨)；公共建筑：2 万平方米以上；机关建筑：1 万平方米以上	工业：635 建筑：197
上海	10 个工业：电力、钢铁、石化、化工、有色、建材、纺织、造纸、橡胶和化纤；7 个非工业：航空、机场、港口、商场、宾馆、商务办公建筑和铁路站点	工业：2 万吨以上； 非工业：1 万吨以上	191
北京	电力、热力、水泥、石化、其他工业和服务业	1 万吨以上	415(2014 年)、543(2015 年)
广东(不包括深圳，下同)	4 个工业行业：电力、水泥、钢铁、石化(2014 年以后将扩大到其他工业行业以及宾馆、饭店、金融、商贸、公共机构等非工业单位)	2 万吨以上(2014 年以后：工业降低到 1 万吨，非工业为 5000 吨以上)	202(2014 年)、193(2015 年)
天津	5 个工业行业：电力和热力、钢铁、化工、石化、油气开采	2 万吨以上	114
湖北	12 个工业行业：电力和热力、有色金属、钢铁、化工、水泥、石化、汽车制造、玻璃、化纤、造纸、医药、食品饮料	能耗 6 万吨标准煤以上	138
重庆	电力、电解铝、铁合金、电石、烧碱、水泥、钢铁	2 万吨以上	242

7 个碳排放权交易试点的覆盖范围的设计和确定有几个共同点：初期只考虑二氧化碳一种温室气体，通常覆盖其二氧化碳排放总量的 40%～60%，涉及电力、钢铁、水泥和石化等重工业行业；纳入标准针对的对象是法人而不是排放设施；最终纳入的控排单位根据第三方核查机构核查的历史排放数据确定。

配额分配方式上，各试点初期基本采取免费分配的方式，后期增加了一定比例的拍卖和认购等配额分配形式，如表 7-4 所示。

表 7-4　各试点的配额确定和分配方式

地区	配额分配方法
深圳	第一年完全免费分配，电力、水务行业采用基准法，制造业基于行业基准和竞争博弈。首个交易期无偿分配配额不低于 90%，有偿分配包括认购和拍卖，拍卖比例不得低于配额总量的 3%
上海	一次性免费发放三年，电力、航空、机场、港口采用基准法，其他行业基于历史排放
北京	免费分配，现有设施中电力、热力基于历史碳强度，其他基于历史排放；新建设施采用基准法
广东(不包括深圳)	免费配额和有偿配额，电力、水泥和钢铁行业的大部分生产流程采用基准法，石化行业和另外三个行业的其余一小部分生产流程基于历史排放

续表

地区	配额分配方法
天津	免费分配，现有设施中电力和热力基于历史碳强度，其他基于历史排放；新建设施采用基准法
湖北	免费分配，非电力企业采用历史法，电力企业采用历史法和标杆法。政府预留储备配额（碳排放配额总量的 8%）的 30%用于拍卖
重庆	免费分配、控排企业申报，采用“企业自主申报排放量→主管部门确定配额量→主管部门调整配额量（审定排放量与申报排放量相差 8%以上）”的方式分配配额

各试点允许抵消，使用比例在 5%～10%；信用类型为中国经核证的减排量（CCER），北京同时认可节能项目碳减排量和林业碳汇项目碳减排量；大部分试点不限区域，少数试点对非本区域的 CCER 确定了抵消比例。CCER 有以下几种类型：①CDM 项目中，已经在国家发展和改革委员会获得注册，但尚未在联合国清洁发展机制执行理事会注册而且不再去注册的减排量；②我国自己推出的自愿减排标准，如北京环境交易所联合 Bluenext 环境交易所推出了自愿减排标准——“熊猫标准”；③国际上已有的自愿减排标准如自愿碳标准（VCS）、黄金标准等，只要符合《温室气体自愿减排交易管理暂行办法》，都可以纳入 CCER。

同时各试点还规定了对未履约企业的处罚措施，具体如表 7-5 所示。

表 7-5　各试点未履约处罚

地区	直接处罚	其他约束机制
深圳	强制扣除，不足部分从下一年度扣除，并履约当月之前连续六个月配额平均价格 3 倍的罚款	纳入信用记录并曝光，通知金融系统征信信息管理机构；取消财政资助；通报国有资产监督管理机构，纳入国有企业绩效考核评价体系
上海	责令履行配额清缴义务，并可处以 5 万元以上 10 万元以下罚款	记入信用信息记录，并向社会公布；取消两年节能减排专项资金支持资格，以及 3 年内参与市节能减排先进集体和个人评比的资格，不予受理下一年度新建固定资产投资项目节能评估报告表或者节能评估报告书
北京	按照市场均价的 3～5 倍予以处罚	暂无
广东（不包括深圳）	在下一年度配额中扣除未足额清缴部分 2 倍配额，并处 5 万元罚款	记入该企业（单位）的信用信息记录
天津	纳入企业未履行遵约义务，差额部分在下一年度分配的配额中予以双倍扣除	暂无
湖北	对差额部分按照当年度碳排放配额市场均价予以 1 倍以上 3 倍以下但最高不超过 15 万元的罚款，并在下一年度分配的配额中予以双倍扣除	建立碳排放权履约黑名单制度，将未履约企业纳入相关信用信息记录；纳入国有企业绩效考核评价体系，通报国有资产监督管理机构；不得受理未履约企业的国家和省节能减排的项目申报，不得通过该企业新建项目的节能审查

续表

地区	直接处罚	其他约束机制
重庆	按照清缴期届满前一个月配额平均交易价格的 3 倍予以处罚	3 年内不得享受节能环保及应对气候变化等方面的财政补助资金；将违规行为纳入国有企业领导班子绩效考核评价体系；3 年内不得参与各级政府及有关部门组织的节能环保及应对气候变化等方面的评先评优活动

自 2013 年以来，北京、天津、上海、重庆、广东、湖北、深圳七个地区碳交易试点相继启动，纳入多个行业，涉及近 3000 家重点排放单位。国家发展和改革委员会数据显示，截至 2021 年 9 月 30 日，7 个试点碳市场累计配额成交量 4.95 亿吨二氧化碳当量，成交额约 119.78 亿元[①]。而且从试点的范围来看，碳排放总量和强度出现了双降的趋势，起到了碳市场控制温室气体排放的作用，也为建设全国碳排放权交易市场积累了宝贵经验。除此之外，我国还开展了其他形式碳交易市场试点的有益探索：一是开展跨区域碳试点工作，河北承德作为试点与北京启动跨区域碳排放权交易市场建设，这是全国首个跨区域碳排放权交易市场；二是开展非试点地区碳市场建设，四川联合环境交易所是全国碳排放权交易非试点地区首家、全国第八家碳交易机构。

在试点运行的基础上，2017 年 12 月 19 日国家发展和改革委员会组织召开全国碳排放交易体系启动工作电视电话会议，正式拉开了建设全国范围内碳排放权交易体系的序幕。

全国碳排放交易体系以发电行业为突破口，分阶段稳步推行碳市场建设。选择发电行业是因为该行业数据基础比较好，产品比较单一，数据计量设备比较完整，管理比较规范，容易核查，配额分配也比较简便易行，而且发电行业的排放量大。门槛按照每年 2.6 万吨二氧化碳当量排放量，纳入的企业达到 1700 多家，纳入碳市场的二氧化碳排放总量超过 30 亿吨，占全国碳排放量的 1/3，排放权交易规模超过 30 亿元，远远超过世界上正在运行的任何其他碳排放权交易市场。

全国碳排放权注册登记系统和交易系统将由湖北和上海分别牵头承建，北京、天津、重庆、广东、江苏、福建和深圳共同参与。发电行业将采用基准线法进行配额总量设定和分配方案。将通过碳约束倒逼电力结构优化，促进发电行业实现低成本减排。从长远来看，市场机制的作用将会不断迫使电力企业进行科技创新，促进低碳技术的发展和应用。试点地区、试点市场，还将持续运行一段时间。坚持在全国碳市场统一运行、统一管理的基础上，实现试点地区的碳市场与全国统一碳市场顺利对接和平稳过渡。2020 年 10 月 28 日，生态环境部办公厅发布了《全国碳排放权交易管理办法(试行)》(征求意见稿)，包含所有行业的全国碳排

① 数据来源：中国应对气候变化的政策与行动. https://www.gov.cn/zhengce/2021-10/27/content_5646697.htm.

放权交易市场将在未来几年正式确立。

7.2.3 碳税

基于庇古理论，碳税是以保护环境为目的，根据化石燃料中的含碳量或二氧化碳的排放量所征收的税。碳税具有双重减排效果，征收碳税一方面会提高能源产品使用价格，从而减少能源产品的需求，降低碳排放；另一方面会促使低碳清洁能源的开发和使用。但碳税会提高企业的生产成本和居民的生活成本，对经济和居民福利有负面影响，因此税制设计非常重要。

芬兰是全球首个征收碳税的国家。1990 年，芬兰政府对化石燃料按碳含量征收 1.62 美元/吨 CO_2 的碳税，之后芬兰在 1997 年和 2011 年分别进行了税制改革，纳入更多征税对象及采用更科学的征税方法。现在芬兰的碳税征收对象包括汽油、柴油、轻质燃油、重质燃料油、航空煤油、航空汽油、煤炭和天然气等。碳税是芬兰发展低碳经济最重要的手段之一。目前包括加拿大、澳大利亚、英国、美国等 20 多个国家均实施了碳税。

从各个国家的发展情况来看，碳税对温室气体减排和国家低碳转型等方面发挥了积极作用。以英国为例，英国历史上煤炭资源丰富，煤炭为英国第一次工业革命的蓬勃发展提供了重要支持。1882 年世界上首座集中式公共燃煤发电机组在伦敦运行，英国成为全球首个使用煤电的国家。目前英国政府正在通过调节能源结构等措施，利用清洁能源逐步替代化石燃料，力争在 2025 年前逐步淘汰煤电。碳税是帮助英国实现电力系统低碳转型目标的重要工具。

英国在 2013 年启动了“地板碳价”机制，即设定碳价下限，一旦 EU-ETS 碳市场中的碳价达不到设定的地板碳价，英国政府就通过税收来弥补差额。“地板碳价”作用于电力行业，用碳税弥补机制来减少碳交易中的价格动荡，稳定预期，促进低碳投资。在该政策下，电力公司须按照“地板碳价”对其产生的二氧化碳排放进行支付，从 2015 年开始，英国的“地板碳价”为 18 英镑/吨，一直延续到 2021 年。高额的碳价使得以煤炭为燃料的煤电失去竞争力，而碳排放量相对较低的天然气发电、可再生能源发电爆发出市场潜力。

英国煤电在碳税的影响下规模不断缩减，电力系统对煤电的依赖程度逐渐降低，截至 2018 年底，英国只有 6 个煤电厂还在运作，煤电供给比从 2012 年的近 39.2%一路降至 2018 年的 5.1%，逐步从电力供给巨头演变为电力系统中占比很小的一部分。同时，英国可再生能源发电量在 2018 年首次超过化石燃料发电总量。2018 年煤炭发电和天然气发电分别占总发电量的 5%和 39%，共计 44%；而可再生能源发电总和占总发电量的 53%。英国碳税预计在 2020 年后将再次上调。碳税的上调将进一步挤压化石能源发电的利润空间，天然气发电也将在碳税调高后受到冲击，迫使英国的电力系统向更低碳排放的可再生能源转型。有关机构预测，英国天然气发电的领先地位将在 2020 年被可再生能源发电取代，并且如果英国要完成其定下的自主减排目标，天然气发电量占比需在 2030 年前降至 25%以下。

7.2.4　碳排放权交易体系和碳税的比较

碳排放权交易和碳税都是以控制温室气体排放为目的，促进节能减排的经济手段，都是通过给 CO_2 和其他温室气体赋予价格，从而为整个经济系统向高能效和低能耗转型提供一个信号。单纯从理论上来讲，两种手段都是具有市场效率的经济措施。它们的主要区别在于，税收手段的碳价格(通过税率)是由政府制定的，排放量(或减排量)则随市场供需有所波动。在碳税政策下，企业会根据减排成本来决定一定时期内的排放量，特定时期的碳排放量是相对不可控的，因此碳税手段被称为“基于价格”的经济手段。碳交易体系的碳排放总量是由政府设定，碳减排量是可控的，而碳排放权价格则随着一定时期内可交易的配额数量及社会、经济情况而发生波动，因此，碳排放权交易手段通常被称为“基于数量”的经济手段。

目前这两种政策工具均在全球范围内推行，如中国、韩国、欧盟等国家和地区正在采用碳排放权交易的手段，而英国、德国等国家推行碳税也取得有效成果。两者的实施各有利弊(表 7-6)，在明确权责范围的情况下，两者也可以相互配合，达到最佳减排效果，如欧盟正在探讨实施统一碳税以弥补 EU-ETS 的不足。

表 7-6　碳排放权交易体系和碳税的利弊比较

项目	优势	劣势
碳排放权交易体系	作为数量型工具，政府确定排放总量限额，并允许价格随市场供求变化进行波动，减排效果确定，实施阻力较小； 具有价格发现功能，信号作用明显，可为企业提供持久的减排激励，引导企业投资能源使用转换项目和能效提高项目； 帮助企业应对碳价格波动和控制减排成本，赋予企业在不同时间、不同地点实现减排承诺的灵活性	排放配额的初始分配难保公平，项目减排的真实性难以监管与核实； 操作程序复杂，交易壁垒、交易成本较高； 碳价格波动频繁，约束监督机制不健全，对未来变化适应性较差，难以为企业提供确定的损益预期；
碳税	价格工具，将碳排放的外部性强制赋予了一个刚性价格，使排放成本和减排收益的核算具有确定性，符合“污染者付费”原则，较为公平，透明度高，且易于征管，执法成本和守法成本较低； 在坚持“税收中性”的原则下，合理的碳税制度设计可以达到改善环境质量和提高社会效率的“双重红利”效果	难以确定最合理的税率，税率太低不会带来实质性减排，税率太高会增加生产者和消费者的负担，甚至诱发通货膨胀； 碳税在经济运行中的价格传导机制极为复杂，碳税负担通常低于减排成本，导致碳税减排效果具有不确定性

总体来说，碳税和碳排放权交易体系之间不是简单的替代关系，而是互补关系，可以进行有效的协调配合，既需要碳税的刚性约束，也需要长期的、稳定的市场化激励机制。客观上需要将碳税和碳排放权交易体系协调统一，制定一揽子低碳政策方案，使碳税和碳排放权交易体系相互取长补短，实现促进减排和推动

经济增长“双赢发展”。

7.3　低碳社会建设

7.3.1　低碳发展的政策创新

1. 产业政策

(1) 结合地区实际，优化产业结构。结合各地区实际情况，选择合适的产业政策，优化产业结构，加快淘汰高能耗、高污染、低效率的“两高一低”产业，大力发展低能耗、低污染、高效率的“两低一高”产业。

(2) 加快发展新能源产业，推进能源生产和消费革命，构建清洁低碳、安全高效的能源体系。应高度重视新能源产业的发展，加快新能源和可再生能源产业发展规划的制订和出台，明确产业长期发展的方向和目标，同时财政支持和税收优惠政策应明确支持新能源产业的发展。

2. 技术创新政策

(1) 城区节能技术创新。加强各种高新节能与低碳发展技术在城市公共系统、企业和居民生活中的应用，同时不断研发新的节能与低碳技术，降低技术成本，以满足节能与低碳发展的需要。

(2) 农业生产节能技术创新。注重现代种植和养殖技术、微生物技术、生物质能源技术的创新和普及。

(3) 新能源开发利用的技术创新。加强新能源和替代能源开发利用相关技术的研究创新，加强对新能源资源评价、技术标准、产品检测和认证等体系的建设。

(4) 完善能效标识制度，推动技术创新步伐。根据发展水平和节能需要，制定科学合理的能效标识标准，并通过制度建设加强管理并监督执行，保证其有效性，最终达到激励企业积极投入技术创新、不断提高产品的能源效率、推动节能的目的。

3. 财政和税收政策

财政和税收政策是推动节能与低碳发展最有效的手段之一。

(1) 加大专项经费支持力度。建立政府投资长效机制，通过立法形式确定一定时期内政府节能与低碳发展投资占 GDP 的比例或占财政支出的比例，规定节能与低碳发展投资增长速度要高于国民经济增长率。

(2) 改革完善资源环境税制。按照“谁污染谁付费”和“谁受益谁付费”的原则，建立独立的资源环境税税种，使资源环境税成为国家税收体系的组成部分，探索碳税的实施时机。

(3) 改革完善消费税制。提高资源类和“两高一低”类产品的消费税率，加快实施梯级电价、水价和气价等措施，提高居民用能效率；积极推进燃油税等自然资源消费税的征收和监管，改革完善相关税制，降低自然资源的开采和使用；对节能产品的消费实行税收优惠，通过税收杠杆调节居民的消费行为。

(4) 加强节能绿色采购。通过鼓励甚至是强制各级政府部门采购节能产品，进一步完善政府采购节能产品清单制度，不断扩大政府采购节能产品的范围。

7.3.2 从低碳经济到低碳社会

应对全球气候变化，发展低碳经济、构建低碳社会已经成为一种世界共识，低碳社会就是通过创建低碳生活，发展低碳经济，培养可持续发展、绿色环保文明的低碳文化理念，形成具有低碳消费意识的公平社会。低碳社会的碳排放量低，生态系统平衡，人们的行为方式更加环保，人与自然和谐相处。低碳社会就是社会生产生活各个领域均为低碳化。

1. 低碳城市

低碳城市就是以低碳理念重新塑造城市，城市经济、市民生活、政府管理都以低碳理念为行为特征，用低碳的思维、低碳的技术来改造城市的生产和生活，转变居民消费观念，创新低碳技术，最大限度地减少温室气体排放，形成健康、简约、低碳的生活方式和消费模式，实现城市可持续发展的目标。

城市是现代经济的聚集地，国民收入的主体部分是由第二产业和第三产业创造的。城市作为人类活动的主要场所，制造了全球 80%的污染，城市的“碳足迹”比农村大 2 倍。随着不断加快的城市化进程，频繁发生的气候灾害威胁到了城市居民正常的生产生活。城市发展的低碳化在全球的碳减排中具有重要意义，它意味着城市经济发展必须最大限度地减少或停止对碳基燃料的依赖，实现能源利用转型。

2. 低碳消费

低碳消费就是倡导和实施一种绿色的、可持续的消费模式，在保证生活水平不降低的同时尽量减少使用高耗能的产品。低碳消费倡导简约适度、绿色低碳的生活方式，反对奢侈浪费和不合理消费。低碳消费从绿色消费、绿色包装、减少对物质产品的占有三个方面引导消费者的行为。

绿色消费体现在衣、食、住、行各个方面，从日常生活做起，减少含碳产品的使用，反对浪费和过度奢华。绿色消费不仅是消费无污染、质量好、有利于健康的产品，更是保护环境、协调人与自然关系的体现。发展绿色消费，优化消费结构，不仅可以更好地满足居民的生活需要，而且可以带动绿色产业的发展，促进产业结构升级优化，形成生产与消费的良性循环。

绿色包装是使用能够循环再生利用或者能够在自然环境中降解的包装。它要求适度包装，在不影响产品性能的情况下所用材料最少；易于回收和再循环；包装废弃物的处理不对环境和人类造成危害。

减少对物质产品的占有是指在基本生存需求之外，不过分追求物质消费和物质财富的增长；不过分追求物质消费的更新换代，不追求以物质占有为标志的社会地位。通过减少社会生活领域对物质和能源的消费，减少垃圾和废弃物总量，崇尚简朴生活、减法生活，实现节能低碳。

3. 低碳社区

社区是人们共同生活的一定区域，是占有一定地域的人口集中体，由人口、地域、制度、政策和机构五个要素组成。

城市社区是承载人口的基本单元，城市低碳社区的建设成为低碳城市建设的重要内容和主要领域。同时，由于城市生产和城市生活不能明确区分，人们的生活也涉及建筑业、交通运输业及服务业等领域的经济活动，低碳社区的建设非常复杂，涉及消费领域的方方面面，与人们的衣、食、住、行密切相关。城市社区是城市的有机组成部分，低碳城市的建设不能绕开城市社区。城市活动分为城市生产和城市生活两个部分，城市社区更多地侧重于城市居民的生活。

低碳社区是低碳发展理念下社区生产方式、生活方式和价值观念的重大变革。它以低碳和可持续发展的理念来改变社区居民的行为模式，降低能源消耗和减少二氧化碳排放。在社区内，既要将所有活动所产生的碳排放降到最低，也要通过生态绿化等措施，实现低碳甚至“零”碳排放的目标。低碳社区内新能源利用充分、进入流出路径合理、居民生活舒适便捷，是降低社区碳排放强度和总量的现代化的“概念”社区。

低碳社区是未来城市社区建设的趋势，它不仅兼顾了居住生活等必需性要素，同时也体现了节能减排在社区建设中的应用，是低碳发展在社区建设上的具体化。

参考文献

[1]《人口 资源与环境经济学》编写组. 人口 资源与环境经济学[M]. 北京：高等教育出版社, 2019.

[2] 罗威，贺静. C40“气候发展计划”——国外城市区域碳排放评估框架及方法介绍[J]. 住区, 2015, (1)：14-17.

[3] Eggleston H S, Buendia L, Miwa K, et al. 2006 IPCC Guidelines for National Greenhouse Gas Inventories[M]. Hayama: the Institute for Global Environmental Strategies (IGES), 2006.

[4] 世界自然基金会上海低碳发展路线图课题组. 2050 上海低碳发展路线图报告[M]. 北京: 科学出版社, 2011.
[5] 从建辉, 刘学敏, 王沁. 城市温室气体排放清单编制：方法学、模式与国内研究进展[J]. 经济研究参考, 2012, 2447(31): 35-46.

第 8 章　自然灾害应对与能源安全

8.1　自然灾害应对

8.1.1　自然灾害的影响

自然灾害是影响人类生存与发展的重要负面因素，是人与自然矛盾的一种表现形式，具有自然和社会双重属性，是人类过去、现在、将来所面对的最严峻的挑战之一。自然灾害对人类社会的影响涉及多个方面，能源安全便是其中之一。我国是世界上自然灾害最严重的国家之一，特别是重大自然灾害对我国能源安全具有极大的威胁。

世界范围内重大的突发性自然灾害包括：旱灾、暴雨及洪涝、风灾、雷害、风暴潮、冻害、雹灾、海啸、地震、火山、滑坡、泥石流、森林火灾、农林病虫害、宇宙辐射、赤潮(极少出现，出现了也影响小)等。其中对能源安全造成重大影响的包括地震、雷电、风灾、暴雨、极端温度等。从我国能源系统来看，电力、石油、天然气、煤炭占据主要地位。近年来，光伏发电、风电也有一定的发展，下面就从这几方面阐释自然灾害对我国能源安全的影响。

1. 自然灾害对我国电力系统的影响

电力系统是比较脆弱的，停电事故的主要原因包括自然灾害、人为原因和电力系统自身原因三方面，这些都给人民的生命和财产安全带来了威胁，给生产生活带来了严重的负面影响。电力系统很大一部分都是在地表裸露的，特别容易受到自然灾害的影响。对电力系统破坏较大的自然灾害包括地震、风灾、雷害、极端温度以及冰雪灾害等。

(1) 地震。地震对电力系统的危害对象主要包括发电站、变电站设备及输电线路。地震的直接危害是损毁电力设备，进而影响到厂站和系统的运行。距地震中心近的厂站设备通常损毁较为严重，距地震中心较远地区的地震加速度和地面烈度并不大，地震直接造成电力设施严重损毁的地域有限。变电站作为城市电力系统的重要组成部分，其抵御地震破坏的能力较差且容易产生巨大的震害不利影响。一般塔位出现的铁塔变形，绝大多数都是由地震引起的次生灾害，如地面变形、不均匀沉降、滑坡、泥石流或砂土液化导致地基基础出现问题而引起的。

(2) 台风、龙卷风等风灾。在引发电力系统的自然灾害中，风灾是最为严重的一种。当风速超过设计标准时，会引发杆塔倒塌、线间短路、导线烧伤、接地短路等事故。日本统计表明，其电力供给中 70%的故障是由架空输电线路的故障导致的。其中，台风是出现频次最多、损害性最大的。由于台风比地震频繁，所以台风对电力安全的影响比地震强烈一些。台风会破坏电网的线路，伴随着台风形成的暴雨又会对杆塔产生破坏，引起杆塔倒塌。台风折断树木又会造成输电线路的破坏，延长输电线路的恢复时间。对我国而言，台风对电力安全的影响主要是在东南沿海地区。2005 年 9 月 25 日，海南岛受到强台风“达维”袭击，造成海南电网大批 35 千伏及以下配电设备受损和主网 110 千伏、220 千伏线路大量发生永久性故障跳闸，进而导致海南电网全网崩溃，损坏输电线路 336.8 千米。2014 年 7 月 18 日，超强台风“威马逊”在海南文昌翁田镇沿海登陆，登陆时中心附近最大风力为 17 级(60 米/秒)。该台风造成 215.6 万用户受到影响，其中湛江地区受灾最为严重，徐闻县全县停电。出现冰雹和大雨的天气可能就会伴随龙卷风的到来，输电线路可能因此遭到雷击而被毁坏，从而造成重大安全事故。龙卷风的破坏性主要是对数显线路的破坏，远远高于对变电站等的破坏。2005 年 7 月 16 日，龙卷风袭击了湖北黄冈黄州区附近，造成黄冈电网 110 千伏、220 千伏线路杆塔受损 22 基；7 月 19 日，龙卷风袭击武汉洪山区，造成 110 千伏两基输电塔拦腰折断[1]。

(3)雷电。发电厂、变电站一般建在空旷的野外，高大的构架和设备、良好的接地，使其本身就成了一个引雷体，容易遭受雷电袭击。发电厂和变电站输变电线路传送距离远、分布面广，遭受雷击的概率很大。输电线路故障中以雷击跳闸占大部分，雷击跳闸事故频发严重危害了电力系统的安全运行，线路多次跳闸与重合容易对开关设备造成巨大冲击，特别是地方电网网架薄弱，一次线路跳闸就可能造成大面积停电。与此同时，雷电流在雷击瞬间由于热效应产生巨大的热量，造成爆炸与火灾。雷击输电设备产生的反击过电压还会破坏绝缘，造成爆炸事故。

(4)极端温度包括低温冰冻和高温酷热。极端温度对电力系统的影响主要体现在电力负荷和电力设备两个方面。对电力负荷而言，若出现持续高温天气，电力系统负荷率较高，电力系统长时间满负荷运行易带来较大的安全隐患。对电力设备而言，极端温度将会引起导线伸长或收缩，当温度过高而引起导线伸长时，弧垂增大，导线最低点改变从而易造成接地或短路；当温度过低而引起导线收缩时，导线应力加大，当超过设计标准时，便会导致断线或基础电塔倒塌[2]。

(5)冰雪灾害。冰雪灾害造成输电设施上覆冰，从而导致输电线路损害和杆塔倒塌等。当导地线不均匀覆冰后，在风的激励下易产生裹冰舞动，进一步损坏杆塔、导线、金具等部件，造成断线、跳闸等事故。导线在覆冰情况下，由于横截面形状的改变、重量增加，也可能引起导地线舞动。2005 年 2 月 7～20 日，我国华中地区的雨凇天气导致输电线路大范围覆冰，大范围的冰导致电力系统灾害。

2008 年我国华中、华东部分地区出现长时间持续的低温雨雪冰冻天气，导致湖南、江西、浙江、安徽、湖北等地的电网发生基础电塔倒塌、断线、舞动、覆冰闪络等多种故障，国家电网直接财产损失达 104.5 亿元。

(6) 水灾。强降水一般伴随着风灾等其他灾害出现。水灾会冲毁电力设施及线路，造成电网大面积短路和中断，危害电力系统的正常运行。强降水带来的山体滑坡、泥石流等衍生自然灾害，可能对电力设备和电力系统造成较大的破坏。

2. 自然灾害对我国油气产业的影响

石油的应用涉及诸多行业，天然气作为清洁替代能源，其地位也不容忽视。自然灾害对油气的影响范围包括勘探开发和输送过程。石油与天然气的勘探开发虽然有差异，但也有很多相似点，其输送都以管道输送为主，故将两者一起介绍。

(1) 地震。我国油气田多位于地震带上或其附近，因此地震对油气田的安全构成严重威胁。对石油天然气生产来说，地震会造成钻机倾覆、油气井毁坏、储罐开裂或倾覆、管道及阀件断裂，以及塔内容器倾斜或损坏等震害。其中储罐、管道及各种大型容器均属于高柔性设备，而且多为集中布置，被输送、加工的又是石油和天然气等易燃易爆物品，因此，地震时不仅储罐、管道及各种大型容器损坏率高，同时还会伴随火灾、爆炸等严重的二次事故。

地震灾害发生时，对石油天然气设备主要的危害表现在四个方面：一是对油气储罐的震害。由于储罐具有容积大、罐壁薄、数量多、布置集中等特点，震害比较复杂，影响范围较大。二是对油、气、水管道的震害。油、气、水管道在油气田内纵横交错，管道规格多，类型及设置情况复杂。管道一旦遭到破坏，会直接影响到生产和居民生活。三是对油气厂矿的震害。一般情况下，油气厂矿有很多原油罐、储气罐、各种加热炉、塔、器以及管网系统。地震主要会造成罐、管线损坏，另外对其他设施也会造成很大程度的破坏，甚至会造成倒塌。四是对油气井的震害。地震时，在波及区内的油气井会发生套管变形、断裂、井口错位、井架歪斜等灾害。

地震灾害对石油天然气勘探开发的影响主要有以下特点：一是损失严重。这是由油气作业场所偏僻、人员相对集中、设备设施昂贵、生产环节联系紧密等造成的。二是次生灾害突出。主要是因为油气田生产、储存、输送的易燃易爆和有毒物质较多。三是污染范围较大。油气作业涉及的物质具有强扩散性，对周围居民和环境会产生很严重的影响。

(2) 台风、龙卷风等风灾。油气田风灾是指暴风袭击油气田而造成房屋破坏、井架倾倒、电杆和电线折断等事故的一种自然灾害。对石油天然气勘探开发来说，易遭大风损坏的主要是井架、储罐、大型容器、帐篷和一些电力设施等。风灾主要来自台风、寒潮大风和龙卷风等。其中台风中心气压低，中心附近风力强劲，在海上易引起巨浪，对海上油气田的影响很大。例如，平湖油气田地处西太平洋东海海域，每年约受到 10 次台风影响。2006 年 5 月 17 日，我国南海流花 11-1 油田遭受百年不遇的“珍珠”超强台风正面袭击。油田主要工程设施遭受严重损毁，浮式生产储卸油装置(FPSO)的 10 条锚系有 7 条被拉断，未断裂的 3 条锚系受损严重，3 条输油软管被拉断并坠落至海底，整个油田生产系统瘫痪，一天直接经济损失达 1000 多万元。寒潮大风风力大，持续时间长，破坏性大，通常会对油气勘探开发造成严重的损失。气旋大风中的雷暴大风风势猛烈，风向极不稳定，并伴有雷暴大雨，对油气田危害极大。

(3) 雷电。建筑物、构筑物、输电线路和变配电装备等设施及设备遭受雷电袭击时，会产生极高的过电压和过电流，在其波及范围内，可能造成设备或设施的毁坏，导致火灾或爆炸，并直接或间接造成人员伤亡。油气作为燃料，如果遭遇雷击，会引起火灾或爆炸，其带来的损失将会是巨大的。对于油气来说，容易受到雷击的是油库油罐、微电子设备和加油站。武汉市黄陂区石油总公司横店石油储库 1998 年 7 月 13 日下午 4 时 10 分遭直击雷击，造成库区 4 号储罐起火爆炸，烧毁 0 号柴油 125 吨及 1000 立方米柴油罐一座，造成重大经济损失。2001 年 8 月 26 日凌晨 4 时左右，广东省高州市根子镇和丰加油站遭雷击起火，烧掉汽油、柴油近 20 吨，3 个容量为 10 吨的储油罐被烧变形，油库顶烧塌，加油机及一大批附属设施被烧毁。

(4) 水灾。强降雨可能会引发水灾，山洪暴发有时还会伴随泥石流和滑坡等。我国油气资源分布十分广泛，很多位于大江大河的中下游，加上当地地形地貌、地质构造、暴雨、融雪等自然因素和一些人为因素的影响，山洪、滑坡、泥石流等灾害发生率较高，对油气田安全生产有很大影响。

3. 自然灾害对我国煤炭产业的影响

(1) 地震。地震发生后造成区域应力结构发生变化，对煤矿地面生产生活设施、建筑物、构筑物造成损坏，并可能使煤矿井下巷道变形、瓦斯分布和顶底板围岩发生改变，或致使采空区密闭环境受到破坏，由此带来一系列安全隐患。我国有 80%以上的矿区处于强地震区，但却没有专门细致化的矿山地下结构抗震计算方法及抗震设计规范标准，地震作用下煤矿采空区的稳定性、巷道结构与周围介质、采空区和地面建筑动力响应的相互影响问题是煤矿采空区地震安全不可回避的重要问题。煤矿采空区属于抗震不力的场地，在地震时可能会加剧原有的地表变形，甚至产生较大的震陷。2007 年 8 月 29 日，陕西榆林神木县孙家岔镇的边不拉煤矿采空区由于坍塌引发 3.3 级地震，造成了大量的矿区建筑倒塌破坏。

2010年12月28日，陕西榆林神木县煤矿采空区突然沉陷坍塌引发3.0级地震，煤矿采空区附近的居民建筑出现了裂缝破坏现象。2012年9月7日11时19分，云南昭通彝良县与贵州毕节威宁彝族回族苗族自治县交界的煤矿采空区发生了5.7级地震，至2012年9月8日下午2时，地震已经造成了18.3万户共计74.4万人受灾，房屋倒塌7138户，共计30600间，灾害造成的直接经济损失37.04亿元。

⑵暴雨或持续大雨。对露天煤矿而言，其生产是从剥岩开始，暴雨会造成采场内路面泥泞，致使机动车辆不能行驶，排水费用增加，潮湿的环境容易使高压电缆“放炮”(绝缘击穿现象的俗称)。若长时间大量降雨则形成洪水并泻入采场，将会造成重大损失。1997年一场洪水使宋集屯煤矿生产全面瘫痪，造成直接经济损失200多万元。2010年8月10日，通化市二道江区宏远煤矿因暴雨洪水引发重大淹井事故，造成18人遇难[3]。若暴雨引发地下水位上升，该过程中土壤盐碱化问题会加重，进而使地下水对矿山建筑物造成更为严重的腐蚀。与此同时，在河岸与斜坡等地带也容易发生不同程度的地质灾害，如斜坡滑移、坍塌等，极大地阻碍了煤矿建设项目的开展。除此之外，常年多雨的地区容易造成煤炭含水量过高，不利于煤炭的储运。

⑶雷电。空旷地带和土壤电阻率有突变的地方容易遭受雷击。煤矿都处于空旷地带，并且很多煤矿同时处于岩石和土壤的交界处及土壤电阻率有突变的地点，加之煤矿在生产和运输过程中会产生大量的煤炭粉尘，这些粉尘悬浮在矿区上方的空气中，无疑增加了矿区上方空气的电导率。以上原因使煤矿矿区成为一个容易遭受雷击的地点。煤矿的办公楼建筑主体，炸药库，主、副井提升机房(架)和变电所这些突出地面越高的物体越易遭受雷击。张华明等[4]指出2000～2012年山西发生的59起煤矿雷电灾害中，微电子设备、配单设备和办公设备是最容易遭受雷击的设备，分别占总统计量的42.37%、22.03%和8.47%。2008年6月28日，三鼎石厂煤矿变电所正在运行的两路架空线路遭受雷击，造成矿井地面变电所2号箱变内2号进线柜副柜上隔离发生短路，烧毁2号进线副柜，导致矿井供电系统单回路运转达10余天[5]。强大的雷电流通过被击物体时产生大量的热量，这些热量如果在短时间不发散出来，极易造成金属被熔化，建筑物被炸裂，尤其是雷电流流过存放易燃易爆物品的炸药库时，会引起火灾或爆炸。

⑷极端温度。煤呈现性脆质硬的特点，所以无论是直接挖掘，还是爆破效果都好于岩土，但是低温给机械设备运行带来一些问题，如低温可使发动机效率降低，以及低标号油料凝固，影响发动机工作及润滑系统，为此要提高油料标号，就会增加成本，特别是水冷设备，在室外停机时间稍长，就可能造成重大损失，如缸体冻裂等，冻裂事故如不能及时发现还会引发其他事故，因此冬季要为水冷设备营造暖库。

高温影响着机械设备的使用和运行，高温可使发动机很快达到高效率，但不利于发动机散热，从而限制了发动机高效运作。高温可使导线电阻率增加，从而增加了线损，同时也加速了橡胶制品如轮胎、电缆胶套等老化。与此同时，常年干燥高温的地区容易造成煤炭自燃，煤炭的储存应避免选择这种地方或做好防范措施。

4. 自然灾害对我国光伏发电系统的影响

(1) 暴雨、冰雹。暴雨是气象灾害中最严重、最常发生的灾害之一。暴雨容易引发洪水灾害，对光伏电站产生的影响主要为以下三个方面：一是遭遇水灾后，受损的光伏组件可能会出现绝缘不良等故障；二是光伏系统桩基不稳，特别是支架与地面接触部分，在雨水长期浸泡过程中，桩基会出现松动，从而导致阵列倾斜，甚至倒塌；三是光伏电站周边排水系统不完善，暴雨天气时积水严重，可能出现光伏逆变器、箱变等设备长时间浸泡于水中的情况，致使设备内部出现短路，导致光伏电站瘫痪。冰雹对光伏电站的主要影响是造成组件破损。光伏组件、变压器、配电装置等重要设备和设施的抗冰雹冲击性能若未满足要求或日常设备维护不到位，在冰雹等恶劣天气条件下，可能会因冰雹冲击导致设备损坏事故。

(2) 雷电。雷电对光伏电站的损害主要有以下几种形式。直击雷不仅会击穿光伏组件旁路二极管和 PN 结，对逆变器、箱变、开关站等设备元器件造成损害，还会对输电线路造成损害。雷电感应过电压会对电力设备及过电压损坏监控、计量设备造成损害，造成监控不准或计量有误。杆塔、线路等方面会面临由雷电及电涌等问题构成的负面影响，会产生一定的过电压现象。

(3) 台风、沙尘暴等风灾。大风、台风对光伏电站的危害主要是其会对支架和光伏组件造成直接损害。光伏场区的实际范围相对偏大，支架及组件属于重点设施，数目相对较多且造价较高，而其自身又相对薄弱，一旦遭遇超过设计强度的大风，经济损失巨大。另外，大风天气还可以对光伏场区的汇流箱，升压站建筑物、构筑物等造成危害，特别是光伏组件间的连接线受大风吹拂摇摆，很可能导致接触不良或断路。由于台风常伴随强降水，所以若光伏场区的排水措施设计不当，易造成支架、组件及电力设备长期浸水，进一步造成支架桩基不稳、设备绝缘不良等安全隐患。此种灾害导致的后果与暴雨灾害导致的后果有部分重叠。

沙尘暴对光伏电站的主要影响是其会使光伏组件上出现灰尘或污渍，导致组件接收的太阳辐射强度减弱，降低光伏组件的发电量。早期建成的一些光伏电站，由于室外逆变器等设备的安全防护等级不高，设备内部积灰会对绝缘和爬电距离产生不利影响，造成安全隐患。光伏组件局部灰尘遮蔽可能会导致热斑效应，损失发电量的同时会产生火灾等安全隐患。另外，风沙较大时，砂石易损坏光伏组件。

(4) 极端温度，包括低温冰冻和高温酷热。冰雪对光伏电站最主要的影响是冰雪堆积，光伏组件顶部的积雪未及时清理，使荷载增大，可能导致光伏组件、承载支架及建筑物、构筑物发生坍塌。特别是在低温、暴雪条件下，光伏组件上覆盖的冰雪被冰冻，来不及融化或掉落，导致冰雪一层层累加，若未及时清扫，最终会导致光伏电站因冰雪负荷超载而发生垮塌。冰雪天气下，主变压器等户外电气设备长期覆雪还可能导致设备局部短路；而电气设备上的积雪清扫不符合规程、规范要求还可能导致触电等安全事故的发生。低温伴随冰雪不仅会影响支架强度，光伏组件积雪还会对组件造成遮挡，影响发电量。

高温天气会造成光伏组件功率损失，从而降低发电量。光伏组件有一项重要参数是峰值功率温度系数，通常情况下，光伏组件的峰值功率温度系数在–0.44～0.38%/℃，即温度提升的同时，对应的输出功率参数会有所下降。高温也会影响逆变器关键部件的寿命。当高温与高湿天气同时存在时，容易产生电势诱导衰减(potential induced degradation，PID) 效应，从而造成光伏组件失效，导致光伏电站的发电量锐减。

(5) 雾霾。雾霾对光伏电站的主要影响是会使光伏组件上出现灰尘或污渍，从而削减光伏组件接收的太阳辐射强度，进一步影响光伏组件的发电量；而且灰尘遮蔽还可能造成热斑问题，在影响发电量的同时还会构成显著的安全隐患。雾霾天气的空气质量较差，升压站等设备绝缘表面上会逐渐沉积一些污秽物质，从而导致变配电装置污秽程度增加，若清扫不及时，可能导致污闪等事故发生。

5. 自然灾害对我国风电系统的影响

(1) 台风、龙卷风、沙尘暴等风灾。风机利用风能将其转化为电能，持续大风天气可以使风机处于较长时间的“满发”状态，充分利用风力资源。但是过犹不及，当风速过大时风机及其附属设施也可能遭到损坏，特别是台风等极端天气。2006 年台风“桑美”袭击浙江苍南风电场，损失惨重，28 台风电机组全部受损，其中 5 台倒塌。除了台风影响，一些内陆风电场还会受到大风灾害的不利影响。台风和大风对整个风电场，即风电机组、集电线路、升压站、道路和房屋所有单元的安全都有威胁。

强沙尘暴发生时风力往往达 8 级以上，若风电场建在迎风坡或地势较高的地区，沙尘暴来袭对土地的刮蚀会影响塔基稳定性，在背风坡或地势低洼地区，沙埋作用可能使塔架的高度发生变化，影响风能吸收和转换，沙尘暴扬起沙尘大风夹带的砂砾不仅会使叶片表面严重磨损，甚至会造成叶面凹凸不平，破坏叶片的强度和韧性，影响风电机组运行，若砂砾较大，还会直接破坏风机和房屋设备；

大量沙尘使能见度降低，不利于交通安全；高尘沙浓度、强风沙流速的沙尘可能引起电力设备外绝缘闪络，应提前做好防护措施。与此同时，风机叶片上的沙尘应及时清理，除了沙尘暴侵袭，日常的扬尘积灰对风机叶片正常运行也有影响。

(2)雷电。对于建立在空旷地带的风电场，当它处于雷雨云形成的大气电场中时，风机相对于周围环境成为突出目标，容易发生尖端放电从而被雷击中。为了获得持续的风力用于发电，风机的位置一般在海拔相对较高的地方，特别是山脊、山顶等位置，此时风机直接暴露在雷电之中，更容易受到雷电的破坏。2013 年 3 月，广西多地出现雷电，其中资源县某风电场受雷电影响，4 台风机的箱式变压器损坏，直接经济损失 91 万元。雷电的主要影响对象是风电场内的风电机组、集电线路、升压站及建筑设施。危害可以分为直接危害和间接危害。直接危害主要表现为雷电引起的热效应、机械效应和冲击波造成的危害。间接危害主要表现为电磁感应效应和电涌过电压效应等。

(3)暴雨。暴雨的主要影响对象是风电场内的风电机组和道路房屋。暴雨对风电场的危害主要来自两个方面：一是暴雨引发洪水、滑坡、泥石流等灾害；二是雨水对风机性能的影响。暴雨引发的洪水、泥石流是危害风电场的主要原因，整个风电场都会受到极大破坏。受地形影响，若风电场建设在地势较低的区域，或是风电场内排水、防洪措施不到位，风电场内易形成内涝，靠近地面的变压器、升压站等设备易被淹没损坏。山区里，暴雨引发山洪，可能会冲毁风电场中的风机、房屋、道路等设施，甚至一些风电场在建设过程中遭到山洪破坏，损失惨重。2017 年 7 月 14～15 日，宜昌五峰土家族自治县出现了较大范围的强降雨，导致山洪暴发并诱发多处滑坡泥石流，对当地的房屋、道路、电力和通信等设施产生较为严重的危害，在五峰和湾潭两镇建设的北风垭风电场，受到此次强降雨诱发的山洪地质灾害的影响，使 2017 年 9 月底首台风机并网发电的计划推迟[6]。

(4)极端温度。风电机组常温型运行温度范围为−20～45 摄氏度，低温型运行温度范围为−30～40 摄氏度，其温度承受力受到铸件和塔筒材料的影响。极端低温环境会影响风电场的正常运行。湖北仙居顶风电场 2010～2013 年受低温冰冻影响，年平均损失电量 600～800 千瓦时。低温冰冻主要影响对象是风电场内的风电机组和集电线路设备，也会影响道路房屋。若低温天气持续时间较长，叶片长时间覆冰，风电场往往会停机几周甚至数月。2005 年德国的一项调查研究发现，停机是低温冰冻事件的最大危害，影响占比近 90%。除了停机，低温冰冻还伴随三个方面的问题：叶片、输电线等其他构件覆冰问题；低温使润滑油黏稠流动性差引发机械故障问题；低温使部分电子元件传感器失灵问题。高温主要影响风电机组、集电线路、升压站这几个涉及电力系统的单元。高温会使电力线路超负荷，电力线路过载将威胁到电网的安全平稳运行，线路可能频繁跳闸，甚至造成变压器过热烧坏、损毁，引发主电力设备过载等故障，长时间处于高温环境还会影响风机中各组件的寿命。

8.1.2　自然灾害损失评估

1. 自然灾害损失评估的概念及构成分析

自然灾害评估是在掌握历史与现实灾害数据资料的基础上，运用统计计量分析方法对灾害可能造成的、正在造成的或已经造成的人员伤害与财产或利益损失进行定量评价与估算，以准确描述灾害损失现象基本特征的一种灾害统计分析与评价方法。自然灾害损失一般可分为经济损失和非经济损失、直接损失和间接损失。经济损失通常指可以用货币计量的损失，如财产损失、停工停产损失等；非经济损失则是指难以用货币计量的损失，如人员伤亡、社会功能丧失等。直接损失是指风险区遭受自然灾害事件而导致的直接相关的经济损失，如地震导致矿井坍塌等；间接损失是指自然灾害事件发生而导致的间接相关的损失，或称为非现场经济损失，如地震导致输电线路中断或因停电遭受的停产、停业的经济损失。

2. 自然灾害损失评估及其意义

自然灾害评估按灾害的客观发展过程可分三种：一是灾前的预评估，二是灾期内的跟踪评估或监测性评估，三是灾后的实评估。对自然灾害损失统计而言，预评估是发挥灾害统计多功能服务的表现，跟踪评估或监测性评估是基础，实评估是主体，三者紧密结合，构成自然灾害损失评估系统。自然灾害损失评估有助于了解受灾对象和比例，判断灾害发生的空间范围、严重程度和损失分布情况，对于政府调控救灾、企业应对和个人决策具有重要意义。与此同时，自然灾害评估也可以为政府制定风险管理政策和保险政策提供参考。

3. 自然灾害损失评估的步骤及基本内容

自然灾害损失评估是为了确定其带来的实际损失或风险损失，具体有以下四个步骤。

(1)确定自然灾害损失评估的具体对象与评估时段。根据自然灾害的种类划分确定评估的具体对象，即各种受害体或可能受害体。确定具体的评估时段，即是进行预评估、跟踪评估还是实评估。例如，评估某地震对 A 油田造成的实际损失。

(2)对自然灾害危害区域等进行实地勘察。到灾害发生地区利用高技术手段对其进行勘察，包括自然灾害的种类、起因、发生的时间、发生的地点、危害的区域范围、危害的具体对象(包括人员伤亡和财产损失情况等)及与损失后果评估有关的其他情况。

(3) 对自然灾害损失从不同角度进行评价。一是从受灾体的角度进行评价，如人员损害评价(包括生命丧失、健康受损及时间损失等)；二是从与损失事件的关系角度进行评价，如划分直接损失与间接损失等；三是从损失承担者的角度进行评价，如国家或社会损失的评估等；四是从损失时间角度进行评价，如灾前、灾时及灾后损失评估等。

(4) 对自然灾害的损失进行核实。为了确保损失评估结果的真实性和准确性，还应对其进行评估复核。核实灾害损失虽然是灾害损失评估的最后一步，但是是十分重要的环节。

4. 自然灾害损失评估的系统组成

自然灾害损失评估是一个较为复杂而又系统的过程，每一个步骤都有其特定的内容，每一个步骤都需要认真、仔细。从系统论的角度出发，自然灾害损失评估也是一个系统，它主要由以下三个模块构成。

(1) 自然灾害损失评估数据系统。自然灾害损失评估数据系统是指与自然灾害损失评估有关的各种数据信息的收集、存储和运算，包括环境条件数据系统、灾害损失历史数据库系统、承灾体数据库系统及社会经济发展数据资料四个系统。

(2) 自然灾害损失评估指标系统。该子系统主要包括直接损失评估指标子系统和间接损失评估指标子系统。前者包括人员伤害、财产物资损失、其他损失等；后者可分为间接经济损失、间接非经济损失及其他间接损失三个二级指标，且二级指标还可以细分。

(3) 自然灾害损失评估模型系统。自然灾害损失评估模型系统是在已经掌握灾害损失数据资料及其指标的基础上，运用一定的统计方法如相关分析方法、聚类分析方法、灾变预测方法、时序分析方法、谱分析方法等建立自然灾害损失评估模型库。自然灾害损失评估模型系统包括灾害损失预评估模型系统、灾时损失评估模型系统及灾后损失实评估模型系统三个子系统。根据检验的自然灾害损失评估模型，选择有关描述损失的表示方式如损失等级、损失区划图等对灾害可能造成的损失、正在造成的损失和已经造成的损失进行直接定量评价并得出结论。

5. 自然灾害损失评估指标体系

自然灾害的损失包括直接损失和间接损失两类，具体指标体系如表 8-1 所示。

表 8-1　自然灾害损失评估指标体系

自然灾害损失评估指标体系	直接损失	人身伤害
		财产物资损失
		其他损失
	间接损失	效益损失
		劳动损失
		处理环境污染的费用
		补充新职工的费用
		工资损失费
		社会经济效益损失
		政治与社会安定损失
		声誉损失与精神损失

(1)直接损失包括人身伤害、财产物资损失及其他损失三项分级指标。其中人身伤害指标是指因灾害事故造成人员伤亡所发生的一切费用，包括医疗费、丧葬费、抚恤费、补助及救济费、交通费、律师费、歇工工资等项目；财产物资损失是指灾害事故造成的各种财产物资损失金额；其他损失主要指灾害事故发生后所产生的处理灾害事故的事务性费用、现场抢救费用、清理现场费用及有关罚款、赔款等。

(2)间接损失包括间接经济损失与间接非经济损失两类共八项。

效益损失：灾害事故发生导致生产经营单位停产或营业中断等所造成的损失。

劳动损失：灾害事故使伤残人员的劳动功能部分或全部丧失而造成的损失。

处理环境污染的费用：排污费、赔损费、保护费和治理费等。

补充新职工的费用：新职工的培训教育费、新职工工作能力不足造成的产品损失费。

工资损失费：因灾害事故而使劳动者心理承受力受到影响，从而导致工作效率降低而形成的损失。

社会经济效益损失：因灾害事故造成当地乃至国家整个经济建设速度过慢而导致的经济损失。

政治与社会安定损失：其虽然不是一个经济损失指标，但确实是灾害事故可能带来的一种损失后果，因此应当考虑。

声誉损失与精神损失：这两个指标是非经济损失指标，可根据其实际损害后果及严重程度进行估算。

在自然灾害损失评估中，一般只对灾害事故所造成的各种直接或间接经济损失进行评估，非经济损失则因其难以从价值量的角度评估而一般不予纳入损失总额中，但可将其作为灾害事故损害后果的定性分析指标。

6. 自然灾害损失的评估方法

1) 自然灾害直接经济损失的评估方法

自然灾害直接经济损失的评估方法主要针对财产物资损失和人身伤害，常见的评估方法有以下几种。

第一，重置成本法。该方法是指从资产构建的成本耗费角度来评估资产的价值，应用重置成本法计算出来的资产价值并不是损毁资产的真实价值，而是以现行价格构建的具有相同功能的新资产的价值，计算受损资产的价值还需要用重置成本减去损耗。此处的损耗是指随着时间和环境的变化资产的实际损失额，与会计学上的资产折旧不同。

第二，收益现值法。该方法是通过估算资产未来可能产生的预期收益，并通过一定的折现率将其折算为现值，借此确定损失资产价值的评估方法。收益现值法一般适用于企业固定资产或森林资产使用价值的确定。

第三，现行市价法。该方法是指按照市场价格确定资产价值的评估方法：一种是直接法，是指在市场上能够找到与损失资产完全相同的全新资产的现行价格，并且该资产存在比较活跃的市场，其价格就可作为受损资产的价值；另一种是市价类比法，是指在市场上找不到与损失资产完全相同的物品，但与其技术标准、功能相类似的产品存在活跃的市场，以此类似产品的价格为基础，通过相应调整来确定评估资产价值的方法。

第四，人力资本法。该方法依据个人创造财富或收入的能力，根据死者的年龄计算寿命期内预期收入的净现值，来评估死者的价值。通过人力资本法来计算生命的价值，可以为意外死亡对家庭收入造成的影响提供基本的参考，对于解决意外死亡家属的补偿也有很大的经济意义。但人力资本法还存在着易受贴现率大小影响等缺陷。

第五，调查评估法。深入受灾现场进行调查并将调查数字一一进行统计综合，最终评估出受灾整体的经济损失。调查评估法的关键是现场调查，必须深入现场做认真细致的调查，不能走马观花。调查评估法具有直接性和客观性，一些内涵很深的损失也能统计和评估，但是调查统计法速度慢，整体统计结果出来往往需要较长的时间。

第六，遥感评估法。在评估灾害经济损失时，充分利用遥感信息系统建立损失评估数据库，能够远距离、快速地、整体地评估灾情。用卫星遥感技术评估灾情具有远距离、快速性、整体性的特点，但这一方法无法评估一些内涵很深的经济损失。

第七，综合评估法。综合运用多种方法，从而使各种方法存在的短处得以相互弥补，如在有相当数量的典型调查的基础上进行概算，不仅加快了评估速度，而且也使准确度得到了提高；遥感评估法与典型调查相结合，不仅能把内涵很深的经济损失评估出来，而且能收到快速、准确的效果；典型调查与其他方法共同使用，能大大提高评估速度和评估质量。

2）自然灾害间接经济损失的评估方法

自然灾害间接经济损失的评估方法基本以定量分析为主，常见的计量间接经济损失的方法有以下几种。

第一，经验系数法。经验系数法虽然经验成分占的比例比较大，却不失为一种快速、简洁、实用的自然灾害间接经济损失的评估方法。经验系数法主要根据历史数据，采取与该灾害相关性比较强的指标，如人口伤亡、经济损失、GDP 增长率，通过相关数学理论如神经网络、灰色关联法、模糊识别等建立数学模型来实现快速评估。例如，企业的经济损失与重建时间有关，可将间接经济损失视为企业资本值的两倍。经验系数法没有一成不变的模式，主要是由相关专家根据实际情况和相关历史数据给出。

第二，投入-产出模型。投入-产出模型是基于投入产出矩阵，追踪各产业、家庭、政府、投资之间产品和服务的流动关系，反映经济系统各部门之间投入和产出数量的依存关系。投入-产出模型有实物型、价值型和实物价值型三种。三者的计算原理基本相同，区别主要在于实物型投入-产出表一般采用产品数量单位，而价值型投入-产出表一般采用货币单位，有利于各行业和产品之间的比较分析。由于投入-产出模型简单明了且易于操作，很早就被用于评估自然灾害间接经济损失。

第三，可计算一般均衡模型。该模型是以某个年份的实际经济发展水平为基础，根据企业、消费者、政府的最优化决策，在一般均衡的理论框架下推导出下一时期的经济发展状况。它对数据的要求比较高，一般采用社会核算矩阵（SAM）对模型的外生变量参数进行赋值，然后借助计算机技术求解。CGE 模型为自然灾害影响和政策分析提供了一个很好的分析框架，自然灾害造成的间接经济损失可以通过对比灾前和灾后两个均衡状态下的经济变量变化得出，如就业、GDP 增长、生产力水平及社会福利状况等。

随着人们对灾害形成机制和发展规律的认识的加深，建立在交叉学科发展基础上的更多方法将会出现，如灰色理论、模糊理论、分形理论和混沌理论等非线性方法均可用于自然灾害损失评估研究。从当前自然灾害损失评估方法的发展趋势来看，评估方法已从定性转向定量，不过定性方法虽然无法得出精确的理论结果，但在历史灾情及灾后影响等分析中却有着定量评估无法替代的作用，因此定量分析往往还需要结合定性分析。

8.1.3　自然灾害应对管理

自然灾害应对包括灾害发生前的预警和风险识别、灾中应对和灾后应对三个方面。其中自然灾害发生前的预警和风险识别是基础，基于此在灾害来临前进行合理安排，能够有效减少自然灾害带来的损失。灾中应对最主要的是反应及时和政企合理协作。灾后应对应注意总结，形成损害报告，并将该过程中遇到的问题反馈到预警中。

1. 自然灾害发生前的预警和风险识别

(1) 从政府角度来看，应对自然灾害对能源安全的预警管理主要包括三个方面：一是自然灾害保险扶植。加强自然灾害保险扶植可利用保险公司在防灾防损方面的专业能力，提升防灾救灾的能力，有助于灾后生产生活的重建和恢复，减少灾害对经济社会的冲击，稳定民生。二是政府防减灾投资支出。政府根据减灾工作的需要和财政实力，加大对防灾事业的投入，并按照政府间事权划分将该投入纳入各级财政预算，合理构建预警、防治、救助三位一体的财政支出模式。三是城乡规划和防灾规划相结合。将各种专项防灾规划纳入城乡规划的统筹内容，有利于保障城乡各地人民的生命财产安全与防灾，是保障公共安全和公众利益的重要灾害预防和控制措施。

(2) 从企业角度来看，应对自然灾害，企业能源资产预警管理主要包括以下三个方面。

第一，根据本身的能源特征和能源设备特征建立完善的预防体系，推动自然灾害预警预防工作的实施，结合具体的观察数据，形成长效的管理、监督和预防机制。在实际的自然灾害预警预防工作中，组织和开展常规性气象数据监测，提供更专业的数据，建立有效的保障体系，完善每个预防结构尤为必要。为此，总结主要自然灾害资料以及区分设施的资料，确定灾害指标、灾害影响和防灾减灾对策。这些材料经由能源专家、设施建构专业人员及自然灾害防灾减灾专家进行整合、分析、研究后，再分类整理对应指标数据，以形成可适应不同地区能源自然灾害的指标体系。

第二，运用科学的预防手段，提高气象自然灾害预警预防工作的管理水平。网络资源是丰富而又强大的，是现代化技术得以广泛应用的集中体现。为此，在自然灾害的预警预防中，工作人员要建立庞大的数据库，科学地运用网络系统，对能源开采、储运进行全方位地检查和管理，把数据的收集工作落到实际工作中，以便于进行查阅，从而提供强大的技术支撑，为预警预防工作效率的提高做好铺垫。企业可以通过数据收集和数据分析系统进行自然灾害预警。数据收集系统可以获得基础数据和实时预警信息。在数据编辑、分析应用和发布过程中均需依靠信息获取层。数据分析系统与基础灾害数据库内的信息结合起来，根据预报模型和自然灾害指标，开展灾害前的数据分析工作，并利用文字、图表等方式输出预测结果，形成个案报告，在此基础上建立应对不同自然灾害的应急预案。

第三，建立防控组进行应急预案的设置和演练。自然灾害对各地区的电力系统有不同影响，如凝冻气候常在冬季发生，地震具有突发性和较明显的区域性，而台风主要在丰水期发生。在编制应急预案时要考虑全面，要根据企业的能源特征和地理位置等进行调整，以确保预案可以顺利实施，可以多准备几套应急处理的方案。当然，如果条件允许，可进行适当的演习，这样就可以及时发现预案中存在的不足。

2. 自然灾害灾中应对

自然灾害灾中应对是当灾害发生时政府有效组织灾害紧急动员，统一部署，组织各部门联动，及时保护、挽救人民群众的生命财产安全。在中国，除常设抗灾减灾领导机构——国家减灾中心外，还设立应急的响应组织机构。当突发性的紧急自然灾害发生时，尤其是巨大的自然灾害发生时，应急响应的组织机构可迅速做出反应，对灾情予以控制和管理调度。同时，中国政府非常重视发挥人民解放军和人民武装警察部队在抢险救灾中的作用， 2005 年国务院、中央军事委员会制定颁布了《军队参加抢险救灾条例》。

对于企业而言，灾中应对也是十分重要的，一方面要配合政府部署工作，另一方面要根据企业特征和预警内容，提前准备应对方案。很多能源公司，如电力公司因其性质，与政府协作抗灾非常有必要。

3. 自然灾害灾后应对

(1)对口支援。对口支援是指经济发达或实力较强的一方对经济不发达或实力较弱的一方实施援助的一种政策性行为。在中国，对口支援目前大部分是由中央政府主导、地方政府为主体的模式，具体表现为以下三种模式：首先是省级负责模式，即省级全盘负责对口支援灾区的任务，包括援建的项目建设、产业扶持和人才智力支持三大部分；其次是向下分包模式，援建省(自治区、直辖市)确定一个市对口支援受援地的一个或几个乡镇，在省级对口支援领导小组的统一领导下，再进一步将资金筹集、项目实施、产业扶持等工作分包到有实力的地市；最后是共同负责模式，这一模式是上述两种模式的结合，体现为省级主要部门负责重大项目和整体性援助内容，而小项目或慰问性支援由各地市负责。

(2)慈善事业及国际减灾合作。一方面，各国慈善组织作为政府与群众间的桥梁纽带，在灾后调集社会资源、救济重建等方面发挥了重要作用；另一方面，政府在减灾领域积极参与联合国框架下的减灾合作，在应对重大自然灾害中，各国之间相互支持、相互援助。

8.2　环境数据融合分析及环境预警管理

环境数据是对评价区域近期和现状环境空气、地表水等环境质量的定量描述，是环境保护及管理工作的重要基础。随着经济的快速发展，越来越多的人开始关心所处环境质量的好坏，要求提高环境保护及管理工作的效率和质量、加大透明度。通过信息化技术的应用，改变传统环境监测手段，运用新的通信网络技术对污染源与环境数据实施长期、连续、有效、科学准确、全面高效地监测及管理所辖区域的环境状况，使环境保护部门的环境管理工作达到监测科学、管理高效、执法公正的新高度。

在这样的背景下，简单的视频监控已经不能完全满足用户的需求，自动监测站在传统视频监控的基础上，融合了动力环境监控、水质、大气等环境数据形成了一套综合可视化分析系统。自动监测站综合安防监控成为环境预警新的发展方向。

污染源在线监控系统和环境数据在线监控系统的建设，对于环境保护部门的管理、决策和执法监督，以及环境污染事故的预警具有特殊意义。

8.2.1　环境数据来源

当前我国环境数据来源主要依靠三个方面：第一，生态环境部门建立的实地检测设备；第二，具有相关资质的环境监测机构出具的环境数据报告；第三，政府及企业专业技术人员定期抽样检测数据。以上三种方法虽然能够为环境保护和管理预警提供一定的数据支撑，但仍具有较大的局限性：第一，政府部门通常只在国控重要排污点设立环境数据监测设备，高昂的技术成本使污染源监测无法做到全面覆盖；第二，环境监测机构属于公司性质，其职能在于出具政府认可的环境数据监测报告，并没有执法权力；第三，人工抽样检测方式能够直接获取准确的环境数据，但专业技术要求较高，需要耗费大量人力成本，同样也无法获得全面准确的环境数据。

随着互联网的不断发展，大数据技术在多个行业广泛应用，这为解决环境数据监测不够全面、人员技术门槛高等问题提供了新的机遇和挑战。

大数据属于新兴产业，它是伴随着互联网高速发展而逐渐成熟的，当前我国大数据的相关技术已经初步成熟，市场的基本框架已搭建起来，因此，大数据技术逐渐渗透到多个领域，发挥出了一定的作用。处于信息经济时代当中，互联网成为人们日常生活中不可分割的一部分，在实际的工作生活中因此而产生了大量的数据供人们参考使用。所谓大数据，是指当人们在获取必要信息的过程中，不仅仅局限于对一种单一化的物体或者参考物进行分析，而是对海量数据进行全面分析、科学处理。随着大数据技术不断更迭发展，大数据的定义与内涵也不断丰富与完善。从大数据整体角度来说，其所具备的优点在于数据量丰富、数据运算迅速、种类多种多样等，所以在环境监测的应用中具有重要的参考价值与实用价值。

对于环境监测而言，利用大数据技术能够有效提高生态环境的预警能力，因为大数据能够对环境变化的数据进行推演，相应的数据处理速度较快，所以各项预警的时效性得到了明显增强。另外，大数据技术还能有效提高环境监测的决策水平。这是因为大数据技术能够进行全部的数据分析，利用模型来反馈各项数据特征，所以相关部门就能根据环境监测的结果来制定后续治理方案。当然，大数据技术还能有效提高环境监测的服务能力，通过云分析平台的建立来反馈各类生态问题，能够加强与民众之间的沟通。

8.2.2　环境数据分析方法

在环境数据保护领域，插值模型一直是一个热点研究问题。由于反映环境的各项污染物浓度和相关气温、降水等众多要素的数据值都是由各个环境保护监测点监测而来，这些实际观测数据是离散的，只能准确代表监测点周围一定范围内的要素值。为了通过这些离散且并不规则的数据推出未知点的数据值或是生成等值线或栅格表面，需要拟合一个能够体现要素数据值和空间位置之间关系的函数方程，来估算出未经过观测的点的要素数据值。通过空间插值模型可以将离散监测点获得的数据推广到整个区域，通过已知的监测点预测整个空间范围。

随着各学科的融会贯通，插值模型不仅在环境保护领域必不可少，在其他各个学科领域中也得到了广泛应用，同时也加入了各领域自身的特点，如水文分布、生物种群分布、地质学上土壤元素的分布等，甚至在医学上也得到了应用，用于构建动态脑地形图以分析治疗脑疾病患者。常用的插值算法主要包括 Cressman 插值、反距离权重（IDW）插值、双线性插值、克里金插值等。为了将环境数据更好地应用于环境预警中去，结合插值算法的环境分析数据，运用指标归一法、熵权法、压力-状态-响应（PSR）概念模型等计算划分环境预警等级。

（1）双线性插值算法。线性插值是最简单的一种插值算法，是已知两点的坐标，通过建立线性关系插值获得函数中间某一点的值。如已知两点坐标 (x_1, x_2) 与 (y_1, y_2)，假设原函数为 $f(x)$，用过两点的直线近似表示 $f(x)$，则 $f(x)$ 的数据表达式为

$$f(x) = \frac{y_1(x - x_2) + y_2(x_1 - x)}{x_1 - x_2}$$

双线性插值是上述简单线性插值的扩展，核心思想是通过在两个方向上分别进行线性插值近似得到中间所求待插值点的数据。双线性插值算法的操作简单易懂，对于二维坐标系非常合适，由于地理信息中离不开经度、纬度，正好与二维坐标系相对应，双线性插值算法是一种有效的插值算法。但双线性插值算法的缺陷是，通过这种线性近似所得的表面在邻域上是吻合的，斜率上却不吻合，细节方面可能有所退化，特别是放大时。

(2) Cressman 插值算法。Cressman 插值算法又叫 Cressman 客观分析，最早是由 Cressman 等于 1959 年提出，是在气象环保领域应用得最多的一种算法，其核心思想是逐步订正法，先给定一个猜测场（初始估计），随后用实际观测场来逐步修正直至逼近观测记录。用 N 代表任意要素（如气温、气压等），格点 (i, j) 处要素值的第一猜测值表示为 N_0，订正值表示为 $N^{\wedge}$，表达式如下：

$$N^{\wedge} = N_0 + \Delta N_{ij}$$

式中，

$$\Delta N_{ij} = \frac{\sum_{k=1}^{K} W_{ijk} \Delta N_k}{\sum_{k=1}^{K} W_{ijk}}$$

其中，ΔN_k 为第 k 个采样点已知的观测数据与第一采样值的差；K 为扫描半径范围内已知采样点的数目；W_{ijk} 为数据之间影响权重的权重函数公式：

$$W_{ijk} = \begin{cases} \dfrac{R^2 - D_{ijk}^2}{R^2 + D_{ijk}^2}, & D_{ijk} < R \\ 0, & D_{ijk} \geqslant R \end{cases}$$

式中，R 为给定的一个扫描半径；D_{ijk} 为扫描半径范围内第 k 个采样点与格点 (i,j) 的距离。Cressman 插值算法的思想是在扫描半径 R 范围内已知采样点对未知点 (i,j) 影响大，距离 (i,j) 越近的已知采样点对其的影响越大，而扫描半径 R 以外的可以忽略不计，故权重为 0。

Cressman 插值算法中最重要的是影响权重的确定，需要给定扫描半径 R 的值进行计算，有一定的人为因素，经常选取的值有 1、2、4、7、10。该算法的基本思路如下：先确定一个猜测场及设置一个逼近值的范围，用来将计算后的值和实际资料进行比较；计算影响权重 W_{ijk}；将影响权重 W_{ijk} 代入进行插值计算，得到一个订正值；比较订正值和实际资料，如二者差值不在预定的逼近值范围内，则用该差值继续订正上一次的猜测场；重复订正直至误差达到满意的范围内。

⑶反距离权重插值算法。反距离权重插值是一种最早使用的内插方法之一，于1972年由美国国家气象局提出，其核心思想是待插值点的数据受采样点的影响随二者之间距离的扩大而减小，故权重基于该距离选取，采样点距离待插值点越近则权重越大，采样点距离待插值点越远则权重越小，即权重是反距离函数。若用$M^{\wedge}$代表待插值的点，该点邻近区域共有N个已知值的采样点分别表示为M_1，$M_2,\cdots,M_n$，则反距离权重插值的计算公式为

$$M^{\wedge}=\sum_{i=1}^{N}W_iM_i$$

式中，W_i为权重，其表达式为

$$W_i=\frac{D_i^{-p}}{\sum_{i=1}^{N}D_i^{-p}}$$

反距离权重插值的公式也可直接写作：

$$M^{\wedge}=\frac{\sum_{i=1}^{N}\frac{M_i}{D_i^p}}{\sum_{i=1}^{N}\frac{1}{D_i^p}}$$

式中，D_i为待插值的点到第i个已知采样点的距离；p为该距离的幂值。每个M_i分配到的权重是距离p次方的倒数在所有距离p次方倒数和中所占的比例，所有权重W_i相加的值为1。例如，待插值点与某已知采样点重合，则该采样点的权重值即为1。幂值p对插值所得结果影响显著，一般取2，此时的反距离权重插值即距离平方反比法。p值越大代表赋予距离近的采样点越高的权重，距离近的采样点数据会对预测产生影响，从而待插值点更接近于距离最近的采样点的数据值；p值越小则在权重的分配比例上较均匀，距离远的采样点也会对预测产生一定的影响。反距离权重插值是一种常用且操作便利、计算简单的方法，但这种方法的缺陷是容易产生“牛眼”现象，因为在插值过程中权重的选择仅考虑了距离因素而未将方位等其他因素纳入其中，如已知点中有极大极小值就容易在插值点周围形成圈状的靶心样现象，即“牛眼”，尤其是在采样点较少的情况下，不能真实反映待插值点的数据。一种改进方法是设置一个圆滑参数，使得即使采样点与待插值点重合其权重也不会被赋值为1，以此来减少“牛眼”现象。反距离权重还容易出现受数据点集群影响产生孤立点的缺陷，且不合理的权重系数选取对插值结果的影响很大。

⑷克里金插值算法。克里金插值算法因1951年首次由南非采矿工程师克里

金等提出而得名，随后到了 20 世纪 60 年代法国的马瑟龙(Matheron)教授创立了地质统计学(也称空间统计)，将克里金插值算法进一步发展深化并作为基本分析方法。

克里金插值算法是一种无偏、最优的空间局部插值方法，同时将采样点的随机性和不同采样点之间的相对位置关系即空间自相关性(也称为结构性)考虑其中，提出了呈现空间分布的具有随机性和结构性的变量是“区域化变量”的概念，根据采样点位置和相关性的不同赋予不同的权值来进行插值计算。该算法的基本原理是根据采样点的原始数据和变异函数，对待插值点进行无偏的(即估计值的数学期望等于待插值点的真实值)和最优的(即估计值的方差最小)估计。

克里金插值算法包括不同的类型，如简单克里金(simple Kriging，SK)法、普通克里金(ordinary Kriging，OK)法、协同克里金(co-Kriging，CK)法等。以普通克里金法为例，假设 $Z(x_1),Z(x_2),\cdots,Z(x_i)$ 是一系列的采样点的数据值，待插值点用 $Z(x)$ 表示，$Z^*(x)$ 表示该点的估计值，λ_i 表示待定加权系数，每个采样点的权重则为普通克里金插值的表达式：

$$Z^*(x)=\sum_{i=1}^{n}\lambda_i Z(x_i)$$

根据无偏和最优的要求，得到克里金方程组：

$$\begin{cases}\sum_{i=1}^{n}\lambda_i C(x_i-x_j)+\mu=C(x-x_j), \quad j=1,2,3,\cdots,n \\ \sum_{i=1}^{n}\lambda_i=1\end{cases}$$

式中，μ 为在使用拉格朗日乘数法解决最优问题时引入的未知数(即拉格朗日乘数)；$C(x_i-x_j)$ 为第 i 个和第 j 个采样点间的协方差；$C(x-x_j)$ 为第 j 个采样点和待插值点之间的协方差，由半变异函数可得。半变异函数也叫半方差，被定义为区域化变量在相隔距离为 h 的任意两点处的平方均值的一半，简称变异函数，它描述了变量的空间结构性，决定了每个采样点的权重。

$$\gamma(h)=\frac{1}{2M(h)}\sum_{i=1}^{M(h)}[Z(x_i+h)-Z(x_i)]^2$$

式中，$M(h)$ 为被分割的以 h 为间隔的点对数。区域化变量 $Z(x)$ 在点 x_i 和 x_i+h 处的值分别为 $Z(x_i)$ 与 $Z(x_i+h)$。变异函数有多种选取方式，如球面(spherical)模型、指数(exponential)模型、高斯(Gaussian)模型等。克里金插值算法的步骤概括来说有以下两步：第一步，根据采样点插值点的空间结构特性，确定变异函数；第二步，根据选定的变异函数计算各采样点权重，以及待插值点的估计值。

克里金插值算法不仅涵盖了采样点和待插值点之间的位置关系，还将采样点之间的位置关系纳入其中，改善了反距离权重插值算法中仅考虑距离的缺陷，也弥补了一些传统方法中无法对误差进行估计的缺陷。克里金插值算法可以对误差进行逐点估计，在采样点差异较大时插值效果较好。但克里金插值算法是一种随机的方法，其插值效果受采样点数目和采样点空间分布的影响十分显著，其中一个缺陷是变异函数的确定需要根据人为经验进行选择，并且操作复杂、耗费计算资源较为严重。

(5) 压力-状态-响应概念模型。压力-状态-响应概念模型是 20 世纪 80 年代由 OECD 和联合国环境规划署共同开发的研究环境问题的框架模型。该模型基于因果关系构建了压力、状态和响应三个子系统，可以综合考虑社会、经济和自然因素的影响。它反映了环境决策的影响和环境对策制定的全过程，具有因果关系明确、系统性和层次性明确等优点，反映了人类与环境的相互作用，目前被广泛应用于生态安全评价领域。

在压力-状态-响应的概念框架下，本章的评价指标体系由压力 (P)、状态 (S) 和响应 (R) 三个子系统及目标层、标准层和指标层三个层次组成。

(6) 指标归一法。因为指标层的数据量纲不同，无法进行直接比较和运算，所以必须对其进行归一化处理。本章采用各个评价指标进行归一化处理，极值范围为炼化产业各年度数据。正向和负向指标归一化方法如下所述。

第一正向指标：

$$X_{ij} = \frac{C_{ij} - \mathrm{Min}_j}{\mathrm{Max}_j - \mathrm{Min}_j}$$

第二负向指标：

$$X_{ij} = \frac{\mathrm{Max}_j - C_{ij}}{\mathrm{Max}_j - \mathrm{Min}_j}$$

式中，X_{ij} 为第 i 年第 j 个评价指标归一化后的标准值；C_{ij} 为第 i 年第 j 个评价指标归一化前的实际值；Max_j 和 Min_j 分别为第 j 个指标的最大值和最小值。

(7) 熵权法属于客观加权法。它根据各指标所传达的信息量计算权重，即各指标的离散程度。指标的信息熵越小，指标提供的信息量越大，评价中的权重越高。相反，信息熵越大，评价中的权重越低。其可以有效克服专家评分的主观性和不确定性，是目前确定权重最重要的方法。

熵权计算一般包括以下四步。

第一步，数据归一化。数据归一化就是把数据变为(0,1)的小数。数据归一化后可计算第 j 项指标下第 i 个事件发生的频率 P_{ij}：

$$P_{ij}=\frac{X_{ij}}{\sum_{i=1}^{n}X_{ij}}$$

式中，X_{ij} 为第 i 个事件的第 j 项指标。

第二步，求信息熵。信息熵 E_j 的计算公式为

$$E_j=-\ln(n)^{-1}\sum_{i=1}^{n}P_{ij}\ln P_{ij}$$

式中，n 为事件的数量。

如果 $P_{ij}=0$，那么 $\lim P_{ij}\to 0$，$P_{ij}\ln P_{ij}=0$。

第三步，求区分度。区分度 F_j 与信息熵 E_j 的和为 1，即

$$F_j=1-E_j$$

第四步，求权重。根据区分度的计算公式，通过区分度计算各指标的权重：

$$w_j=\frac{F_j}{\sum_{j=1}^{n}F_j},\quad j=1,2,\cdots,n$$

(8) 加权求和法。将数据用熵权法求出各指标权重后，通过加权求和法将各评价指数乘以相应权重，获得炼化产业链生态安全综合指数：

$$S_i=\sum_{i=1}^{m}w_{ij}\cdot P_{ij},\quad i=1,2,\cdots,m$$

式中，w_{ij} 为第 i 个事件的第 j 相指标的权重。

(9) 灰色预测模型。灰色预测 GM(1,1) 模型在解决小样本或数据不完全问题时，优于传统的时间序列预测方法，并且可以用于短期和中期预测，可以保持高度的准确性，从而预测事物的未来情况。为了验证灰色预测模型的可靠性，最后需要进行精度检验，精度检验步骤如下。

第一步，对数据数列 $X^{(0)}=\left\{X^{(0)}(1),\ X^{(0)}(2),\cdots,\ X^{(0)}(N)\right\}$ 做一次累加生成，得到 $X^{(1)}=\left\{X^{(1)}(1),\ X^{(1)}(2),\cdots,\ X^{(1)}(N)\right\}$。

$$X^{(1)}(t)=\sum_{k=1}^{t}x^{(0)}(k)$$

第二步，构造累加矩阵 $\boldsymbol{B}$ 与常数项向量 $\boldsymbol{Y}_N$：

$$\boldsymbol{B}=\begin{bmatrix}-\frac{1}{2}[X^{(0)}(1)+X^{(0)}(2)] & 1\\ -\frac{1}{2}[X^{(0)}(2)+X^{(0)}(3)] & 1\\ \vdots & \vdots\\ -\frac{1}{2}[X^{(0)}(N-1)+X^{(0)}(N)] & 1\end{bmatrix}$$

$$\boldsymbol{Y}_N=[X_t^{(1)}(1),X_t^{(0)}(2),\cdots,X_t^{(0)}(N)]^{\mathrm{T}}$$

第三步，用最小二乘法求解 α 与 μ：

$$\tilde{\alpha}=\begin{bmatrix}\alpha\\ \mu\end{bmatrix}=(\boldsymbol{B}^{\mathrm{T}}\boldsymbol{B})^{-1}\boldsymbol{B}^{\mathrm{T}}\boldsymbol{Y}_N$$

第四步，将 α 与 μ 的估计值代入时间函数：

$$\tilde{x}^{(1)}(t+1)=\left[x^{(0)}(1)-\frac{\alpha}{\mu}\right]\mathrm{e}^{-\alpha t}+\frac{\mu}{\alpha}$$

当 t=1,2,⋯,N–1 时求出的为拟合值，大于等于 N 时求出的为预测值。

第五步，对 $\tilde{x}^{(1)}$ 求导还原得到：

$$\tilde{x}^{(0)}(t+1)=-\alpha\left(x^{(0)}(1)-\frac{\alpha}{\mu}\right)\mathrm{e}^{-\alpha t}\text{或}$$

$$\tilde{x}^{(0)}(t+1)=\tilde{x}^{(1)}(t+1)-\tilde{x}^{(1)}(t)$$

第六步，求出 $x^{(0)}(t)$ 与 $\tilde{x}^{(0)}(t)$ 之差 $\varepsilon^{(0)}(t)$ 及相对误差 $e(t)$：

$$\varepsilon^{(0)}(t)=x^{(0)}(t)-\tilde{x}^{(1)}(t)$$

$$e(t)=\varepsilon^{(0)}(t)/x^{(0)}(t)$$

第七步，进行模型诊断及应用模型预报。

为了分析模型的可靠性，必须对模型进行诊断。目前较通用的诊断方法是对模型进行后验差检验，即先计算观察数据离差 s_1 及残差离差 s_2：

$$s_1^2=\sum_{i=1}^{m}[x^{(0)}(t)-\tilde{x}^{(0)}(t)]^2$$

$$s_2^2=\frac{1}{m-1}\sum_{i=1}^{m-1}[q^{(0)}(t)-\tilde{q}^{(0)}(t)]^2$$

再计算后验差比值 c 及小误差概率 P：

$$c=s_1/s_2$$

$$P=\left\{\left|q^{(0)}(t)-\tilde{q}^{(0)}\right|<0.6745s_1\right\}$$

根据后验差比值 c 和小误差概率 P 对模型进行诊断，当 $P>0.95$ 和 $c<0.35$ 时，模型可靠，这时可根据模型对系统的行为进行预测，灰色预测 GM(1,1) 模型精度检验如表 8-2 所示。

表 8-2　灰色预测 GM(1,1) 模型精度检验表

精度等级	小误差概率(P)	后验差比值(c)
1(好)	$P\geqslant 0.95$	$c\leqslant 0.35$
2(较好)	$0.8\leqslant P<0.95$	$0.35<c\leqslant 0.5$
3(合格)	$0.7\leqslant P<0.8$	$0.5<c\leqslant 0.65$
4(不合格)	$P<0.7$	$c>0.65$

(10) 预警等级划分系统化方法。预警等级划分系统化方法由多数原则、中数原则、均数原则分别确定一个警限值，综合平均得到最终警限值。运用系统化方法需要遵守的原则如下：①多数原则。多数原则认为通常情况下环境预警基本处于无警状态，将既有预警指标的时间序列数据重新由小到大排列，按从最大值到最小值的顺序开始划分，占总数 2/3 的数据区间作为无警警限，在剩下的数据区间中按等间距依次划分为重警、中警、轻警、预警。②中数原则。中数原则认为环境预警指标值的数据区间的 1/2 处于无预警状态，并对现有预警指标的时间序列数据进行从小到大重新排列，取中位数对应的数据区间作为无警警限，并将剩余的数据区间按等间距划分为巨警、重警、中警、轻警界限。③均数原则。均数原则认为环境安全发展状况必须高于历史平均水平，否则就失去了预警的意义，

因此将历史平均水平作为无警警限的下限，其余的警限划分同多数原则和中数原则的划分。

8.2.3 环境预警管理体系

1. 环境预警管理体系的建设目标

环境预警管理体系的建设目标是对生态安全指标进行监测，及时发布预警信息并对未来时间段进行预测。通过建设和运行监控监测所有站点，从而组成生态系统监测平台，及时采集、整理环境实时数据和历史数据，构建生态安全系统综合数据库，实现对生态状况的监测、预警、分析、预测，为生态保护提供有力保障，为建设国家生态文明提供决策参考依据。

2. 环境预警管理体系需求分析

服务对象需求。环境预警管理体系能够满足环境监督管理需求和环境污染指标的统计分析，环境监测部门人员可对数据结果随时调取查看，实现层级间的管理需求。同时环境预警管理体系能够预判企业的排污状况，预测环境评价等级，及时根据结果采取措施，从源头上控制污染。

实时监控需求。环境预警管理体系需要实时准确的数据支撑，因此要建立高效运转、安全可靠的环境预警平台。预警平台必须满足管理过程中网络运行、数据资源计算和信息共享的监控需求，要具备良好的稳定性和扩展性，从而应对突发紧急事件，保障生态环境安全。而且平台还要满足监控中心可方便及时调用所有环节流程的信息资源，完成插值模型的构建、管理和结果发布等需求。

移动互动需求。通过移动端生态管理 App、微博、微信等平台满足公众和社会通过移动方式获取环境预警等级和公众监督的需求，建设实时监测的数据传输通道，实现照片、文本、语音、位置的上传，为公众提供实时、便捷的数据和预警信息查询服务。

3. 环境预警平台架构——以炼化产业链为例

整个炼化产业链环境预警平台架构分为支撑层、采集层、数据层、服务层和应用层五个层次，具体如图 8-1 所示。

(1) 支撑层。支撑层主要负责为整个炼化产业链环境预警平台提供技术支持，包括硬件支撑系统和软件支撑系统。硬件支撑系统主要用于数据的自动采集、传输、上报、备份和存储功能，为炼化产业链环境预警数据库提供服务；软件支撑系统主要用于 4K 拼接屏、数字矩阵、地图联网平台和智能分析等，为炼化产业链环境预警平台提供 4K 全景和可视化动态监测服务。

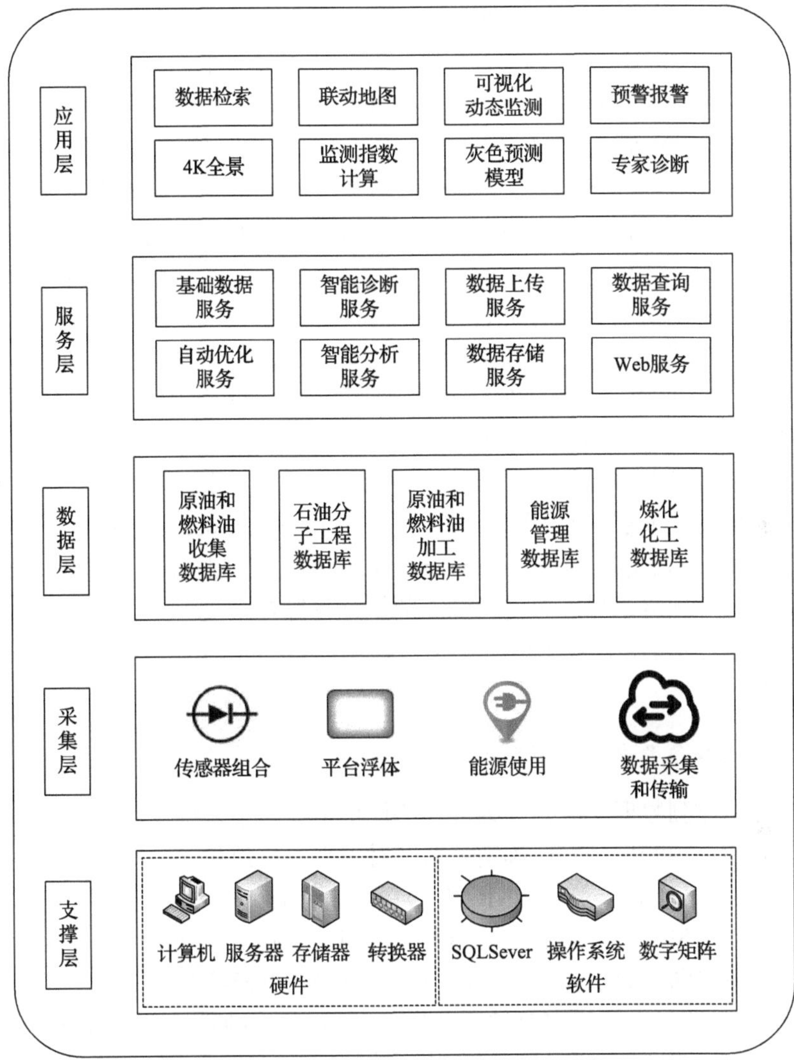

图 8-1　炼化产业链环境预警平台图

(2) 采集层。采集层主要完成对数据的采集整理工作，为数据层提供支撑。采集层主要由传感器组合、平台浮体、能源使用、数据采集和传输系统组成。所有监测站点配备完整的网络设施和检验分析设备，为数据层各个数据库的构建提供支持。

(3) 数据层。数据层主要负责对前端采集的数据进行整理和分析。在对炼化产业链实时数据进行监测并完成统计分析整理时，还应参考以往炼化行业的排污数据，根据需要重新测试一些数据形成炼化工业综合数据库，为安全预警提供依据。平台数据库主要包括原油和燃料油收集数据库、石油分子工程数据库、原油和燃料油加工数据库、能源管理数据库及炼化化工数据库，容纳生态安全指标数据、环境预警时空数据和视频、报警、人脸行为、传感器、坐标等多媒体数据，实现炼化产业链上中下游数据库全囊括，共同为炼化产业链环境预警提供数据支持。

(4)服务层。服务层主要包括基础数据服务、数据上传服务、数据查询服务、数据存储服务、自动优化服务、智能诊断服务、智能分析服务和 Web 服务八大功能。服务层的主要功能是针对应用层提供准确的数据服务，它可以通过对基础数据的清洗、筛选、上传来实现。同时，服务层系统应具备数据诊断分析功能，保证这些数据在不断更迭时具有可靠性。

(5)应用层。应用层主要包含数据检索、联动地图、可视化动态监测、预警报警、4K 全景、监测指数计算、灰色预测模型和专家诊断八大功能。应用层主要负责对处理结果进行各种形式的输出，将采集层采集统计整理的数据代入 PSR 概念模型进行指数评价等级计算、代入灰色预测模型进行未来时间段的指数预测，同时采用人脸比对、行为判别、视频图形处理器(graphics processing unit, GPU)解码、地理信息系统(geographic information system, GIS)电子地图定位、大屏拼接高清显示、视频存储、报警录像、报警抓图、数据共享等技术。各个子系统的逻辑相互关联，以数据为基础、视频为衔接、各类报警平台为触发点，实现各类系统联动、联防、联控。

4. 环境预警管理体系运转流程

基于环境监测数据库数据，结合环境评价指标体系，将插值法分析数据代入 PSR 概念和灰色预测模型，以确定警情并对未来进行预测。

(1)实时监测。基于 4K 遥感技术对环境预警指标进行实时监测，并结合 GIS 平台可直观、形象地查看企业厂房建筑、车间、探测设备分布情况及实际位置信息，实时采集并同步展示各探测设备的实时数据和报警信息。

(2)数据统计。将基于实时监测的环境预警指标的原始数据通过通用分组无线服务(GPRS)技术网络传回数据库；将遥感数据及时传输至数据库进行插值法分析，并转换成统一数据格式；将不同监测指标的数据存入不同的数据表中，并分类统计存储进不同数据库，完成数据的初步统计。

(3)参数分析。从前段数据库中提取出 PSR 概念模型需要的指标，检查是否有漏测、误测及单位是否统一，确认无误后，对其进行归一化处理并保留有效小数。

(4)等级评价。将前段参数分析数据代入 PSR 环境参数分析模型中，经过评价指标体系的实时计算，得出评价指数，确定环境安全评价等级。

(5)灰色预测。将前期等级评价数据作为初始参考数据代入灰色预测模型，得到未来需要的时间段的指标评价等级。根据预测的指标评价等级采取措施，消除隐患。

(6)警情发布。根据定时评价等级结果，由专门机构通过 4K 拼接屏进行显示，并在政府部门网站、媒体机构、公众号等公开平台向社会公众及时发布预警信息。

(7)环境预警成果发布。预警结果通过 Web 端、移动端和 4K 拼接屏三种途径发布主要是出于以下三方面考虑：一是为完成生态环境部的要求，及时检测排污量超标企业，保障生态环境；二是向公众普及生态环境保护监测报告，吸引公众监督，引起公众重视；三是以智能手机网络服务为中心，建立生态环境资源数据收集数字化、查询可视化、监控动态化的生态环境预警平台，支持分布式数据采集，实时发布生态环境信息，实现生态环境保护与监测工作的智能化、可视化、数字化、大众化、信息共享化。

(8)公众互动参与。通过问卷调查、问答的形式，鼓励公众通过移动端采集上报生态环境问题，广泛收集数据吸引公众进行动态监督，从而持续有效地服务于生态环境保护。

参考文献

[1] 张勇. 输电线路风灾防御的现状与对策[J]. 华东电力, 2006, (3): 28-31.

[2] 陆宇烨, 张健钊, 钱臻, 等. 自然灾害对中国电力系统的影响[J]. 电子科技, 2014, 27(2): 138-140.

[3] 薛蕾. 利字当头酿悲剧——通化市二道江区宏远煤矿重大淹井事故分析[J]. 吉林劳动保护, 2011, (6): 31-33.

[4] 张华明, 张义军, 刘耀龙, 等. 煤矿雷电灾害特征及防御研究[J]. 煤炭科学技术, 2013, (S2): 215-217.

[5] 赵玉会. 三鼎石厂煤矿变电所雷击事故分析及防范措施[J]. 山东煤炭科技, 2010, (4): 217-218.

[6] 环球网. 湖北五峰遭特大暴雨袭击 3 座电站被冲毁[EB/OL].(2017-07-15)[2021-10-30]. https://china.huanqiu.com/article/9CaKrnK45X7.